U0694253

JIAOYU CHUANGXIN DE
HUAYU XINGCHENG YU LILUN JIANGOU

教育创新的
话语形成与理论建构

孟照海 著

教育科学出版社

·北 京·

出 版 人 郑豪杰
责任编辑 张 璞 宋子婧
版式设计 京久科创 吕 娟
责任校对 贾静芳
责任印制 叶小峰

图书在版编目（CIP）数据

教育创新的话语形成与理论建构/孟照海著.
北京：教育科学出版社，2024.10. -- ISBN 978-7
-5191-4150-9

Ⅰ.G40-03

中国国家版本馆CIP数据核字第2024J8T762号

教育创新的话语形成与理论建构

JIAOYU CHUANGXIN DE HUAYU XINGCHENG YU LILUN JIANGOU

出 版 发 行	教育科学出版社	
社 址	北京·朝阳区安慧北里安园甲9号	邮 编 100101
总编室电话	010-64981290	编辑部电话 010-64981232
出版部电话	010-64989487	市场部电话 010-64989009
传 真	010-64891796	网 址 http://www.esph.com.cn
经 销	各地新华书店	
制 作	北京京久科创文化有限公司	
印 刷	唐山玺诚印务有限公司	
开 本	787毫米×1092毫米 1/16	版 次 2024年10月第1版
印 张	21.25	印 次 2024年10月第1次印刷
字 数	289千	定 价 65.00元

图书出现印装质量问题，本社负责调换。

序

　　创新在当今中国是出现频率非常高的词语。为什么要创新？因为创新是一个民族进步的灵魂，是一个国家兴旺发达的不竭动力。尤其是在当今世界正处于大发展、大变革、大调整的时期，科技进步日新月异，知识经济方兴未艾，国际竞争日趋激烈，各国之间的竞争，说到底是民族创新能力的竞争。因此，只有创新，才能推进科学技术的发展，从而推动社会的经济建设、政治建设、文化建设，才能使我们在国际竞争中立于不败之地。

　　靠谁来创新？靠人才。人才已经成为一个国家的核心竞争力。而人才的培养要靠教育。因此，教育要创新，要培养适应时代需求的新型人才。党的二十大报告首次把科教兴国、人才强国、创新驱动发展三大战略放在一起集中论述、系统部署，提出"教育、科技、人才是全面建设社会主义现代化国家的基础性、战略性支撑"。党的二十届三中全会进一步提出，"构建支持全面创新体制机制""提升国家创新体系整体效能"。改革创新是教育发展的强大动力。教育要发展，根本靠改革，改革是为了创新。我们要在人才培养体制上创新，在办学体制、管理体制、评价体制等各个方面实行创新，"以创造之教育培养创造之人才，以创造之人才造就创新之国家"。

　　教育创新是时代的要求。我国要建设创新型国家，需要理论创新、制度创新、科技创新，而教育要为各方面的创新工作提供知识和人才基础。教育创新是教育改革的需要。我国教育取得了巨大的成绩，但总体上还不能很好适应经济社会发展和人民群众接受良好教育的要求。教育观念相对落后、内容方法比较陈旧、中小学生课业负担过重、素质教育推进困难、学生实践能力不强、办学体制不活等都阻碍着人才培养。只有改革创新才能为培养人才开辟新的途径。

　　什么叫教育创新？为什么要教育创新？如何实现教育创新？这些问题我们在理论上探讨得很不够，而孟照海的研究正好填补了这个空白。他在书中写道："理论研究未能为现实的学校教育实践提供有效的指导，也从根本上削弱了此类研究的合法性，从而使教育创新成为一种口号和倡议。"他认为，"迫切需要对教育创新做一番知识考古学的梳理，从缘起、演变和流派等角度洞彻教育创新的理论体系"。于是他从教育创新话语的形成说起，论述了教育创新研究的哲学基础、社会学基础；从技术视角、政治视角、人文视角分析了教育创新的社会背景、技术背景、文化背景；从静力学视角、动力学视角探讨了教育创新的主客体关系和时空关系，同时建立了教育创新多元主体网络模型、创新的多维模型、创新扩散的空间模型。

　　结论是多方面的，但我愿用他书中写到的，教育创新要从20世纪80年代以社会的需要来考虑教育改革，基本遵循社会—人—教育的思维模式，转变到以促进人的发展，以人的创新"类本能"为原动力，构建人—社会—教育的思维模式。这是他研究的缘起，也是最终想说的问题。

　　本书的理论性很强，对于教育创新研究来讲具有重要的理论意义。它可以帮助我们在教育创新中做审慎的理论思考，从这一点来讲，又具有很现实的意义。我曾经参加了孟照海的博士论文答辩，他的论文在答辩委员中得到一致好评。本书在他博士论文基础上进一步完善后要出版了，孟照海要我写几句话，是为序。

顾明远

北京师范大学

目　录

导论 …………………………………………………………… 001

第一章　教育创新的概念框架 ……………………………… 017

　　第一节　当代中国创新概念的谱系 ………………… 019

　　第二节　创新与教育创新的概念 …………………… 025

　　第三节　教育创新的理论流变 ……………………… 035

　　第四节　教育创新的研究路径 ……………………… 044

第二章　教育创新话语的形成 ……………………………… 049

　　第一节　创新话语的形成 …………………………… 050

　　第二节　教育创新话语的形成 ……………………… 059

　　第三节　国际教育创新的时代背景 ………………… 066

　　第四节　中国教育创新的时代使命 ………………… 071

第三章　教育创新研究的理论基础 ………………………… 079

　　第一节　教育创新研究的哲学基础 ………………… 080

　　第二节　教育创新研究的社会学基础 ……………… 088

　　第三节　教育创新理论研究的认识论 ……………… 095

第四章　教育创新研究的技术视角 ………………………… 101

　　第一节　技术视角兴起的社会背景 ………………… 102

　　第二节　技术视角的理论表征 ……………………… 109

　　第三节　技术视角的评述 …………………………… 128

第四节 中国教育改革的试点制度 ……………………………… 134

第五章 教育创新研究的政治视角 ……………………… 141

第一节 政治视角转向的社会动因 …………………………… 142

第二节 政治视角的理论表征 ………………………………… 148

第三节 政治视角的评述 ……………………………………… 165

第四节 中国教育改革的利益博弈 …………………………… 170

第六章 教育创新研究的人文视角 ……………………… 179

第一节 研究范式转换的社会背景 …………………………… 180

第二节 人文视角的理论表征 ………………………………… 187

第三节 人文视角的评述 ……………………………………… 209

第四节 中国教育改革的文化逻辑 …………………………… 213

第七章 教育创新的组成要素：静力学的视角 ………… 221

第一节 教育创新的主体 ……………………………………… 223

第二节 教育创新的客体 ……………………………………… 230

第三节 教育创新的时空结构 ………………………………… 243

第八章 教育创新的内在过程：动力学的视角 ………… 255

第一节 教育创新研究的过程转向 …………………………… 256

第二节 教育创新过程的个体视角 …………………………… 265

第三节 教育创新过程的组织视角 …………………………… 275

第九章 教育创新理论的中国语境 ……………………… 285

第一节 中国教育创新面临的挑战 …………………………… 286

第二节 中国教育创新的分析框架 …………………………… 290

第三节 中国教育创新的实现路径 …………………………… 302

结语 ……………………………………………………… 317

后记 ……………………………………………………… 333

导　论

"创新"的真实面貌就是天使和魔鬼的综合体，是一个创造力和破坏力的混合物。

——方兴东

革新者使所有在旧制度之下顺利的人们都成为敌人，而使那些在新制度之下可能顺利的人们却成为半心半意的拥护者。

——马基雅维里

创新是当今社会的显学。从新时代国家发展来看，创新的战略地位从未像现在这么凸显。党的十八大正式提出"实施创新驱动发展战略"，党的十八届五中全会提出"创新、协调、绿色、开放、共享"的发展理念，将"创新"置于新发展理念的首位。党的十九大报告提出"创新是引领发展的第一动力"，党的十九届五中全会强调"坚持创新在我国现代化建设全局中的核心地位"。党的二十大报告提出"科技是第一生产力、人才是第一资源、创新是第一动力"的"三个第一"重要论断。可以说，党的十八大以来，党中央关于创新的战略布局前后接续、一脉相承，全力支撑和驱动以中国式现代化实现中华民族伟大复兴。实践的变革源于理论的自觉。习近平总书记关于创新的一系列重要论述，是马克思主义理论中国化时代化最新成果的重要构成。在创新日益凸显的时代背景下，迫切需要对创新进行概念体系和理论体系的建构，为中国自主知识体系建设贡献力量。

然而，创新是当今社会中人们"熟知非真知"①的概念，是人们"趋之又避之"的行为。创新与变革、革新、发明、创造、创业等概念的边界非常模糊，创新的类型和层次也是多种多样。在日常语言中，创新是一个具有"家族相似性"（family resemblance）②的"概念丛"（concept cluster），没有被明确地界定和测量。创新具有极大的复杂性和不确定性。即便万事俱备，创新也不会不请自来；即便移植同样的创新，结果也可能是"南橘北枳"；尽管发起创新时用心良苦，但也可能是引狼入室，弄巧成拙；尽管在推进创新中孜孜以求，但最终可能面目全非，所得非所愿。创新是如此的捉摸不定！从人类历史发展的长河来看，"创新"并不是与生俱来地享有今天的殊荣。在前工业社会，无论是中国的儒家学说，还是西方中世纪的

---

① "熟知非真知"出自德国哲学家黑格尔的《精神现象学》。黑格尔认为，熟知（常识、直觉）是一种初级形式的认识，它是有限的、片面的，存在着局限性。而真知则是通过思辨、逻辑推理等方式获得的更深刻、更全面的认识。人们通过不断超越熟知，通过辩证的过程，最终达到真知。

② "家族相似性"是英籍奥地利哲学家维特根斯坦（L. Wittgenstein）在《哲学研究》中提出的一个概念，即用同一个字代表不同的事物或者状态。这些事物或者状态，虽然彼此之间不同，却如家族成员般从属于同一家庭，而具备某些相似的特征。这是维特根斯坦意义理论（Meaning Theory）的一个概念。

基督教神学，都常将创新或者引入新的非正统思想视为离经叛道或异端行径，甚至还给创新者带来杀身之祸。20 世纪以来，人们对创新的顶礼膜拜与日俱增，但在这种强势的话语统治中，人们对破坏性创新的批判和警醒也如影随形。互联网、大数据、人工智能等创新技术在给人类带来便利的同时，也不断给人类构筑起"铁笼"和"信息茧房"，在"机器越来越像人"的同时，"人越来越像机器"。在创新享有至高无上荣耀的同时，我们可能要面对法国哲学家福柯（Michel Foucault）所说的"人将被抹去，如同大海边沙滩上的一张脸"[①]。因此，对待创新，需要进行现象学的还原和"悬置"，不能陷入现代性所构筑的神话之中，而是要突破对创新的迷思，还原创新的本来面目。

一、现代社会的流动性和加速社会中的创新

自公元 1500 年以来，世界历史开始从各地区孤立的时代步入全球阶段。[②] 从前车马太慢，书信太远。由于技术创新和生产变革的加速，人类生产和生活方式的慢节奏从此被打破。在资本主义原发性动力的推动下，变革和创新成为现代人不得不面对的生存问题。步入工业化阶段以后，资本的营利性和消费主义日益膨胀，现代人逐渐建构起变革的理性堡垒，由此形成的制度化逻辑迫使人们对创新和变革亦步亦趋，从而陷入了现代化为人们精心编制的罗网之中。正如马克思和恩格斯对现代性的流动性所做的论述："生产的不断变革，一切社会状况不停的动荡，永远的不安定和变动，这就是资产阶级时代不同于过去一切时代的地方。一切固定的僵化的关系以及与之相适应的素被尊崇的观念和见解都被消除了，一切新形成的关系等不到固定下来就陈旧了。一切等级的和固定的东西都烟消云散了，

---

① 福柯.词与物：人文科学的考古学［M］.莫伟民，译.上海：上海三联书店，2016：392.
② 斯塔夫里阿诺斯.全球通史：从史前史到 21 世纪：第 7 版［M］.董书慧，王昶，徐正源，译.北京：北京大学出版社，2005：453.

一切神圣的东西都被亵渎了。"①

进入 20 世纪，技术变革和社会变革的步伐进一步加快，社会对变革的高度重视带来了创新的异化。人们在很多情况下为创新而创新，致使创新理论和实践不可避免地陷入了迷思和虚假繁荣之中。在经历两次世界大战和数次经济社会危机之后，人们对技术创新和技术变革的热情慢慢趋于理性，创新在反思中前行。进入 21 世纪以来，特别是近 10 年来，在互联网、大数据、人工智能等技术创新的驱动下，人类进入了"加速社会"。德国社会学家罗萨（Hartmut Rosa）指出了加速社会的三个面向，即科技加速、社会变迁加速，以及生活步调加速，三种加速已经形成一种环环相扣、不断自我驱动的反馈系统，由此造就了"增长社会"及其"提升逻辑"。②由于社会不断加速、不断变动，现代社会出现了一种"不进则退"的思维方式，以至于任何事都以"量"作为基准在追求提升（如对 GDP 增长的追求）。加速社会是由现代性的流动性和技术创新所驱动的社会形态，这种社会变迁和时间节奏已渗透到社会生活的各个领域。如今"加快"已成为我国所有教育改革事业的一个重要"前缀"，如"加快建设教育现代化""加快双一流建设""加快推进职业教育改革""加快教育体制机制创新""加快学前教育发展""加快建设教育强国"等，无不表明教育系统改革加速已成为当代教育时间结构的典型表现之一。③当代社会对流动性和社会加速的诉求越高，人们对创新的要求也就越强烈。

二、被遮蔽的教育创新

吴康宁教授曾将研究问题分为四类——"异己的问题""私己的问

① 马克思，恩格斯.共产党宣言［M］.北京：人民出版社，1997：30-31.
② 罗萨.新异化的诞生：社会加速批判理论大纲［M］.郑作彧，译.上海：上海人民出版社，2018：38.
③ 夏剑.加速时代的教育时间困境及其超越［J］.中国教育学刊，2023（12）：50-55.

题""炮制的问题""联通的问题",并指出最后一类才是真问题的判定标准。^①那么当下中国教育创新的理论和实践到底呈现出什么样的景观?在当前的语境中,现实与理想之间的矛盾常常使得理论研究领域出现众多混乱。自20世纪80年代以来的教育变革中,素质教育是一种首先被提出来但又处处碰壁的理念,反映在学术研究领域便是素质教育的泛化和滥用。素质教育究竟是什么?搞理论的人习惯在书斋里海阔天空,还热衷于满世界地寻找高深的学问,把谁都可以明白的道理说得玄乎其玄。^②在此种逻辑的影响下,素质教育、创新教育和教育创新的研究充满了空话、套话。理论研究未能为现实的学校教育实践提供有效的指导,也从根本上削弱了此类研究的合法性,从而使教育创新成为一种口号和倡议。现实的教育创新研究和实践的异化,迫切需要对教育创新理论做一番知识考古学的梳理,从缘起、演变和流派等角度洞彻教育创新的理论体系。

从世界范围来看,创新研究源于演化经济学的发展,但对创新活动展开有目的的研究始于20世纪50年代,这主要得益于经济合作与发展组织(简称"经合组织")和西方智库对创新相关研究的资助。然而,创新研究从一开始便遵从研发—应用的技术创新模式。大部分研究关注的是行动者发起创新的过程及产生的结果。依据行动者的层次,可以将创新分为"自上而下"(top-down)和"自下而上"(bottom-up)的创新,前者强调有目的、有计划地进行干预,后者强调自发的、渐进的变革,而后者创造的典型经验经过推广可以转化为前者的干预措施。然而,长期以来,教育创新研究主要关注"自上而下"的变革,聚焦于应用研究成果进行干预,遵循"研究—开发—应用"的线性逻辑。荷兰学者安德森(Neil Anderson)等人通过对1997—2002年创新研究文献的内容分析,发现13%的研究是理论推动的,7%的研究源于现实问题,其他80%则侧重于创新的复制推广,这种情况与15—20年前并无二致。尽管其中也有对创新的互动过程和

---

① 吴康宁.教育研究应研究什么样的"问题":兼谈"真"问题的判断标准[J].教育研究,2002(11):8-11.

② 杨启亮.困惑的思考:在素质教育与考试竞争之间[J].课程·教材·教法,2007(11):3-8.

多层次模型的分析研究，但为数甚少。^① 因此，在教育创新研究的视域中，"自下而上"的创新长期处于被遮蔽的状态。20 世纪 80 年代以来，随着对教师专业发展和教师实践性知识的重视，这种"自下而上"的创新开始获得越来越多的关注。实际上，即便在许多政府主导重大教育创新的国家，教师和学校仍然持续不断依据具体的情境进行各种"隐性"或"看不见"的创新。^②

当下中国的教育创新实践始于 1978 年，正如经济政治领域的改革开放一样，教育领域自 20 世纪 80 年代开始也掀起了一轮又一轮的改革，教育创新便是在此过程中孕育、生长和发展的。回顾改革开放以来的历程，有学者就指出，所有有价值的改革，基本上都是先有人民群众创新性的实践，政府再加以肯定、总结，从而制度化，教育领域同样如此。著名改革家吕日周也曾指出，中国社会的任何难点在基层都有解决的办法，我们需要去发现它、肯定它、宣传它和推广它。我们常言改革是"摸着石头过河"，而成功"过河"所需要摸到的一块块"石头"正是此种自下而上、因地制宜的创新实践。通过自上而下与自下而上两个过程的互动，凝聚动力，形成合力，推进整体性的制度变革。这是我国改革开放以来成功实践所提供的一个重要启示。^③

教育改革和教育创新的相互依存关系，主要源于教育的实践品性。按照马克思主义哲学观，教育是一种具体的历史的创造性实践活动。作为实践主体的人，"在本质上是一切社会关系的总和"，社会性是人的根本属性。从事教育活动的人，必定是在社会、历史的规定性下面对具体的问题，任何普遍、抽象的外界影响必然要经过具体的人当下实践活动的过滤。对于具有主体性的人来说，从来都不存在一种放之四海而皆准的教育实践方式。

---

① ANDERSON N, DE DREU C K W, NIJSTAD B A. The routinization of innovation research: a constructively critical review of the state-of-the-science [J]. Journal of Organizational Behavior, 2004, 25 (2): 147-173.

② FUGLSANG L. Bricolage and invisible innovation in public service innovation [J]. Journal of Innovation Economics, 2010, 5 (1): 67-87.

③ 杨东平. 以改革的实践促进改革 [N]. 中国青年报, 2008-11-03 (6).

从词源学上讲，"创新"只是使原有事物展现出新的特征，并不是完全抛弃旧事物，另起炉灶。因此，创新时刻关注事物的现有状态，是在特定条件下对特定事物的变革活动。创新的此种特征决定了它的地方性、微观性和具体性，从而使其成为引领教育变革的最活跃的力量。因此，有人评价，"正如中国农村改革的发源地——安徽凤阳小岗村一样，教育改革创新也更多地出自基层"[①]。联合国教科文组织（UNESCO）的报告也指出，"自上而下或从外部强制推行教育改革的种种尝试显然都失败了。改革在一定程度上获得成功的国家都鼓励当地社区、家长和教师果敢地参与"[②]。

三、教育创新为何会失败

教育创新是一项变革性实践活动，它是将新的教育观念、制度和做法引入日常教育活动，以更有效地完成既定教育目的的过程。教育创新不仅强调"破"，更强调"立"，"破"只不过是"立"的必要手段，最终目的都是要实现创新理论大师熊彼特（Joseph Schumpeter）所说的"生产要素和生产条件的新组合"[③]。因此，从本源上说，创新是一种使原有事物呈现出崭新状态的活动。然而，冠以"创新"之名的教育变革，是否真正打破了原有的思维方式和行为习惯？是否真正关注教育变革的最终效果？是否真正融入了日常的教育实践，并成为一种新的"惯习"？"新瓶装旧酒"甚至"旧瓶装旧酒"成为教育变革和创新过程中挥之不去的悖论。以色列学者英博（Dan Inbar）明确指出，由于教育结构的迟效性，"创新作为一个纵向的过程，特别容易受到仪式主义的威胁。……许多学校和教育组织忙于宣

---

① 谢洋.民间评价教育的一次有益尝试：首届地方教育制度创新奖评选侧记［N］.中国青年报，2008-11-03（6）.

② 联合国教科文组织.教育：财富蕴藏其中［M］.2版.北京：教育科学出版社，2014：序言13.

③ 熊彼特.经济发展理论：对于利润、资本、信贷、利息和经济周期的考察［M］.何畏，等译.北京：商务印书馆，2017：中译本序言3.

布引进了新思想，或者虽然承诺创新，但只提供很少的把这种承诺变成现实的机会"①。美国学者霍利（Willis Hawley）也指出，创新是一种"象征性政治"（symbolic politics），发起和采纳创新旨在向人们展示，学校和教育组织确实回应了外部的呼声，并采取了行动，创新成了公共组织"危机公关"的有效手段。② 许多教育创新的失败源于创新的形式主义和象征主义，在制度合法性的约束下，创新者倾向于选择外部密切关注的问题，而不是根据自身发展的逻辑提出问题和解决问题。

放眼世界，学校教育改革的低效甚至无效，似乎是一种普遍现象。各国都向传统教育的坚固堡垒发起了一次次冲击，但是现实的成效并不令人满意。著名学者泰亚克（David Tyack）和库班（Larry Cuban）在回顾美国百年公立教育改革历程时指出：某些人哀叹教育改革就像一个制度化的百慕大三角，许多勇往直前的变革促进者一旦踏入此地便有去无回；其他人则声称公立教育过于追逐时尚，整个教育体系被过多的愚蠢观点绕得晕头转向。学校是过于抵制变革，还是过于变幻不定？从整个历史进程来看，似乎二者兼而有之。教育者常常只是口头应允改革的要求，以显示他们对公共意志的关注。但是他们象征性的反应常常保护了学校中的人员，使他们的核心做法不会受到根本的挑战。③ 此种变与不变的悖论似乎成了许多教育变革和创新的魔咒。

20 世纪以来，世界各国经历了无数次大大小小的教育变革和创新，然而大浪淘沙之后，传统的教育体制依旧岿然不动，以至于我们不禁感叹"学校变革比登月还难"④。在传统教育体制和结构的束缚下，世界各国轰轰烈烈的教育变革和创新，逐渐偏离了变革和创新的最初目的。许多新颖的教育理念和实践要么昙花一现，要么被迫妥协。教育创新是在原有体

---

① 英博.教育政策基础［M］.史明洁，等译.北京：教育科学出版社，2003：76.

② HAWLEY W D. Horses before carts: developing adaptive schools and the limits of innovation ［J］.Policy Studies Journal，1976，4（4）：335-347.

③ TYACK D，CUBAN L. Tinkering toward Utopia: a century of public school reform ［M］. Cambridge，MA：Harvard University Press，1995：4.

④ 柯政.学校变革困难的新制度主义解释［J］.北京大学教育评论，2007（1）：42-54.

制结构内进行的一项变革性实践，因而创新的过程必然受制于原有的制度逻辑。现代学校教育在日益走向科层化和制度化的过程中，内部的运作规范和外部的关系法则逐渐演变成庞大的"利维坦"（Leviathan）①，由此形成的"制度丛"使得任何单方面的变革和创新都无法最终成功。②丘伯（John Chubb）指出，如果认识不到学校处于错综复杂的制度结构中，任何改革举措都不可能显著提高学校成就。学校的教学活动不仅受到办学目标、领导方式、人员追随和学校氛围等组织规范的制约，还受到家校关系和政校关系的形塑。如果督学、学校委员会或其他行政部门不愿将决策、人事和行政权力下放到学校，学校就无法专心办学，校长就无法提升教学领导力，教师的教学自主和融洽的同事关系也就无从谈起。③泰亚克和托宾（William Tobin）在论述学校变革时提出了"学校教育的法则"（grammar of schooling），他指出此种法则对学校实践的支配，就像语法对语言结构的支配一样。如果不改变学校教育的语法，学校教育创新很难取得真正的成功。④美国学者古德莱得（John Goodlad）也指出："一种革新往往会唤醒所有那些保护传统实践的机制，而不是促进改革。……如果将所有这些校长和教师都换掉，也只等于更换了演员。剧本还会像以前一样上演。"⑤制度逻辑为教育创新编织了一张巨大的网，使得许多教育创新最终都不得不面临失败的命运。

---

① "利维坦"原为《圣经》中记载的一种庞大的怪兽，英国政治学家霍布斯用它来比喻强势的国家。学校教育所处的"制度丛"盘根错节、相互叠加，单凭一己之力难以撼动。这种制度约束亦即德国社会学家韦伯所说的"铁笼"。
② 尹弘飚.论课程变革的制度化：基于新制度主义的分析［J］.高等教育研究，2009（4）：75-81.
③ CHUBB J E. Why the current wave of school reform will fail［J］. The Public Interest，1988，90：28-49.
④ TYACK D，TOBIN W. The"grammar"of schooling：why has it been so hard to change?［J］. American Educational Research Journal，1994，31（3）：453-479.
⑤ 古得莱得.一个称作学校的地方［M］.苏智欣，胡玲，陈建华，译.上海：华东师范大学出版社，2005：285.

四、教育改革与教育创新的互动

（一）教育创新与创新教育的互构

　　理想的教育创新发端于基层，然而现实的制度环境是否为其创造了有利条件？改革开放以来，我国教育改革从根本上说具有社会性和政治性，是对不同历史时期社会发展需求的政策表达；教育改革的根本动因不在于教育自身，而在于社会经济和科技进步提出的客观需要；教育改革采取的是自上而下的路径；教育改革的价值诉求明显侧重于国家主义和经济主义。[①] 自 1985 年以来，中国的教育变革经历了从体制改革—素质教育—创新教育—教育创新的内在发展脉络，基本上遵循社会—人—教育的思维范式，是从社会的需要来考虑教育变革。此种经济主义的思维模式在 20 世纪90 年代遇到了挑战，国际 21 世纪教育委员会的报告便指出，"不应再像过去那样，只是从教育对经济发展产生影响的角度，而应以一种更加开阔的眼光，即以促进人的发展的眼光来确定教育的定义"[②]。按照此种逻辑，教育变革应该遵循人—社会—教育的范式，即以人的创新"类本能"为原动力，通过后天环境特别是教育环境的创设，为人的创新"类本能"的释放提供引导和支持，以教育创新保障创新教育。[③]

　　回顾中外历史，在社会急剧变迁和动荡时期，创新思想都会不断涌现，创新实践也会蓬勃发展，究其原因就在于社会控制的松绑为地方的自主发展创造了契机。20 世纪 80 年代，随着经济体制改革的启航，建设社会主义市场经济的总体要求引发了教育领域的体制改革。1985 年《中共中

---

①　石中英，张夏青. 30 年教育改革的中国经验[J]. 北京师范大学学报（社会科学版），2008(5)：22-32.

②　联合国教科文组织. 教育：财富蕴藏其中［M］. 2 版. 北京：教育科学出版社，2014：31.

③　张立昌. 创新·教育创新·创新教育［J］. 华东师范大学学报（教育科学版），1999(4)：26-38.

央关于教育体制改革的决定》指出，"在加强宏观管理的同时，坚决实行简政放权，扩大学校的办学自主权"。在为教育体制松绑的过程中，教育创新应运而生。1993 年的《中国教育改革和发展纲要》首次提出了从应试教育到素质教育转轨的要求，并在 1999 年的《中共中央关于深化教育体制改革全面推进素质教育的决定》中进行了具体阐述。由于政策的导向作用，现实的学校教育开始将素质教育作为学校变革的一种价值取向。在创新成为知识经济基础的时代，世界各国都把培养学生的创新力作为学校教育的重要任务，因而素质教育又演化为培养学生创新精神和实践能力的教育，即进行创新教育。显然，前者的内涵要大于后者，素质教育是一种培养做人做事的基本品质的教育，而创新教育主要是一种培养科学精神和科学素养的教育。[①] 进入 21 世纪，随着《基础教育课程改革纲要（试行）》《国家中长期教育改革和发展规划纲要（2010—2020 年)》《中国教育现代化 2035》的相继发布，作为人才培养目标的"拔尖创新人才"和作为释放创新活力的教育体制机制改革，一体两翼，并行推进。

（二）顶层设计与改革试点的互补

2010 年发布的《国家中长期教育改革和发展规划纲要（2010—2020 年)》（以下简称《纲要》）就注重内外结合、上下联动。在《纲要》制定过程中，规划工作小组成立了由 500 多位专家学者直接参加、近 2000 人参与的 11 个重大战略专题组，并开展调研。同时，邀请了各政党团体和各类院校、科研机构、企事业单位和海外高校负责人等各领域的 100 多位高层专家组成咨询组，召开多次咨询会议。除此之外，还委托 8 个民主党派中央、4 个社会研究机构、6 个教育学会以及世界银行研究院、欧盟总部等国际组织和我国 60 个驻外教育处进行国内国际的调研。[②]《纲要》制定的政策过程清晰地展示出党和政府政策决策的"内输入"、多路政策精英的联袂决策以

---

① 王义遒. 不能以创新教育代替素质教育［J］. 中国高等教育，2003（12）：27-28.

② 顾明远. 学习和解读《国家中长期教育改革和发展规划纲要（2010—2020）》［J］. 高等教育研究，2010，31（7）：1-6.

及群众路线与民意的广泛深入等特点。①2010 年，国务院办公厅发布《关于开展国家教育体制改革试点的通知》，在培养体制、办学体制、管理体制、保障机制四大体制领域，设立 425 个试点项目，在全国 31 个省（区、市）、新疆生产建设兵团和 78 所中央部门所属高校开展试点。

2014 年启动的新高考改革，率先在上海市和浙江省两地试点开展，截至 2023 年已经陆续有 5 批 29 个省（区、市）实行新高考改革方案，为本轮新高考改革画上了一个阶段性的句号。在浙江省推出"3+3"科目改革试点之初，由于学生为获取高分而趋利避害，高校专业选考科目要求过于宽松和技术科目的挤压等，浙江省高考选考物理的人数较改革前大幅缩减，出现"物理遇冷"现象。随后，有关部门通过新增"3+1+2"选科模式，推出科目保障机制，出台选考科目指引等改进措施，积极回应社会各界对新高考改革的诉求。②"改革—试点—反馈—调适—再改革"的循环往复和螺旋上升，改变了单纯的自上而下的行政命令方式，使高利害的考试评价改革能够以"小步快走"的方式稳步推进。

2011 年以来，为推动教育领域的改革发展，教育部在加强顶层设计和总体规划的同时，更加重视基层典型经验的征集、提炼和推广，相继开展了教育扶贫典型案例、家校社协同育人典型案例、思想政治教育工作典型案例、职业院校"双师型"教师队伍建设典型案例、"双减"工作典型案例、教育数字化转型典型案例的征集工作。2012 年教育部学位与研究生教育发展中心成立了"中国专业学位案例中心"，截至 2023 年 3 月，已开通法律、教育、公共管理、会计等多个专业学位案例库，累计收录 5095 篇案例，服务 517 家培养单位，案例总浏览量超 500 万次。这些典型案例已成为推动教育改革创新的重要证据和资源。面对教育改革的难点、痛点、堵点，常常有"高手在民间"，借助试点改革和典型案例，基层的首创精神越来越多

---

① 贺武华.科学与民主的决策：《国家中长期教育改革和发展规划纲要（2010—2020 年）》制定过程分析［J］.教育发展研究，2011，31（5）：60-64.

② 刘海峰，唐本文，韦骅峰.十年新高考改革的试点推进与成效评价［J］.中国教育学刊，2023（12）：28-35.

地进入国家的政策文本中。

从国际经验来看，美国从 2002 年开始就重视循证研究和基于证据（evidence-based）的教育改革。2002 年美国教育部直属的教育科学研究所（IES）建立了"有效教育策略资料库"（What Works Clearinghouse），由专业人员选取重要议题，依据科学标准对相关研究进行评估，总结概括不同研究团队针对同一问题得出的研究结论和发现，通过对众多研究的元分析回答"何谓有效的教育策略"，从而为教育决策者提供更可靠的研究结论，特别帮助他们做出因果推论，以提升教育干预策略和政策变革的有效性。[①]世界各国的教育改革和创新越来越依靠从基层和一线获得的典型经验和科学证据。

（三）自上而下和自下而上的整合

自上而下的改革是一种理性主义的线性思维方式，它从理性人的基本假设出发，坚信最优的政策会自发、自动地被基层实践者所接受、认同和实施，而政策实施的过程也不会受到外部因素的干扰。然而，国内外众多失败的教育改革案例反复证明了理性主义线性思维的局限性。加拿大学者富兰（Michael Fullan）就指出，教育变革是一个非线性的复杂过程，在变革过程中会出现不可预测和不可抗拒的干扰因素，包括政府政策的变化或修订、关键领导人的离任、新技术的发明、流动人口的增加、经济衰退带来的资源减少等，每个变量都会使变革过程走向十几种不同的方向，而每个方向也会随之带来几十种不同的反应。[②]

自下而上的改革是一种个体主义的思维范式，它对局部的考虑大于整体，对特殊性的关注多于普遍性，在对改革问题和行为的认识上具有"社

---

① HITCHCOCK J H, KRATOCHWILL T R, CHEZAN L C. What works clearinghouse standards and generalization of single-case design evidence [J]. Journal of Behavioral Education, 2015, 24（4）: 459-469.

② FULLAN M. Coordinating top-down and bottom-up strategies for educational reform [M] // ANSON R J. Systemic reform: perspectives on personalizing education. Washington, D.C.: Office of educational research and improvement, 1994: 7-23.

会化不足"（under-socialized）的倾向。忽视教育问题的"网络化"存在形式，就会带来碎片化的教育变革和创新，从而严重影响改革的可持续性和最终成败。"摸着石头过河"尽管可以成为大规模改革的先导，但是对支持系统和配套改革的要求较高。此外，在改革目标明确的情况下，"总摸着石头总也不过河"，以及摸着石头过河的"非承诺性"和"拖延战术"严重威胁到改革的成功。①改革的目的是引发实践者的行为发生积极的变化，而要实现这种变化的持久化和制度化，就必须有组织规则和制度逻辑的重组。

联合国教科文组织的报告指出，革新成功与否主要取决于当地的条件，应增强学校自主权，鼓励当地各方力量的积极参与，实现教育系统广泛的非集中化。但拉丁美洲的例子也表明，非集中化可能加剧各地区之间和各社会群体之间现已存在的不平等现象。因此，需要平衡自上而下和自下而上两种力量，"国际经验证明，非集中化凡取得成功的，都是在中央政府得力的情况下进行的"②。当前中国教育改革的阶段性特征对改革的方式提出了新的要求。自上而下和自下而上的改革都遇到了发展的瓶颈，自上而下的改革追求的是合法性，因而在不确定的条件下不愿"涉险滩"；而自下而上的改革追求的是有效性，但在缺乏政治支持的条件下难以"过难关"。深化教育综合改革需要自上而下和自下而上相结合。自上而下的教育改革，就是要直面改革实施过程中的难题，增强与制度逻辑和行为惯习决裂的勇气，能够在组织学习中重建自己行为的支配规则，真正将"上"面的改革意图和方案落"下"。自下而上的改革，就是要跳出对象化思维和实践逻辑的束缚，能够从实践话语走向反思性监控，从社会行动的网络化嵌入中探寻变革成功的条件，最终将"下"面的首创精神通达到"上"面的顶层设计。自上而下与自下而上改革相结合的关键是角色的转化和观念的转变，教育管理部门需要从组织结构和管理模式方面实现传统角色（决策

---

① 吴康宁.深化教育改革需实现的三个重要转变[J].南京师大学报（社会科学版），2013（3）：5-11.

② 联合国教科文组织.教育：财富蕴藏其中[M].2版.北京：教育科学出版社，2014：119.

者）和非传统角色（执行者）的整合，学校教育实践者需要从变革思维和变革主体方面实现社会结构和个人行动的整合。

变革不是一件容易的事情，作为一种变革性实践的教育创新受到多重因素的干扰，在传承与变革的永恒张力之中，创新的意图总是与创新的结果产生某种偏差。某些偏差是创新实施过程中做出的自然调整，而某些偏差则是创新自身之外的力量形塑的结果。判定教育创新的失败与否，需要依据创新的内涵，从教育实践发生的真实改变上衡量变革意图与结果的契合性。教育创新的结果是要实现教育要素和教育结构的重组，从而更有效地达成既定的教育目的。为将创新真正融入原有的组织结构中，变革者需要充分认识制度逻辑的整体性和自洽性，通过结构化行动参与制度的重建过程，使教育制度回归育人的核心逻辑。

第一章
教育创新的概念框架

在思维和概念规定中，对象才是它所是的东西。

——黑格尔

在任何时候，我们都是被关进自己理论框架中的囚徒。

——波普尔

长期以来，教育被视为最保守的社会系统和公共政策领域之一。自 1632 年捷克教育家夸美纽斯（Johann Comenius）发表《大教学论》从而确立班级授课制以来，已经历近 400 年的历史。中国高校考试招生制度从建制之日起便体现出与中国古代延续近 1300 年之久的科举制度有着千丝万缕的联系。① 然而，进入 20 世纪，世界知识的增长速度越来越快，到 1976 年左右，世界知识增长速度就超越了每个人的学习速度！② 一些学生可能还没有毕业，所学的知识已经过时。随着互联网、大数据、人工智能技术在教育领域的应用，教育的理念、形态、内容、方式和方法也呈现出新的样态。20 世纪 80 年代以来，随着新公共管理主义在全球的渗透，教育部门面临着更大的绩效问责压力。同时，人口变化也深刻影响教育的布局和资源配置。在追求质量和公平以及效率和效益的多重压力下，世界各国都将教育创新摆在更加突出的位置。

教育创新是一种旨在改进教育现状的实践活动。从人类教育活动的历史发展来看，教育创新活动始终伴随其中。然而，教育创新研究却是一个新兴的领域。对于教育创新的研究，目前国内教育界尚不能就某些关键问题达成共识，盖因教育创新的概念界定不清。事实上创新是一个颇为中性的词语，亦即一种人类社会中较为普遍的实践活动。教育创新研究从根本上说，是一般创新理论在教育领域中的应用，因而创新理论和教育活动的特征便是本研究需要着力考察的对象。创新理论是如何演变的？教育领域是如何被创新理论所关注的？这就需要从历史的视角来考察教育创新理论的流变，探讨在不同历史时期"知识型"（epistem）支配下的教育创新研究呈现何种特征。

---

① 庞颖.中国高考的"早发内生型"特征与高考综合改革之困［J］.江苏高教，2023（5）：19−29.

② 倪闽景.从学习进化的视角看 ChatGPT/生成式人工智能对学习的影响［J］.华东师范大学学报（教育科学版），2023，41（7）：151−161.

第一节　当代中国创新概念的谱系

当下在中国语境中谈论教育创新，要从中华优秀传统文化中追寻其"根脉"，从马克思主义理论中探寻其"魂脉"。中华文化是尚"变"的文化，其文化演进强调创新性。[①]《易经》就是讲"变"的文化经典，主张"革故鼎新""穷则变，变则通，通则久"；《大学》将"苟日新，日日新，又日新"奉为重要理念；《诗经》中则有"周虽旧邦，其命维新"的改革创新观。创新是中华民族最深沉的民族禀赋。当代创新理论主要源于经济学，侧重于从技术创新和组织创新的视角探讨资本主义经济发展的内生动力，通常将熊彼特视为创新理论的鼻祖。但从整个人类认识史来看，马克思是创新理论的源头，而熊彼特是 20 世纪初起重要作用的思想家。熊彼特提出了比较具体的创新理论，在某些方面发挥了马克思的创新思想，甚至超过了马克思。但从总体上，从哲学高度上，马克思的理论空间更广阔，思维更深刻。[②] 马克思创新思想突破了单一"技术创新"的科学向度，还包含"创新"基本认知的历史向度与理性审视的价值向度，体系更加独立完整。这两种向度的有机统一弥补了熊彼特及当代西方创新理论的盲区和缺陷，不仅为中国创新发展提供了方法指导与理论自信，也为全球创新发展的未来走向提供了指引。[③] 从中国语境来看，中国传统文化中的"创新"更多的是一种制度创新，不同于西方科学取向的技术创新，但与马克思创新思想有着天然的契合性。因此，对于中国教育创新的概念认识不可能脱离中国传统文化和马克思主义的理论观照。新中国成立 70 多年来，特别是党

---

① 赵晓翠.创造性转化与创新性发展何以可能［J］.红旗文稿，2019（14）：31-32.

② 汪澄清.马克思与熊彼特创新思想之比较［J］.马克思主义与现实，2001（3）：42-47.

③ 周文娟.马克思创新思想的双重向度及当代价值［J］.湖北社会科学，2019（7）：5-12.

的十八大以来，在对创新的概念谱系拓展中，中国独特的认知建构更加彰显，这也成为创新和教育创新概念建构的时代特征和现实依据。

一、创造性转化与创新性发展

中国语境中的"创新"体现了传统文化中的"综合创新"和马克思主义的"辩证综合"，从概念本源上来说，"创新"从来不是推倒重来、另起炉灶，而是表现为一种"兼和"理念和思维。在"守正与创新""继承与创造""本来与未来""坚持与发展""破与立"的关系上，当代中国马克思主义更加具体地把握了创新的本质。2014 年 2 月，习近平总书记首次对"创造性转化和创新性发展"的含义进行了论述，指出"创造性转化，就是要按照时代特点和要求，对那些至今仍有借鉴价值的内涵和陈旧的表现形式加以改造，赋予其新的时代内涵和现代表达形式，激活其生命力。创新性发展，就是要按照时代的新进步新进展，对中华优秀传统文化的内涵加以补充、拓展、完善，增强其影响力和感召力"①。"创造性转化"以辩证否定观为哲学基础，集中体现了马克思主义的"扬弃"观。马克思认为，以"扬弃"为核心的否定辩证法的本质并不是一种单纯的否定性逻辑，而是一种包含肯定与继承的联系环节。"扬弃"的逻辑不是中断的逻辑，而是联系的逻辑；不是终结的逻辑，而是前进的逻辑；不是崩溃的逻辑，而是发展的逻辑。②"创新性发展"重在面向未来，从旧文化中发展出新内容，从整体上观照"新时代"的"新进步"和"新进展"，并以之为根据反思传统文化体系的内容结构和精神架构，诊断其存在的缺漏之处和薄弱环节，从而着力于延续和推进中华文化这一整体系统的未来发展。③

---

① 中共中央宣传部 . 习近平新时代中国特色社会主义思想学习纲要 [M]. 北京：学习出版社，2019：147.

② 李火林 . 黑格尔扬弃观探析 [J]. 浙江社会科学，2018（2）：93-101.

③ 范鹏，李新潮 . 界定与辨析："创造性转化""创新性发展"的内涵解读 [J]. 兰州大学学报（社会科学版），2021，49（2）：110-118.

与西方不同的是，中国对创新的概念理解更多的是从整体的社会历史文化的背景中来认识，而不是把它作为一种纯粹的技术手段。这与马克思主义实践观以及辩证唯物主义相契合。正如马克思所说："人们自己创造自己的历史，但是他们并不是随心所欲地创造，并不是在他们自己选定的条件下创造，而是在直接碰到的、既定的、从过去承继下来的条件下创造。"①"创造性转化"与"创新性发展"辩证地处理了继承与创新、历史与现实、当下与未来的关系，在中国的传统文化认知中，"创新"不可能脱离具体的社会条件限制，守正与创新的边界也变得十分模糊，在某种意义上，守正就是创新（创造性转化），创新也是守正（创新性发展）。

二、技术创新与制度创新

　　"创新"既体现在生产工具革新和突破带来的生产力提升上，也体现在生产方式重组带来的生产关系变革上。在马克思主义关于生产力和生产关系的关系以及以人民为中心的发展理念中，技术创新与制度创新同等重要。正如习近平总书记所说，"要坚持科技创新和制度创新'双轮驱动'"，"要优化和强化技术创新体系顶层设计……，激发各类主体创新激情和活力"，"把人的创造性活动从不合理的经费管理、人才评价等体制中解放出来"。作为创新主体的人，制度创新的激励作用对于原创性活动更为重要，只有变"要我创新"为"我要创新"，才能真正迸发出创新活力。

　　改革开放以来，在撬动教育改革和创新的支点上，最初也是从制度变革和创新入手的。从 1985 年发布《中共中央关于教育体制改革的决定》以来，一个基本的事实是制度创新为中国教育资源的优化配置、为拓展教育发展空间提供了不竭动力。②为应对高等教育大众化而创办的独立学院，为促进基础教育优质均衡发展而推动的名校集团化办学，以及为促进区域教

①　马克思，恩格斯 . 马克思恩格斯文集：第 2 卷［M］. 北京：人民出版社，2009：470– 471.
②　刘晖 . 制度创新：为中国教育释放更大的发展空间［J］. 教育科学，2003（4）：8–10.

育均衡发展而提出的城乡教育一体化发展和东西部高校对口支援等，成为推动中国教育发展水平迈上世界中上行列的重要驱动力量。当前，由ChatGPT 等新一代生成式人工智能技术引发的教育技术变革，正深刻改变着教育的理念、形态、内容和方法。技术创新与制度创新要"协同发挥作用，两个轮子一起转"。

三、原始创新、集成创新与开放创新

在世界百年未有之大变局和中华民族伟大复兴的战略全局中理解"创新"，不能仅仅从技术改良改进的"持续性创新"意义上来认识，而要更多从"原始性创新"和"颠覆性创新"的意义上来认识。2024 年 1 月，习近平总书记在主持二十届中央政治局第十一次集体学习时强调："必须加强科技创新特别是原创性、颠覆性科技创新，加快实现高水平科技自立自强，打好关键核心技术攻坚战，使原创性、颠覆性科技创新成果竞相涌现，培育发展新质生产力的新动能。"在中国经济社会发展进入新阶段、发展方式转型升级的背景下，面对"老路走不通，新路在哪里"的时代命题，唯有依靠自主创新在关键领域实现突破，以颠覆性创新为中国经济社会发展开辟新领域新赛道，塑造新动能新优势。从创新的梯度演化过程来看，突破性创新属于技术创新层面的概念，是基于组织战术层面的创新活动，而颠覆性创新是基于组织战略层面的创新活动，是以"颠覆性打破"为导向的复杂创新，注重技术和组织资源的深度融合，涵盖了创新的所有范畴。[①]因此，当下中国语境中"创新"概念的重心已不是修修补补的持续性创新，甚至不是技术层面的突破性创新，而是更为集成的颠覆性创新。

在自主创新和颠覆性创新的实现路径上，越来越需要发挥"集中力量办大事"的制度优势，推进集成创新和协同创新。正如习近平总书记所说：

① 许佳琪，汪雪锋，雷鸣，等.从突破性创新到颠覆性创新：内涵、特征与演化[J].科研管理，2023，44（2）：1-13.

"随着科学技术不断发展，多学科专业交叉群集、多领域技术融合集成的特征日益凸显，靠单打独斗很难有大的作为，必须紧紧依靠团队力量集智攻关。"① 我国"两弹一星""载人航天"等领域的创新，就体现了社会主义制度下的集成创新。开放创新则表现为合作创新、协同创新、共同创新、开源创新等，发展科学技术必须具有全球视野，通过高水平开放融入全球创新网络，可以充分借鉴人类科技进步成果，更好地整合运用全球创新资源，高效提升自主创新、集成创新和原始创新能力。② 因此，实现我国高水平科技自立自强，需要一体设计原始创新、集成创新和开放创新。

四、理论创新与实践创新

在对创新本质的认识上，当代中国比较重视创新的应用，着力推进理论创新和实践创新的良性互动。习近平总书记指出："创新技术要发展，必须要使用。如果有了技术突破，谁都不用，束之高阁，那就难以继续前进。"③ "科技成果只有同国家需要、人民要求、市场需求相结合，完成从科学研究、实验开发、推广应用的三级跳，才能真正实现创新价值、实现创新驱动发展。"④ 进入 21 世纪以来，我国创新研发投入快速增加，但利用效率较低。《2022 年中国专利调查报告》显示，2022 年中国有效发明专利产业化率为 36.7%，其中，高校、科研单位发明专利产业化率分别为 3.9%、13.3%。⑤ 因此，当代中国特别重视打通科技创新成果转化的"最后一公里"，形成创新的"闭环"。这也符合马克思主义对于理论创新的界定，即不仅要解释世界，更关键的在于改变世界。

---

① 中共中央文献研究室.习近平关于科技创新论述摘编［M］.北京：中央文献出版社，2016：59-60.
② 万劲波.一体推进原始创新、集成创新、开放创新［N］.人民日报海外版，2023-09-11（9）.
③ 同①：37.
④ 同①：16.
⑤ 沈慧.加快盘活高校院所专利存量［N］.经济日报，2024-02-16（2）.

实践和实践创新对于理论创新具有强大的反作用力。正如恩格斯所说："社会一旦有技术上的需要，则这种需要就会比十所大学更能把科学推向前进。"①实践没有止境，创新也没有止境。习近平总书记在哲学社会科学工作座谈会上指出："理论创新只能从问题开始。从某种意义上说，理论创新的过程就是发现问题、筛选问题、研究问题、解决问题的过程。"②辩证唯物主义认为，人们认识事物是一个从实践到认识，再从认识到实践的过程。这实际上就是创新的逻辑。列宁指出："从生动的直观到抽象的思维，并从抽象的思维到实践，这就是认识真理、认识客观实在的辩证途径。"③在对"创新"概念的认识上，当代中国更加强调从整体的和动态的角度来认识，努力促进理论创新与实践创新的良性互动。

五、自由创新与有组织创新

在自由创新与有组织创新的关系上，对于后发国家来说，为了实现赶超目标，通常会更加重视有组织创新，更加强调创新资源的精准配置。正如习近平总书记所说："实施创新驱动发展战略，不能'脚踩西瓜皮，滑到哪儿算哪儿'，要抓好顶层设计和任务落实。"④党的二十大报告指出，要"以国家战略需求为导向，集聚力量进行原创性引领性科技攻关，坚决打赢关键核心技术攻坚战"。这就是要采取"非对称"战略，按照主动跟进、精心选择、有所为有所不为的方针，明确我国科技创新主攻方向和突破口，在关键领域、卡脖子的地方下大功夫，着力解决技术软肋和制约创新突破的瓶颈问题，拥有非对称性"杀手锏"，避免盲目性。⑤从科研组织模式来

---

① 谭群玉.在实践中学哲学用哲学［N］.人民日报，2022-10-24（13）.
② 习近平在哲学社会科学工作座谈会上的讲话［N］.人民日报，2016-05-19（2）.
③ 列宁全集（第55卷）［M］.2版.北京：人民出版社，1990：142.
④ 中共中央文献研究室.习近平关于科技创新论述摘编［M］.北京：中央文献出版社，2016：15.
⑤ 尚勇.建设创新强国的思想纲领和战略指南：学习《习近平关于科技创新论述摘编》［J］.求是，2016（6）：16-19.

看，第二次世界大战后在科研职业化和追逐科研绩效的压力下，"科学家处于一个玩自拍的年代"，出现了"对房间里的大象视而不见，满墙角找老鼠抓"的现象，这是原创性重大科学发现匮乏的一个重要原因。此外，重大科学问题呈现出了复杂巨系统的特性，具有非线性、突变和涌现等特征，唯有通过有组织科研才能实现原创性突破。

习近平总书记在二十届中共中央政治局第三次集体学习时强调："坚持目标导向和自由探索'两条腿走路'，把世界科技前沿同国家重大战略需求和经济社会发展目标结合起来。""自由式探索"和"有组织科研"并不是对立关系，而是局部和整体的关系。自由探索产出的是"珍珠"和"宝石"，而有组织科研则是把"珍珠"串成"项链"，把"宝石"镶嵌到科学的"王冠"上。[①]为推进自由探索与有组织科研的协同发展，需要更好地发挥新型举国体制与市场机制的力量，在关键核心技术领域采用目标导向的有组织科研，充分激发政府和市场机制的活力，在基础研究领域采用自由探索的组织模式，重视"无用之用"的价值，增加政府对基础科研能力的投入。因此，在对"创新"组织模式的认识上，当代中国更加重视自由探索与有组织创新的协调发展和相互促进。

第二节　创新与教育创新的概念

对于"创新"，许多学科都从不同的视角进行了研究和界定。尽管创新的各种定义会有重合，但由于数量和种类众多，难以形成明晰的权威定义。因此，创新研究面临的一个挑战是缺乏公认的概念界定，这也削弱了人们对创新本质的理解。

---

① 朱松纯.以有组织科研推进原创性、引领性创新［N］.光明日报，2023-02-18（10）.

一、创新的界定

创新（innovation）的概念源自经济学和文化人类学两大传统。在经济学研究中，目前学术界公认的创新理论大师是美籍奥地利经济学家熊彼特。1912 年，他在德文版的《经济发展理论》中首次提出"创新"理论，轰动整个学界，并一直享誉至今。熊彼特从资本主义经济发展的角度指出，创新是"建立一种新的生产函数，也就是说，把一种从来没有过的关于生产要素和生产条件的新组合引入生产体系"。担负此种新组合重任的是作为资本主义"灵魂"的企业家。熊彼特所言的"创新"或"新组合"包括以下五种情况：（1）引进新产品；（2）引进新技术，即新的生产方法；（3）开辟新市场；（4）控制原材料的新供应来源；（5）实现企业的新组合。[①] 创新是一个"内在的因素"。美国哈佛大学商学院名誉教授萨尔特曼（Gerald Zaltman）认为创新的主要特征不是一个外在的客体，而是个人或社会系统的感知，即认为它是新的。[②] 美国斯坦福大学商学院的奈特（Kenneth Knight）也认为创新是采纳某种变革的过程，此种变革对于该组织和相关环境来说是新的。[③] 美国密歇根大学的莫尔（Lawrence Mohr）同样指出，创新亦即成功地将某种目的和手段引入具体情景之中，而它们对于既定情景来说应该是新的。[④] 尽管各个学科将"新颖性"作为创新的属性之一，但这是相对于各个学科的分析单位而言的，在心理学中侧重于个体层面，在经济学中侧重于产业层面，在管理学中侧重于公司层面。

[①] 熊彼特.经济发展理论：对于利润、资本、信贷、利息和经济周期的考察 [M].何畏，等译.北京：商务印书馆，2017：76.

[②] ZALTMAN G，LIN N. On the nature of innovation [J]. The American Behavioral Scientist，1971，14（5）：651−673.

[③] KNIGHT K E. A descriptive model of the intra−firm innovation process [J]. The Journal of Business，1967，40（4）：478−496.

[④] MOHR L R. Determinants of innovation in organizations [J]. The American Political Science Review，1969，63（1）：111−126.

萨尔特曼教授在概念综述的基础上，认为"创新"一词通常应用于三种不同的情景中：（1）它等同于"发明"，即指将两个或多种现有的概念或实体，以新的方式进行组合，形成一种参与者此前未知的结构安排（此种观点是创新一词在目前文献中最为宽泛的定义，它将发明和采纳合二为一）；（2）将创新视为某项新事物融入采纳者认知结构和行为方式的过程，主要涉及采纳和内化；（3）将创新视为独立于采纳过程的新的观点、实践和事物。①英国学者巴拉赫（Anahita Baregheh）等人，从经济学、管理学、组织学以及创新创业、工程技术、知识管理等领域中收集了关于创新的近60个定义，通过内容分析发现了创新定义中最常用的六大要素，即创新的本质（新颖性、改进性）、类型（产品、过程和服务等）、阶段（从提出想法到最终实施）、情境（环境和组织的影响）、手段（技术、财力等必要资源）和目的（实现更大价值）。他们认为创新是一个涵盖多个阶段的过程，不同组织借此将观念转变为新产品、服务或流程，从而赢得市场竞争和差异发展。②

　　从文化人类学这一学科脉络来说，创新的概念可以追溯至19世纪，法国社会学家塔尔德（Gabriel Tarde）将人类的活动分为模仿和创新，认为创新源于不同模仿行为之间的对立和冲突。③美国著名文化人类学家巴内特（Homer Barnett）则将创新界定为"与现有形式根本不同的新的思想、行为和事物"④，并指出了作为集体行为方式的创新在人类文化变迁中的根本作用。

　　总体而言，创新的概念可以追溯至近现代资本主义在全球扩张时期的文化人类学研究。在文化人类学视域中，创新是一种文化上的适应或吸

① ZALTMAN G，DUNCAN R，HOLBEK J. Innovation and Organization［M］. New York：John Wiley & Sons，Inc.，1973：7.

② BAREGHEH A，ROWLEY J，SAMBROOK S. Towards a multidisciplinary definition of innovation［J］. Management Decision，2009，47（8）：1323-1339.

③ 塔尔德，克拉克. 传播与社会影响［M］. 何道宽，译. 北京：中国人民大学出版社，2005：24.

④ BARNETT H G. Innovation：The basis of cultural change［M］. New York：McGraw-Hill Book Company，Inc.，1953：7.

纳现象；而在经济技术学视野中，创新则是一种对自然或对象的控制和改造。①由于对象性思维是西方文化的显著特征，随着西方在全球取得主导地位，技术视角中的创新概念也逐渐成为主导话语。因此，研究者开始把创新视为取得经济社会进步的技术理性工具，而将非西方世界中的自然适应或同化性变迁视为非创新。

二、创新与相关概念的辨析

（一）发明（invention）与创新

发明是创造出新的工具，或者对现有工具进行全新的改良，通常侧重于技术维度。对于发明和创新的关系，挪威奥斯陆大学的费格伯格（Jan Fagerberg）教授指出："发明是首次提出新观念、新产品或新服务，而创新则是首次尝试将此种观念、产品和服务付诸实施。"②美国学者圣吉（Peter Senge）也指出："当一个新的构想在实验室被证明可行的时候，工程师称之为'发明'（invention），而只有当它能够以适当的规模和切合实际的成本，稳定地加以重复生产的时候，这个构想才成为一项'创新'（innovation）。"③国家创新系统理论的创立者英国学者弗里曼（Christopher Freeman）指出，创新是"新产品、新过程、新系统、新服务的首次商业性转化"④。概言之，发明或发现的商业化、社会化，才能最终形成创新，否则此种发明或发现就是无济于事的。⑤

---

① WILSON H T. Tradition and innovation: the idea of civilization as culture and its significance [M]. London and Boston: Routledge & Kegan Paul, 1984: 56.
② FAGERBERG J, MOWERY D C, NELSON R R. The Oxford handbook of innovations [M]. Oxford: Oxford University Press, 2005: 4.
③ 圣吉. 第五项修炼: 学习型组织的艺术和实务 [M]. 郭进隆, 译. 2版. 上海: 上海三联书店, 1998: 6.
④ 仝允桓, 等. 技术创新学 [M]. 北京: 清华大学出版社, 1998: 6.
⑤ 冯增俊. 教育创新与民族创新精神 [M]. 福州: 福建教育出版社, 2002: 24.

（二）创造（creation）与创新

创造是一个从无到有的过程，而创新则是对原有事物的改造和重组，二者在创新性上有所不同。此外，创造通常是一次性事件，而创新则是一个长期累积的连续过程，包括新观念的产生、推广和实施。[①] 尽管创新离不开创造，但二者并不等同，前者通常侧重于技术维度，而后者侧重于个体心理维度。有学者指出，所有创新都源于创造性观念，然而后者是前者的必要但非充分条件。实际上，创新的发起必定源于个人或者组织中创造性观念的形成。从学科背景来说，创新是社会学、经济学、工程学、组织学的研究领域，而创造则几乎是心理学的研究领域。[②]

表1　创新、改革与变革的区别 [③]

	创新	改革	变革
定义	新观念、新知识和新做法的实施	结构化和有目的的变革	有目的或者无目的的转变或改变
关键特征	新颖性、有利性	变革性（尽管有时无实质变化）	历史性、情境性、过程性
类型	（1）过程、产品、营销或组织创新 （2）渐进性、激进性或系统性	激进性、渐进性或系统性	持续性或间断性；趋同性或分歧性

① POPADIUK S，CHOO C W. Innovation and knowledge creation：how are these concepts related？［J］. International Journal of Information Management，2006，26（4）：302-312.

② FORD C M. A Theory of individual creative action in multiple social domains［J］. Academy of Management Review，1996，21（4）：1112-1142.

③ OECD. Innovating education and educating for innovation：The power of digital technologies and skills［M］. OECD，2016：16.

三、教育创新的界定

国际教育界使用"革新 / 创新"一词始于 1966 年或 1967 年。①英文 "educational innovation"在国内有教育创新和教育革新两种通用译法（少数翻译为教育改革）。尽管创新与革新的意义最为接近，但如果细加推敲，二者也具有某些差异，前者重在创设、引入新的事物，后者重在破除、清理旧的事物。由于本研究将教育变革的重心放在引入新的事物上，故采用教育创新这一提法。1973 年经合组织下属的教育研究与创新中心（CERI）将"教育创新"界定为"根据某些既定目标，为改进现有实践而进行的有意识尝试"。依此看来，教育创新是一种有意识的教育变迁，旨在根据某些目标改进教育实践，但这些目标可能是新的，也可能是旧的。②

如果将熊彼特的创新理论在教育领域进行演绎，便可得出，"教育创新是指在教育上第一次推行一种新的观念和体制或方法形式，并促进教育发生进步性的结果的过程。从教育发展史上看，教育创新体现为以下方面：（1）推行一种新制度、新体系或新教育模式；（2）采用一种新教育观念或新理论；（3）开发新的教育形式和教育领域；（4）发现并应用新的教育组织方式和管理方法；（5）发现或推行新的教学方法或技术手段；（6）建立一种新的教育投入体系"③。

通过综述创新的诸多定义，我们可以将教育创新界定为"教育创新主体在教育实践中成功地引入新的教育观念、制度或技术，以更有效地达成某种教育目的的过程"。教育创新活动主要具有如下特征：（1）新颖性，即创新的结果与众不同；（2）继承性，即创新的基础依赖于原有结构；（3）变革

① 顾明远.教育大辞典·增订合编本（上册）［M］.上海：上海教育出版社，1998：746.

② 黎成魁.教育改革［M］// 瞿葆奎.教育学文集：法国教育改革.北京：人民教育出版社，1994：336-356.

③ 冯增俊.教育创新与民族创新精神［M］.福州：福建教育出版社，2002：39-40.

性，即创新的过程呈现出动态变化；（4）价值性，即创新的过程或结果满足某种需求；（5）未来性，即创新的时间指向未来；（6）先进性，即创新的目的在于改进现状。[①]

四、教育创新的概念辨析

（一）教育变革/变迁（change）与教育创新

"教育变革/变迁"是含义较广的一个术语，意谓在某一情景中，最初状态（t_0）与今后状态（t_n）之间的差异。教育变迁可能是正向的，也可能是逆向的。当人们使用教育变迁一词时，完全不涉及其动机（即不管是否有意识），也完全不涉及最初状态（t_0）之前某一个时候的状态（t_{-n}）（即不管 t_n 是否又回复到 t_{-n}）。[②] 美国教育变革专家迈尔斯（Matthew Miles）也认为变革是在两个时间点之间，某事物发生了明显的变化，即体系的目标、结构或过程发生了改变。而创新则是有目的新的具体变革，旨在更有效地完成系统的目标。[③] 因此，创新隶属于变革，但是变革不一定是创新。依据美国学者萨尔特曼的观点，变革只有在采用者认为新颖之时才是创新。换言之，某些在采用者看来并无多大差异的教育变革并不是教育创新。教育变革/变迁与教育创新在目的性和新颖性方面存在差异。

（二）教育改革/革命与教育创新

许多学者把教育改革（reform）和教育创新混为一谈，然而二者具有某些差异。法国著名比较教育学家黎成魁（Lê Thành Khôi）指出，教育改

[①] 张立昌.创新·教育创新·创新教育［J］.华东师范大学学报（教育科学版），1999（4）：26-32.

[②] 黎成魁.教育改革［M］//瞿葆奎.教育学文集：法国教育改革.北京：人民教育出版社，1994：336-356.

[③] MILES M B. Innovation in education［M］. New York：Teachers College Press，1964：13.

革乃是政治当局或者对整个教育系统，或者对教育系统的重要组成部分进行的大规模变革（初等教育改革、课程计划改革等），旨在改进整个教育系统或它的重要组成部分。教育改革与教育创新的区别就在于，前者是政治当局发动的大规模的改革，而后者是在比较有限的范围内（学校、班级等）进行的。① "革命"（revolution）一词很早就出现于教育领域。在 18 世纪末的法国，"革命"是一种"流行用语"，人们喜欢称大革命后建立的学校为"革命学校"。因此，教育革命主要是一种政治色彩强烈的或导致彻底变化的有计划教育变革。② 而教育创新则是一种长期累积的过程，其变革的剧烈程度不及教育革命。

（三）创新教育与教育创新

从构词法来讲，创新教育重在教育过程，而教育创新重在变革过程，前者意为培养创新力的教育，后者则是对教育观念、体制和实践的变革。具体而言，创新教育是利用遗传和环境的积极影响，注重学生的主体创新意识、创新精神、创新技能的唤醒和开发培育，形成创新人格的教育。③ 创新教育是针对传统教育的弊端而提出来的，从根本上说也是一种教育创新活动。创新教育要落到实处必须对原有体制进行革新，即需要教育创新的保驾护航。创新教育也是进行教育创新的一种重要途径。

通过对概念的界定和辨析，本书将教育创新定位为学校组织变革的层面，强调基于学校实践的变革过程，着重考察新的教育观念、制度和技术如何在学校产生、采用、扩散和制度化。

---

① 黎成魁.教育改革［M］//瞿葆奎.教育学文集：法国教育改革.北京：人民教育出版社，1994：336-356.
② 王万俊.略析教育变革理论中的变革、改革、革新和革命四概念［J］.教育理论与实践，1998（1）：10-11.
③ 张立昌.创新·教育创新·创新教育［J］.华东师范大学学报（教育科学版），1999（4）：26-32.

五、教育创新的表现形态

美国学者巴内特认为，在每个人的日常生活中，都会经常出现创新。只要原有的结构融入了新的要素或者原有的结构关系发生了改变，都可以称为一种创新。每一种创新都涉及两类结构：（1）熟悉的结构，即先于创新而存在的结构；（2）外部的结构，即激发创新的结构。按照两种结构之间的关系，人类的创新活动可以通过三种方式实现：（1）投射（projection），即将熟悉的结构或要素置于新的情景中；（2）类推（analogy），即将外部结构的关系进行迁移；（3）同化（assimilation），即将新的要素纳入原有的结构。①这三种活动方式实际上体现了亚里士多德对人类活动的三分法，即实践、制作和理论沉思，与之相对的德性分别为实践智慧、科学知识和艺术。在亚里士多德看来，实践是道德的或政治的活动，目的既可以是外在的又可以是实践本身；制作是生成某事物的活动，其目的在于活动之外的产品；理论沉思是对不变的、必然的事物或本质的思考活动，它是不行动的活动。②概言之，在现实的社会层面，人们之间以及个体身上总是存在着三种活动形式，即以道德理性和信念为指导的实践活动、以技艺应用为目的的操作活动、以理论认知为目的的求知活动。创新也必然以这三种活动形式展开。

按照此种逻辑，在教育创新领域，投射的行为表现为教育实践的政治和道德维度，即教育决策者和实践者依据教育自身的目的进行创新，体现为教育制度的创新和实践方式的创新，如班级授课制和复式教学。类推的行为表现为教育实践的技术维度，即教育变革者借用其他领域的技术发明，将之应用于教育领域，体现为教育技术的创新，如多媒体教学手段的应用。

---

① EMRICH R. Contrasting disciplinary preferences for barnett's type of innovation ［J］. Sociometry, 1959, 22（4）: 297-306.

② 亚里士多德. 尼各马可伦理学［M］. 廖申白, 译注. 北京: 商务印书馆, 2003: 译注者序 21.

同化的行为表现为教育实践的理论知识维度，即教育研究者不断吸纳新的思想从而实现教育理论的变革，体现为教育观念的创新，如儿童中心说。这便是目前教育创新研究中普遍认同的教育制度 / 方式创新、教育技术 / 内容创新和教育观念创新。

经合组织将教育创新分为四类：（1）产品创新，如从黑板到可穿戴设备；（2）过程创新，如合作学习、翻转课堂、探究和发现教学、团队教学；（3）营销创新，如教材选用、软硬件采购、教师在职培训项目；（4）组织创新，如学年制、学分制、课后服务、混龄编班等。① 目前国内学者对教育创新的分类，一般主要从教育的各个层面进行演绎，将教育创新分为教育目标的创新、教育观念的创新、教育体制的创新、教育体系结构的创新、课程的创新、教育形式与方法的创新、教育组织管理的创新、教育评价的创新等。② 然而，教育创新的分类应该从变革和实践两个维度展开，即考虑教育变革的内外结构安排以及实践者的活动形式，依照此种逻辑可以系统地整合教育创新的各种分类。综上所述，我们认为教育创新可以分为三类：（1）教育观念的创新；（2）教育制度的创新；（3）教育技术的创新。其中，教育观念的创新是最为核心的部分，而教育制度的创新是教育变革的基础。

2014 年经合组织的研究报告表明，与其他领域相比，教育领域的创新水平接近均值；作为龙头的高等教育的创新强度最高，中小学教育创新与均值持平；教育领域的知识和方法创新高于均值，技术创新与其他领域持平，但产品和服务创新低于均值；教育领域采用创新的速度相对迟缓，低于均值，但高等教育采用创新的速度高于均值和中小学；教育部门的创新水平显著高于公共管理部门，至少与卫生健康部门持平。③

---

① ELLIS A K. The nature of educational innovation［M］// SIDORKIN A M， WARFORD M K. Reforms and innovation in education： implications for the quality of human capital. Cham：Springer，2017：37-51.

② 张武升.教育创新论［M］.上海：上海教育出版社，2000.

③ OECD/CERI. Measuring innovation in education： a new perspective［M］. Paris：OECD Publishing， 2014：15.

第三节 教育创新的理论流变

一、创新理论的演变

教育创新理论来源于一般创新理论。20 世纪初，随着演化经济学（evolutionary economics）的发展，熊彼特从资本主义经济发展的角度提出了创新理论。因此，最初的创新理论涵盖在演化经济学的研究之中。演化经济学借助达尔文的进化论思想，强调经济系统中"新奇"的创生、传播和由此导致的结构转变。而在新古典经济学的框架中，研究者通常认为，经济行动者只会对外部强加的条件做出理性应答，而自身绝不会以任何方式创造这些条件，因而现代经济变迁的许多方面都被排除在外，创新也未能作为一个重要的研究议题。可以说，新古典经济学是研究存在的经济学，而演化经济学则是研究生成的经济学。[①]正是由于演化经济学对经济活动中生成作用以及企业家作用的重视，创新问题才逐渐浮现出来并成为一种系统的理论。然而，20 世纪 20 年代以后，由于社会进化论声名狼藉以及经济学数学化的加剧，演化经济学曾一度沉寂了 30 多年。二战后，随着老制度主义的复苏，演化经济学逐渐成为经济学中的显学，因而创新问题也引起了研究者的再度关注。

20 世纪 40 年代，最初的创新研究主要关注扩散过程。美国著名学者罗杰斯（Everett Rogers）在《创新的扩散》中首次系统总结了众多领域创新扩散的研究。具体而言，他全面回顾了人类学、早期社会学、农村社会

---

① 贾根良 . 理解演化经济学［J］. 中国社会科学，2004（2）：33-41.

学、教育、公共卫生与医疗社会学、传播学、营销与管理学、地理学、普通社会学、普通经济学等学科中的扩散研究，并提供了翔实的创新案例。[①]但是，最初的创新研究存在几个不足之处：（1）认为创新在采纳之后便会"自行运转"（self-winding），因而重视变革初期的阻力问题；（2）主要关注技术创新，以及促使人们接受创新的因素；（3）将独立的个人视为创新的采用者，忽视了复杂的组织维度；（4）大部分研究认为创新需要外部变革主体的介入。[②]

1971年，美国学者哈维洛克（Ronald Havelock）等人总结了创新研究中的四种模式：（1）问题解决模式：源自美国1946年建立的国家训练实验室（NTL），它强调敏感性训练和训练团队（T-group）。此种模式将创新置于"诊断"框架之中，强调研究和选择过程。（2）社会互动模式：源自农业推广站，它侧重于创新扩散和沟通的渠道、影响模式和外部刺激等，主要涉及简单创新和个人采纳者，并认为信息是采纳的主要动力。（3）研究—开发—创新模式：源自联邦资助的研发中心，它主要关注研究的扩散和推广，将使用者视为理性但却相对保守的接受者。（4）联结模式（linkage model）：主要源自哈维洛克，它强调在创新的来源和用户之间，通过联结主体或者机构建立沟通的网络。[③]

总体而言，自20世纪50年代以来，西方关于创新的研究大体经历了个人主义、结构主义和互动主义三种视角的演变，其理论流变的基本情况可用表2进行阐释。[④]这三种观点反映了创新理论研究几十年来的演变。最初的创新研究基于经济学"理性人"的假设，强调个人在创新过程中的作用，将重点放在个人特征对创新的影响上。从20世纪60年代开始，创新研究的重点开始转移到组织的结构因素。此种转变可以归因于结构功能主

---

① 罗杰斯.创新的扩散［M］.辛欣，译.北京：中央编译出版社，2002：38-39.

②③ PARKER C A. The literature on planned organizational change： a review and analysis［J］. Higher Education, 1980, 9（4）：429-442.

④ SLAPPENDEL C. Perspectives on innovation in organizations ［J］. Organization Studies, 1996, 17（1）：107-129.

义和开放系统理论日益受到青睐，并成为社会科学领域的主导话语。此种研究视角反映了实证主义的认识论取向，研究者采用了横切面研究（cross-sectional study），具有某种程度的简单化、线性化特征。极端的个人主义和结构主义的视角过分强调某种因果关系的因素，难免会导致归因的错误。20世纪80年代以来，互动过程研究带来了理论和方法的转向，但其自身也面临某些局限和挑战，案例研究的归纳和推广便是一个问题。

表2　创新研究的三种视角

	个人主义	结构主义	互动过程
基本假设	个人促成创新	结构特征决定创新	结构因素和个人行动的互动带来创新
创新界定	静态、客观地界定的实物或实践	静态、客观地界定的实物或实践	创新要进行再发明与再配置，创新由个人所感知
核心概念	倡导者、领导者和企业家	环境、规模、复杂性、分化、正式化、集权化、战略类型	冲击、扩散、创新力、环境
研究方法	横向比较	横向比较	个案研究、个案史
代表人物	罗杰斯、马奇和西蒙	萨尔特曼等	范德文等

资料来源：SLAPPENDEL C. Perspectives on innovation in organizations［J］. Organization Studies，1996，17（1）：107-209.

二、教育创新的理论视角

教育创新理论是一般创新理论在教育领域中的应用。关于教育创新的研究，研究者常常关注政府推动的自上而下的改革议程，而对于学校层面的草根创新则关注较少。然而，学校层面自下而上的创新，长期以来都是教育领域中组织研究和微观政治研究关注的焦点。20世纪上半叶的创新研究，主要关注如何以技术革新实现资本主义的发展。二战后，创新研究进入了鼎盛时期，教育创新研究也备受瞩目。美国学者豪斯（Ernest House）曾对20世纪60年代到80年代的教育创新研究进行了系统总结，并将其分为三个发展阶段，分别是20世纪60年代的技术视角、20世纪70年代的政治视角、20世纪80年代的文化视角。技术视角的根本隐喻（metaphor）是生产，通常使用输入—输出、流程图、劳动分工等概念，将创新视为一个相对机械的过程，强调经济价值和效率。政治视角的根本隐喻是谈判，通常使用权力、权威和利益冲突等概念，认为社会关系以契约协商为基础，强调政治及权威系统的合法性。文化视角的根本隐喻是共同体，认为文化的整合极为重要（见表3）。①

由于社会背景的变化，自20世纪60年代以来，教育创新研究的重心沿着"创新—情境中的创新—情景本身"进行演变，研究视角经历了"技术—政治—文化"的转变，研究方法则从心理测量到半结构化的问卷和访谈，再到人类学的研究方法。相同的事件在三个视角看来都有所不同。加拿大著名教育改革家富兰等人在评述创新的实施研究时曾将其分为三类：达成度研究（fidelity）、调试性研究和过程性研究，这些研究分别对应技术、政治和文化视角。② 美国学者萨什金（Marshall Sashkin）和艾格梅尔（John Egermeier）曾回顾了20世纪60年代至90年代约30年的教育变革历程，从中总结出了不同的研究视角、策略方法和实施原则。他们认为改进学校绩效的四种策略是：（1）调整局部（fix parts），即移植和实施具体的教育创新。其基本假设是只要适当地落实某种新的观念，就可以改进学校教育中无效和低效的部分。此种策略主要基于理性—科学/研究开发的模式。（2）调整人员（fix the people），即培训和发展专业人员。其基本假

---

① HOUSE E R. Three perspectives on innovation: technological, political and cultural［M］// LEHMING R, KANE M. Improving school: using what we know. Beverly Hills: Sage Publications Inc., 1981: 17-41.

② FULLAN M, POMFRET A. Research on curriculum and instruction implementation［J］. Review of Educational Research, 1977, 47（1）: 335-397.

设是改进教育成果，必须首先提高教师和管理者的知识和技能，使其更好地完成各自的任务。此种策略通常反映了理性—科学的视角，但同时也可能包含文化的视角。（3）调整学校（fix the schools），即发展组织解决问题的能力。此种策略将学校作为一种组织，试图帮助组织成员学会更加有效地解决问题，它主要关注整个组织的问题，而非组织的某个方面或者组织成员的知识技能。此种策略通常采用文化的视角，但也常常涉及其他两种视角。（4）调整系统（fix the system），即全面重建。此种策略超越了其他三种策略，将背景因素扩展至社区、学区、州教育部门、专业发展机构乃至国家层面，在体现其他三种视角的同时尤为重视文化变迁。就教育变革实践来说，美国自20世纪60年代以来主要经历了三次浪潮。20世纪60年代主要采用第一种策略，强调理性—科学的视角，然而此种策略未能像农业推广服务站的模式那样建立国家教育推广系统。20世纪70年代末，第一轮教育改革宣告失败。20世纪70年代末80年代初，美国州政府通过立法发起了第二轮教育改革，尽管此种自上而下的教育改革方法最终失败，但它强调了系统改革的重要性，而不仅仅重视"地方"的努力。20世纪90年代出现了以"重建"（restructuring）为中心的第三轮教育改革，教育变革者开始关注教育结构问题。美国30年的学校改进历程见证了四种变革策略的变化。

表 3　教育创新研究的三种视角

	技术视角	政治视角	文化视角
基本原则和假设	创新是一个系统的、理性的过程，并具有可以应用的显性知识和技术（如研发模式）；采纳者只是被动地接受创新；合作是自动生成的；效率和责任是关键问题；利益和价值观具有共同性	创新是一个不同群体介入冲突和妥协的过程；通过说服、诱使和强制施加影响；权力斗争居于首位；合作是有争议的；合法性是主要问题；价值观和利益具有冲突	参与者被视为一种文化和亚文化；创新要求不同文化之间的互动；创新的成效不够明确和具体；合作需要高超的技艺；变革具有不同的意义；自主是主要问题；价值观和利益具有冲突

续表

	技术视角	政治视角	文化视角
焦点	创新自身；技术及其效果	情景中的创新；权力和权威关系	情景、意义和价值
价值观	共同的价值框架；目标是既定的；需要寻求最好的方法达成目标	通过冲突和利益的妥协，就价值观达成共识	价值观是小群体内部共有的；不同群体之间可能不同或产生冲突
道德规范	道德规范是权威性的；创新符合共同的利益；应该积极寻求技术变革	道德规范是契约型的；创新不一定符合个体和群体的利益；需要就差异进行妥协	道德规范是相对的；创新也许会产生意外后果；己所不欲、勿施于人
形象	生产；产品取向	谈判；冲突取向	共同体；意义取向

资料来源：HOUSE E R. Three perspectives on innovation：technological，political and cultural［M］// LEHMING R，KANE M. Improving School：using what we know. Beverly Hills：Sage Publications Inc.，1981：17-41.

综上所述，20 世纪 60 年代至今，西方教育创新理论从技术创新逐渐转变为对组织文化因素的考察，研究的视角逐步拓展，研究方法也逐步转入对学校组织的个案研究。西方教育创新的理论流变向我们展现了认识学校创新的三种视角，此种理论观察在当今的学校教育创新研究中仍具有重要意义。美国学者赛博（Sam Sieber）等人依据本尼斯（Warren G. Bennis）等人的变革研究，总结了学校教育变革的三种策略，它们分别反映了技术、政治和文化的研究视角。

表 4　学校教育变革的三种策略

	实践者形象	变革重心	影响渠道	变革主体
理性—经验型	理性人	内部认知	单向沟通	宣讲者、作家、教育批判家

续表

	实践者形象	变革重心	影响渠道	变革主体
政治—强制型	唯命是从者	外部结构	指令与制裁（命令、法律、规章）	立法者、行政人员、压力群体
规范—再教育型	合作者	内部情感（态度）	双向沟通	咨询专家、人际关系专家

资料来源：WHITESIDE T. The Sociology of Educational Innovation［M］. London：Methuen & Co. Ltd, 1978：46.

三、教育创新的实践过程

纵览国内现有的相关研究，大部分是在论述组织变革或学校变革（改进）时谈到了学校教育创新。以色列学者英博对教育创新进行了系统和全面的论述。[①] 他从创新活动发生的环境出发，论述了学校组织的"松散联结"（loosely coupled）特征以及教育问题的复杂性。他指出，在此种环境中，理性的、全面的教育规划具有很大的局限性，因而教育创新的规划应该从理性主义转变为社会互动，强调参与者之间的沟通，形成创新的远景和共同的价值观。对于创新的实施，英博从五个阶段（理解、愿景、期望、赋权和支持）和三个支持系统（培育模式、协助模式和增援模式）加以论述，着重探讨了创新的"随机应变"模式。此种行为模式基于个人的经验或缄默知识，对环境的变动做出迅速有效的反应。英博指出，创新过程中可能存在某些误区，即所谓的陷阱和仪式化的危险。从互动的社会—政治视角来看，创新可能沦为特殊利益集团之间政治斗争的工具，同时，由于不同行动者对创新符号的不同解读，会产生多样化的认识取向。此外，人们通常以创新的结果来评判创新，因而创新者倾向于把精力投入到简单的、有

---

① 英博，等 . 教育政策基础［M］. 史明洁，等译 . 北京：教育科学出版社，2003.

条理的方面，舍弃了模糊、难以实施的方面。由于创新需要较长的准备时间，有可能陷入仪式化的境地。概言之，学校组织通常面对两大难题，即一方面保持开放的态度，因而很有可能采纳某些新颖的做法；另一方面为维持自身的稳定，实际上改变的步调又不会很大。

四、教育创新的微观政治

学校变革与学校教育创新具有密切的关系。教育组织行为学中关于组织变革的研究，为学校教育创新研究提供了重要的理论来源。美国学者欧文斯（Robert Owens）在《教育组织行为学——适应型领导与学校改革》中具体阐述了钦（Robert Chin）等人提出的三种变革策略，即验证—理性的变革策略、权力—强制的变革策略、规范—再教育或组织自我更新策略。[①] 作者尤为强调第三种策略，即通过创建学习型组织和组织发展，实现创新的制度化。美国学者汉森（E. Mark Hanson）在《教育管理与组织行为》中，通过追溯美国自 1983 年《国家处于危机之中：教育改革势在必行》报告以来的三次教育改革浪潮，指出组织层面和个人层面对变革的抵制，并阐述了有计划变革的三种视角，即古典理论的变革模式、社会系统的变革模式和开放系统的变革模式。[②] 挪威学者达林（Per Dalin）在《理论与战略：国际视野中的学校发展》中，论述了美国学者豪斯所述的学校变革的三种视角，即技术视角、政治视角和文化视角，并指出学校改进过程是一个相互适应和发展的过程。[③]

富兰在《教育变革新意义》以及《变革的力量》三部曲中，阐述了变革过程是如何影响学生、教师、校长、家长和地方团体的，并总结了教育

---

① 欧文斯.教育组织行为学：适应型领导与学校改革：第八版［M］.窦卫霖，温建平，译.北京：中国人民大学出版社，2007.

② 汉森.教育管理与组织行为［M］.冯大鸣，译.上海：上海教育出版社，2004.

③ 达林.理论与战略：国际视野中的学校发展［M］.范国睿，主译.北京：教育科学出版社，2002.

变革的八条基本经验。^①加拿大学者莱文（Benjamin Levin）在《教育变革——从启动到成果》中，对新西兰和英格兰的国家政策、美国明尼苏达州的政策以及加拿大阿尔伯塔和曼尼托巴省的政策进行案例分析，阐述了教育改革的复杂性，指出教育改革从启动、采纳、实施到成果的过程中会出现许多意外结果。教育改革在很多方面是一个分数，即由细致的政策规定构成的分子和由偶然事件构成的分母组成。^②国内学者张立新则将西方学校变革理论分为三类：（1）以人为中心的变革理论，如美国心理学家勒温（Kurt Lewin）的力—场分析理论和钦的三种变革策略理论；（2）以组织为中心的变革理论，如莱维特（H. J. Leavitt）的系统变革模式和圣吉的学习型组织理论；（3）强调革新思维方式的变革理论，如罗宾斯特（Robinstuart）和克茨（Kotze）的情景变革模式和权变理论，并选取富兰、达林和霍尔（Gene Hall）等人的理论，从变革的价值观、思维方式和策略三个方面进行了比较。^③

　　总体而言，国外关于教育创新理论的研究主要依赖教育改革和学校变革理论，目前除了依据教育改革浪潮对研究视角的分类之外，尚无教育创新理论的系统研究。而国内对教育创新理论研究的现有成果主要是一般创新理论和组织理论在教育领域中的应用，未能具体考虑教育领域的独特性。教育创新理论的表现形态主要是一些关于创新案例的研究，此类研究在深化教育创新理论的同时，对归纳一般教育创新理论提出了挑战。基于国内外的研究现状，本研究定位于系统梳理教育创新理论，一方面将一般创新理论与教育领域的具体特征进行结合，另一方面依据众多创新案例研究和变革理论归纳出系统的教育创新理论。

---

① 富兰 . 教育变革新意义［M］. 赵中建，陈霞，李敏，译 . 北京：教育科学出版社，2005.

② 莱文 . 教育改革：从启动到成果［M］. 项贤明，洪成文，译 . 北京：教育科学出版社，2004.

③ 张立新 . 当代西方学校变革理论评述［J］. 吉林省教育学院学报，2006（7）：4-8.

第四节 教育创新的研究路径

一、研究的方法和路径

作为研究对象的教育创新是一个具有主观性的教育问题。通常，教育学中的事实问题本身包含着它的价值前提，人们对教育事实问题的叩问是从自己的价值立场出发的①。从知识的发展来说，教育学科知识呈现了与自然科学知识不同的发展轨迹，前者由于教育问题的主观性展现出同心圆扩展的螺旋式增进模式，而后者则由于强调价值无涉性和逻辑实证主义而呈现出累积性的线性发展模式。因此，在 20 世纪 60 年代备受瞩目的教育创新在当代世界仍然炙手可热，其内在逻辑便是教育问题的主观性，然而此种主观性在根本上表明了教育问题的社会历史性和文化制约性。对教育创新理论的考察，实际上是探寻波普尔（Karl Popper）所说的作为精神活动产物的"第三世界"②的存在形态。因此，教育创新理论研究需要揭示不同时代的教育家和其他理论家对教育创新问题的看法，这是一种建立在思想史基础上的知识建构活动。教育创新理论的形成过程和表现形态正是通过文献展现出来的，对国内外教育创新文献的历史考察是统合教育创新理论的有效方法。

在法国社会学家迪尔凯姆（Emile Durkheim，又译为涂尔干）看来，比较法是揭示社会现象因果关系的主要方法，等同于自然科学研究中的实

---

① 石中英．略论教育问题的主观性［J］．教育研究，1996(11)：45-48．

② 波普尔．客观知识：一个进化论的研究［M］．舒炜光，卓如飞，周柏乔，等译．上海：上海译文出版社，1987：164．

验法。比较法的基本假设就是"同样的结果总是有同样的原因"[①]。正是基于此种假设，社会学家才能通过比较法研究社会事实的共变性变化，从而得出一般的结论。而德国社会学家韦伯（Max Webber）则从社会行动的意义出发，认为同样的结果可能是由不同的原因造成的，并通过比较不同历史文化背景中的社会事实来形成其所说的"理想类型"（ideal type）。英国社会人类学家布朗（Radcliffe Brown）也指出，比较方法是一种获得通则的方法，通过比较足够数量的不同类型，我们将发现更一般的一致性，并因此可能发现人类社会中普遍的原则或规律。教育创新理论研究既涉及共时性的不同文化的比较，又涉及历时性的不同历史的比较。此种比较的终极目的是形成对教育创新问题的科学认识。此外，虽然比较法促进了知识的脉络化和分类等，但是对于社会现象的解释才是比较的主要认识论成果，这也是社会科学中比较研究的存在理由。在此种意义上，美国政治学家普沃斯基（Adam Przeworski）也声称，比较研究不仅包含比较，还包含解释。教育创新理论的比较研究正是通过对理论发展的阐释，达成一般的认识论目的。

二、研究的思路和框架

本研究遵循历史的和逻辑的研究方法，探讨教育创新理论的存在形态和历史流变。目前教育创新研究的理论困境盖因研究者对教育创新的本质不明所致。因此，本研究第一章和第二章着力对教育创新做一番本体论的考察，从概念框架和话语分析的理论视角，探讨教育创新的形成和发展，同时第三章论述了教育创新研究的理论基础，并将之作为考察教育创新理论的出发点和立足点。教育创新理论在某种程度上具有福柯所说的"缓坡历史"（unmoving history）的特点，因而需要做一番历史的梳理，通过历

---

① 迪尔凯姆. 社会学方法的准则 [M]. 狄玉明，译. 北京：商务印书馆，1995：141.

时的和共时的比较，探究教育创新理论发展的内在脉络，形成系统的教育创新理论。作为人文社会科学的一个专门领域，教育创新研究也受到了社会科学认识论范式的影响，因此，教育创新研究呈现了不同知识型支配下的理论发展轨迹。本研究第四至第六章依据历史的线索，集中探讨了西方教育创新理论的动态演变过程，以期形成比较明晰的发展脉络；同时也以不同视角审视和分析了中国的教育改革创新经验。

教育创新理论的关涉对象具有内在一致性，因而对作为社会事实的教育创新进行静态剖析是教育创新理论研究的一个重要维度。教育创新组成要素之于创新成效的关系可以通过"解释学的循环"（hermeneutic circle）加以说明，对于教育创新要素的具体分析是理论走向深化的重要特征。因此，本研究第七章从社会静力学的角度剖析了教育创新的各个组成要素及其特征，以期形成比较直观的理解。

教育创新从根本上是一个动态的社会实践过程，以动力学的视角阐释教育创新实践是新近理论发展的一个重要取向。教育创新的生成、采纳、扩散和制度化在个人层面和组织层面上展开，探讨在开发和动态的社会环境中的教育创新是建构教育创新理论的主要内容。因此，本研究第八章从社会动力学的角度论述了教育创新的一般过程，以期对教育创新的多变性进行确切的把握。

研究教育创新理论的目的在于认识中国的教育现实，为研究者和实践者提供分析问题和解决问题的理论参考。因而本研究第九章从跨文化的视角审视教育创新理论之于中国现实的意义，探讨了中国当前教育创新面临的挑战，并用要素分析等方法透视了中国的教育创新现实，以探索中国教育创新的实现路径。本书的框架结构见图 1。

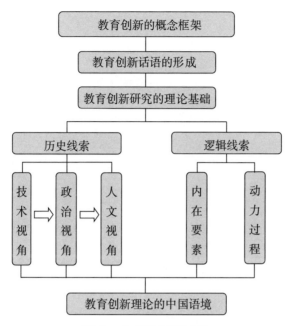

图 1　本书的框架结构

第二章
教育创新话语的形成

你以为自己在说话，其实是话在说你。

——福柯

话语不仅是使用符号以确指事物，更为重要的是创造对象本身。

——余章宝

著名教育家杜威（John Dewey）曾言，教育即生长，是对过去经验的不断改组、改造和转化。[①]美国人类学家巴内特将创新界定为"经过重组之后，与现有结构根本不同的新的思想、行为和事物"。从此种意义上说，教育与创新具有"家族相似性"，二者都旨在通过对现存结构的重组和改进，实现组织和个人的发展。从本体论意义上讲，教育即超越，其目的在于使人过上预期的美好生活，[②]而创新也意味着借助人们的创造性实践活动实现某种超越。因此，教育和创新这对语意相似的词语为何在当代如此备受瞩目？

第一节　创新话语的形成

一、话语分析的引入

国内外理论界对创新的研究存在诸多不一致，创新理论在很多情况下跨越许多学科领域和社会实践层面，是一个充满断裂、非连续性和异质性的陈述系统。对于创新的误解和误读，在很大程度上源于创新研究内部的此种特征。人们通常没有对创新做出区分和对比，没有追问在创新的话语体系中"谁在言说""在什么场所和什么时间言说""言说者在知识空间中处于什么样的位置"。悬置此类问题而将创新视为理所当然之物，乃是导致创新研究出现混乱和异化的重要原因。

那么，作为研究对象的"创新"是如何进入问题域的？作为理论表述

---

① 杜威.民主主义与教育［M］.王承绪，译.北京：人民教育出版社，2001：58.
② 鲁洁.论教育之适应与超越［J］.教育研究，1996（2）：3-6.

的"创新理论"又是在何种规则的作用下浮现出来的？对于此种问题，就需要对创新理论做一番知识考古学的研究，需要探究创新话语（discourse）的形成过程。现代英文中的"discourse"这个词，由拉丁词头 dis——"穿越、分离、对衬"和词根 coursus——"线路、行走"两部分组成，意指对事物演绎、推理、叙说的过程。[①] 面对创新理论的内部不一致性，在考察其形成过程时用"话语"替代"理论"，体现了范畴和视角的变化。"'理论'强调逻辑和逻辑体系、清晰的论证、价值无涉、宏大叙事、客观性、同一性、理性、中心，而'话语'则强调隐喻和意义的模糊、权力、解释性、价值涉入、微小叙事、主观性、差异性、非理性、边缘。由此可见，话语力图打破各种学科的界线和布局，取消固定的理论流派，但可以拥有共同的话语主题。"[②] 创新研究便是由散布在各门学科中的陈述系统汇聚而成，因而可以进行话语分析。

二、创新的词源学考

在中西方的文化传统中，创新一词出现较早，但其意义却有所不同。据当代学者何星亮考证，中文"创新"一词最早出现于北齐史学家魏收（公元505—572年）撰写的《魏书》第六十二卷："开物成物者，先皇之贞也；观夫人文者，先皇之蕴也；革弊创新者，先皇之志也。"不过，词意与现代不同，主要是指制度方面的改革、变革、革新和改造，并不包括科学技术的创新。其含义大抵与"革新"相同，主要是指改革制度。也就是说，在6世纪初，"创新"一词便在中文中使用，在唐代已十分流行。此后，"创新"一词时有使用，但基本都用于政治制度的变革与改造。[③] 自20世纪80年代改革开放以来，中国的创新话语在很大程度仍然意指制度革新，从学

① 张宽.话语［J］.读书，1995（5）：132-134.

② 谢登斌.当代美国课程话语研究［M］.桂林：广西师范大学出版社，2006：4.

③ 何星亮.创新的概念和形式［N］.学习时报，2006-02-13（6）.

者对"educational innovation"一词的译法便可见一斑。显然，在现实的话语实践中，人们的思维方式受到了"制度革新"模式的影响。

受希腊宇宙观的影响，西方世界长期奉行柏拉图与亚里士多德的模仿说，即认为，自然是客观自在的存在，人文（文化）是对自然进行模仿的产物。此种模仿观念，在基督教在欧洲获得统治地位以后，又被上帝创世说强化。因此，在漫长的文明历史中，西方文化都把人当作自然的模仿者、学习者，而没有创造和创新的观念。英文中的"creation"（创造）和"innovation"（创新）均来自拉丁文，分别在 14 世纪和 16 世纪铸成。"creation"是无中生有，创造全新的东西，即所谓创造。"innovation"是指以旧翻新，改造、更新现有的东西，即所谓革新。这两个词的形成史表明，文艺复兴后伴随着启蒙思想的萌发，西方文化才开始意识到人类自身的理性具有对现实的变革和创新能力。① 在西方世界中，对创新的最早论述可以追溯至英国哲学家培根（Francis Bacon）的《论创新》② 以及英国保守主义政治家柏克（Edmund Burke）对传统和变革关系的论述③。但从根本上，二者都从制度变革的角度论述创新，提醒人们对创新抱有批判的态度，而非一味地推崇和接受。

三、创新话语的形成

在法国哲学家福柯看来，人文科学知识的产生受制于话语形成的规则。话语是陈述的系统，是用以表征的工具。话语对象、陈述样态、概念、主题的选择要遵从的条件被称作形成规则。"形成规则在既定的话语分布中是存在（还有共存、维持、更改与消失）的条件。"④ 因此，当某一事物被

---

① 肖鹰.创新患上"强迫症"［N］.社会科学报，2007-02-08（5）.

② 培根.培根论说文集［M］.水天同，译.北京：商务印书馆，1983：88-89.

③ 柏克.自由与传统：柏克政治论文选［M］.蒋庆，王瑞昌，王天成，译.北京：商务印书馆，2001.

④ 福柯.知识考古学［M］.董树宝，译.4 版.北京：生活·读书·新知三联书店，2021：47.

纳入对象领域，实际上也就进入了知识领域，继而借助陈述进入话语领域。然而，这其中存在着一系列复杂的机制，正是这些机制的运作才使得事物最终被言说出来。那么，作为话语对象的创新是如何形成的？福柯指出话语形成的三个条件是形成区域、分界权威和专业格栅。[①] 作为实践活动的创新实际上伴随着人类社会的整个发展过程，正如上文对创新的词源学考究中所论述的那样，在西方世界，创新是伴随着近代哲学和科学的发展而出现的。然而，创新实践真正进入研究者的对象领域却始于 20 世纪初。

（一）创新话语对象的出现

随着近代哲学的兴起，理性成为支配人们日常生活的最高准则，人类的主体性得到了空前的张扬，人们昂首挺胸地站了起来，开始凭借自己的理性对自然进行探索和征服。与此同时，牛顿开创的经典科学确立了人们对世界秩序的信念，凭借理性探究世界的普遍规律，成为人们摆脱愚昧走向解放的必由之路。此种对规律和秩序的普遍信念成为人们当时认识的主导范式。面对世界这架庞大的机器，人们的主要任务就是发现规律和利用规律。此种理性主义和科学主义的信念催生了近代的自然科学，人们开始有意识地利用自然科学的原理进行发明和创造。

近代自然科学发展的深层原因是资本主义经济发展的推动。17—18 世纪，西方主要国家相继发生了资产阶级革命，扫清了资本主义发展的障碍。随着资本主义自由市场体制的建立，崇尚自由经济、自由竞争和自由贸易的资本主义生产方式相继为工业化国家所效仿。自由资本主义的竞争迫使工厂主（企业家）不断地降低生产成本，采用新的技术，开拓新的市场，以便在经济竞争中取胜。正是由于此种巨大的需求才使得现代的发明和创造不断涌现，技术创新成为企业家赢得利润的重要手段。因此，现代的发明创造与经济发展的关系极为密切，众多发明家也得到了企业家的资助和支持。最初的创新研究也涵盖在科学技术进步的研究之中。由于此种渊源，

---

① 赵一凡.福柯的话语理论［J］.读书，1994（5）：112.

时至今日，创新一词在很大程度上也意指技术创新。然而，诚如美国著名社会学家贝尔（Daniel Bell）所言："几乎全部 19 世纪的工业——钢铁、电灯、电话、汽车、飞机制造、无线电报——都是一些天才的匠人所创。他们对科学的发展或无兴趣，或无关系。但是，20 世纪的主要发展——电信、计算机、半导体和晶体管、材料科学、光学、生物技术——源自 20 世纪的物理学和生物学革命。"[①] 可以说，19 世纪的发明和创造尚不足以构成创新，而新技术在生产中的广泛应用并带来巨大价值才是创新。因此，随着经验—技术—科学的发展模式转变为科学—技术—应用的扩散模式，人们开始有意识地进行技术创新。

19 世纪末，自由资本主义放任自流的生产方式引发了资本主义世界的经济危机，仅仅关注生产供应的古典经济学范式遭到了挑战。随着资本主义世界格局的基本形成，市场已经不再是一个自动形成的经济环节。资本家不得不通过经济活动的整体变革实现生产的增长。20 世纪初，在经济大萧条和世界危机的背景中，资本主义国家的企业通过兼并、联合和合作等形式组建了垄断资本，进入了资本主义发展的新阶段。在此过程中，企业家的作用极为突出，他们不再仅仅关注生产技术的革新，而是从企业自身生产要素的重组中取得发展。面临频发的经济危机和激烈的企业竞争，在理论知识成为社会中轴的时代，如何使企业摆脱困境实现盈利，成为具有战略眼光的企业家关注的首要问题。在自由资本主义阶段凭借扩大再生产来增加利润的做法，在新的经济条件下已经不能十分奏效。因此，某些企业家借助技术的研发和应用，改变了企业的生产模式，从而迅速提高了生产效率，完成了企业的创新。正是在此种意义上，熊彼特将资本主义经济发展归结为原有生产要素的重组，而企业家则是"创新的灵魂"。概言之，20 世纪初，在生产资源受到限制和先进技术被普遍采用的情况下，企业的竞争优势就在于"建立新的生产函数"，实现生产方式的重组，摆脱自由资本主义阶段的扩大再生产模式。因此，创新也就从单纯的技术革新扩展为

---

① 贝尔. 技术轴心时代（上）:《后工业社会的来临》1999 年版前言［J］. 当代世界社会主义问题，2003（2）: 50—71.

企业生产方式的变革。由此，创新在资本主义经济发展中的作用完全展现出来，创新开始真正进入研究者的视野。

（二）创新话语的框定

每个时代的研究议题，背后必然存在能使其出现的"知识型"抑或库恩（Thomas Kuhn）所说的"范式"（paradigm）。在福柯看来，知识型是指能够在既定时代把那些产生知识论形态、科学，可能还会产生形式化系统的话语实践联系起来的关系集合，[①]体现着某一主题、某一思想、某一时代的至高单位。20世纪之前，牛顿—笛卡尔式的世界观主导着学术话语的范式。作为一种世界观，牛顿—笛卡尔模式的特点是：强调数量化的精确，不接受矛盾或其他不确定的知识；强调绝对不变的恒定；强调独立和分离；强调单一，只能有一种思维方式、一个真理或一个最好的过程；强调在人与物质世界间有一条不可逾越的鸿沟，在世界大机械上没人的位置，不需要主观意识的作用。[②]在这种认识论的范式下，研究者不会关心需要发挥主体能动性的创新活动。

然而，19世纪末自然科学的三大发现（细胞学说、进化论和能量守恒定律）使知识型发生了转向，有机的、联系的、发展的世界观开始取代机械的、静态的世界观。随着新的世界观逐渐深入人心，研究者开始以新的认识论视角来透视经济和社会现象。19世纪后半期，哲学范式的转变也极大地促进了创新话语的形成。在西方世界的文化传统中，理性和非理性一直如影随形，尽管自文艺复兴和启蒙运动以来，理性取得了霸权地位，然而非理性依然以特有的方式继续发展着。19世纪末的生命哲学便是一种具有非理性主义特征的思潮，其源头可以追溯至尼采和叔本华的唯意志论思想，并统摄了后来的存在主义哲学。生命哲学把揭示生命的性质和意义作为全部哲学研究的出发点，强调人的情感意志等心理活动的重要性，把人

---

① 福柯.知识考古学［M］.董树宝，译.4版.北京：生活·读书·新知三联书店，2021：226.

② 陈建翔.量子教育学：一百年前"量子爆破"的现代回声［J］.教育研究，2003（11）：3-10.

作为具有活力，或者说具有能动性和创造性的生命存在。由此出发，它们大都反对机械和静止的观点，而主张用运动、进化和创造的观点看世界。它们都强调生命的变异性和差异性以及作为人的生命体现的心灵世界的独特性。^①生命哲学的集大成者法国哲学家柏格森（Henri Bergson）摒弃了人类发展的机械论和目的论，认为进化是一种不停顿的崭新创造。时间与绵延是柏格森哲学的核心，在柏格森的时间里每一刻都意味着创造，意味着新质的创生。"我们越是研究时间，就越是会领悟到：绵延意味着创新，意味着新形式的创造，意味着不断精心构成崭新的东西。"^②整个宇宙自然的创造都是由于生命冲动促成的，借助此种力量生命实现了"创造性进化"。19世纪末20世纪初，由于自然科学中达尔文进化论的推动，以及资本主义发展过程中科技发展对人的异化的加剧，生命哲学思潮盛极一时。

在此种进化论思想的影响下，与技术创新最为密切的经济学领域也发生了转向。19世纪末，新古典经济学遭到了演化经济学的挑战，前者将牛顿的经典力学作为分析框架，而后者则把达尔文主义作为类比和隐喻的基础。传统的古代经济学乃至19世纪末的新古典经济都将经济行为者视为追求私利的"经济人"和进行最优化决策的"理性人"，因而在主流经济学的视野中，经济行为者不可能做出有违理性和私利的事情，它们只能对外部特定的条件做出理性的反应，某些非常规的经济行为是被排斥在主流经济学的视野之外的。19世纪末，在进化论思想和一般哲学思潮的影响下，演化经济学应运而生。正如该学派代表人物魏特（Ulrich Wit）和霍奇逊（Geoffrey Hodgson）所指出的，演化经济学的不同传统在其理论体系中都把创新放在核心地位，确实或多或少明确地同意新奇在经济变化中所起的关键作用，这是演化经济学与新古典经济学在研究纲领上的基本区别。^③随着演化经济学的兴起，20世纪初熊彼特在对资本主义经济发展的考察中，也借用生物学上的术语，把那种所谓"不断从内部革新经济结构，即不断

---

① 刘放桐，等.新编现代西方哲学［M］.北京：人民出版社，2000：119.
② 柏格森.创造进化论［M］.肖聿，译.北京：华夏出版社，1999：16.
③ 贾根良.理解演化经济学［J］.中国社会科学，2004（2）：33-41.

地破坏旧的，不断地创造新的结构"的过程，称为"产业突变"，并将创新、新组合、经济发展视为资本主义的本质特征。随着知识型的转向，创新问题进入研究者的视域，并在经济学家、文化人类学家的共同作用下成为话语实践的对象。

（三）创新话语的系统化

20世纪初熊彼特系统阐述创新理论之后，创新研究又沉寂了几十年，出现了福柯所说的话语的断层，最终在20世纪五六十年代获得了复苏。19世纪末，英国社会学家斯宾塞（Herbert Spencer）在达尔文进化论的基础上，提出了社会进化论（社会达尔文主义）。然而由于其实证主义的倾向，社会进化论将人类的发展视为从低级到高级、从简单到复杂的合目的性过程。20世纪初，社会达尔文主义与种族论、优生学和社会不平等论联系起来，因而遭到了人们的批判和遗弃。美国人类学的奠基人博厄斯（Franz Boas）在实地考察不同文化的基础上，驳斥了社会进化论。20世纪20年代社会达尔主义声名狼藉，而进化论也在1910—1940年陷入了发展的"黑暗时代"，"在这个时期，演化主义受到了严厉的批评，它被看作是过时的方法，甚至使用'演化'这个词也要冒声誉扫地的风险"[①]。在这种背景下，以演化经济学为基础形成的创新理论也遭遇了低谷。20世纪50年代，随着结构主义哲学的兴起以及对结构变革的重视，创新理论再度复兴。

熊彼特的创新理论实际上涵盖了技术创新、组织创新和管理创新等方面。20世纪50年代以后，资本主义经济发展进入长达20年的黄金期。随着经济发展带来的产业结构转型以及知识经济的来临，传统经济学理论中资本、劳动力等因素不能很好地解释经济的增长，人们开始越来越多地关注技术革新在经济发展中的贡献。因此，首先得到发展的便是技术创新理论。自20世纪50年代以来，西方技术创新理论经历了以索罗（Robert

---

① HODGSON G M. Decomposition and growth：biological metaphors in economics from 1880s to the 1980s ［M］// Kurt Dopfer. The Evolutionary Foundations of Economics . Cambridge University Press，2005：105-148.

Solow）为代表的新古典经济学派，以曼斯菲尔德（Edwin Mansfield）为代表的新熊彼特学派，以诺斯（Douglass North）为代表的制度创新学派和以弗里曼为代表的国家创新系统学派。^①新古典经济学派虽然看到技术创新对经济增长的促进作用，但仍将其看作一个"黑箱"，他们本身并不关心这个黑箱内部的运作。而新熊彼特学派则将技术创新的过程作为研究对象。制度创新学派将重点放在经济的组织形式或经营方式革新上，着力研究制度安排对国家经济增长的影响，但其仍以古典经济学的"理性人"为基本假设。随着系统论的发展，国家创新系统学派则是将创新视为一个多元主体参与的过程，而国家在资源配置和制度安排中对创新具有重大的影响。

熊彼特创新理论虽然统摄了技术创新，但是显然其核心在于生产要素的新组合，即组织创新和管理创新，这一点在熊彼特对"创新"和"发明"的区别中便一目了然。对于熊彼特来说，创新是一种涉及人与人之间关系的经济行为，其目的是"利"，而发明则是关涉人与物之间关系的技术改进行动，其目的是"新"。^②正是基于此种考虑，单纯的技术革新并不能带来经济的增长，而担负创新使命的企业家也不一定是发明家。熊彼特关心的是如何通过生产函数的变动实现资本主义经济的增长，而对于技术创新学派来说，这显然处于次要地位。真正继承熊彼特创新思想衣钵的当属美国管理学大师彼得·德鲁克（Peter Druke）。20世纪60年代以后，由于德鲁克等一批管理学和组织学大师的推动，创新研究从技术领域和经济领域发展到社会领域，从而真正进入了繁荣时期。

---

① 张凤海，侯铁珊.技术创新理论述评［J］.东北大学学报（社会科学版），2008，10（2）：101-105.
② 计海庆."创新"和"发明"的哲学分野：从熊彼特的创新理论说起［J］.理论界，2008（6）：105-107.

第二节 教育创新话语的形成

教育创新研究脱胎于一般的创新研究，它是创新话语实践的结果。20世纪初期创新理论诞生以后，创新话语在对社会经济技术进步的解释中成为主导范式。由创新所引领的科技革命也进一步增强了创新话语的力量。在创新话语的规训下，研究者形成了对技术理性的崇拜，认为通过技术的改进和原有生产方式的重组可以实现所有社会组织的进步。

一、教育创新研究的理论背景

20世纪初，熊彼特在《经济发展理论》和《资本主义、社会主义和民主》两部著作中分别阐述了两种创新活动，前者被演化经济学家纳尔森（Richard Nelson）和温特（Sydney Winter）等人称为"早期熊彼特思想"（Schumpeter Mark Ⅰ），其特征是"创造性破坏"（creative distruction），企业家和新公司在创新活动中发挥重要作用；后者被称为"晚期熊彼特思想"（Schumpeter Mark Ⅱ），其特征是"创造性积累"（creative accumulation），产业的研发实验室和大型公司在技术创新中发挥关键作用。[1]1912年熊彼特提出创新理论之后，由于主流经济学的复苏以及经济学的数学化趋势，技术创新逐渐成为主导话语。同时，随着垄断资本主义的形成和科层化的加剧，大企业内部分化出科研、开发和应用等各个部门。企业生产的增长越来越依靠科技创新及其迅速应用。因而经济领域的创新进入了熊彼特所

① MALERBA F，ORSENIGO L. Schumpeterian patterns of innovation are technology-specific［J］. Research Policy，1996，25（3）：451-478.

说的第二阶段，即不再依靠企业家的个人特质，而成为企业非人格化的惯例性行为方式。在此种背景下，科研开发和扩散应用成为创新研究的重心。

随着此种创新研究范式的扩散，人类学、农村社会学、产业经济学、医疗社会学和教育领域也开始关注创新的扩散问题。19世纪末20世纪初，主要资本主义国家相继完成了工业革命，并步入国家垄断资本主义阶段。然而，与工业领域的飞速发展相比，各国的农业现代化却相对滞后，并制约了资本主义经济的发展。为此，19世纪后期，工业化国家开始将农业现代化提上日程，试图通过农业技术的研发和应用促进农业的迅速发展。1862年，美国国会颁布了莫雷尔法案（Morrill Act），开始在各州创办服务于地方农业发展的赠地学院（granted colleges）。据统计，自1862年莫雷尔法案开始实施到1922年，美国共创办了69所赠地学院，该数目超过了美国州和准州的总数。① 法案颁布后，各州纷纷单独设置农工学院或农业学校，并以赠地学院为基础创办农业技术推广站。与此同时，实用主义在美国逐渐盛行，在其影响下，学术机构将科研开发与实践需求紧密结合起来。因此，在20世纪初，一方面经济发展对农业现代化提出迫切需求，另一方面实用主义哲学为技术应用提供了强大动力，这两方面的因素共同促进了农业领域中创新的扩散。1943年美国艾奥瓦州立大学社会学教授瑞安（Bryce Ryan）和格罗斯（Neal Gross）在农学院的资助下研究了该州杂交玉米的扩散。② 此后，农业中的创新扩散研究大量涌现，成为20世纪四五十年代新观念扩散研究中数量最多的一类，此类研究主要关注农业创新如何从农业科研人员传播到农民之中。美国学者凯茨（Elihu Katz）指出，在社会科学中，农业社会学可能是唯一如此长久地关注创新扩散的领域。③

---

① 贺国庆. 从莫雷尔法案到威斯康星观念：美国大学服务职能的确立［J］. 河北大学学报（哲学社会科学版），1998（3）：91-97.

② RYAN B，GROSS N. The diffusion of hybrid seed corn in two Iowa communities［J］. Rural Sociology，1943，8（1）：15-24.

③ KATZ E. The Social itinerary of technical change：two studies on the diffusion of innovation［J］. Human Organization，1961，20（2）：70-82.

二、教育创新研究的出现

英国著名学者斯诺（Charles Snow）指出，学术范式的变革比其他领域更加缓慢，至少牛津和剑桥大学的学术考试制度就很难改变。^①美国著名高等教育学家科尔（Clark Kerr）曾指出，在西方世界，那些 1520 年以前成立的机构中只有 75 个至今仍然存在，包括罗马天主教会、英国议会、几个瑞士的州以及 61 所大学，^②高等教育机构的保守性由此可见一斑。那么秉承人文传统的教育在现今何以对变革和创新如此钟情？

19 世纪末以后，欧美先进国家相继建立了国民教育体制。由于资本主义经济发展的需要以及心理学科的影响，主要资本主义国家将培养具有自主精神、适应资本主义经济政治要求的人才作为首要目标，由此开始了对传统教育的革新和改造。此次教育革新运动波及欧美各国，在欧洲被称为新教育运动，而在美国被称为进步教育运动。新教育运动通过创办"新学校"，实施新的组织形式，试图打破僵死的、孤立于社会之外的学校的躯壳，把学校改革成适应时代要求的、社会与学习者息息相关的培养人的场所。^③与此同时，北美大陆在杜威的实用主义思想影响下，掀起了以儿童为中心的进步主义教育运动，对传统教育体制发起了攻击。然而，20 世纪 30 年代的世界经济危机使进步主义教育的理论和实践受到了来自不同方面的批评和责难，而批评的焦点是教育的社会功能问题，即学校究竟应该发挥什么样的社会作用，由此分化出了改造主义运动。^④概言之，20 世纪上半期，社会经济政治背景的激荡促使教育体制不断发生变革，同时由

① MILES M B. Educational innovation：the nature of the problem［M］// MILES M B. Innovation in Education . New York：Teachers College Press，1964：1-46.

② 克尔 . 高等教育不能回避历史［M］. 王承绪，译 . 杭州：浙江教育出版社，2001：50.

③ 筑波大学教育学研究会 . 现代教育学基础［M］. 钟启泉，译 . 2 版 . 上海：上海教育出版社，2003：40.

④ 陆有铨 . 躁动的百年：20 世纪的教育历程［M］. 济南：山东教育出版社，1997：1.

于实证主义、实验主义和结构功能主义的日渐强盛，通过科学研究来变革学校教育实践成为主导的思维模式。因此，教育领域也开始关注创新的研究和扩散问题。大部分教育扩散研究，是由美国哥伦比亚大学师范学院默特（Paul Mort）领衔的研究团队进行。哥伦比亚大学之所以成为教育创新研究的发祥地，主要是因为当时云集了诸如杜威、桑代克（Edward Thorndike）、巴格莱（William Bagley）等一批知名学者，他们开创性的研究和试验极大地影响了美国的学校教育变革，也为教育创新研究提供了重要的理论和实践基础。

三、教育创新研究的可能性

技术至上主义与二战后的社会重建力量发生了共谋，催生了教育创新的理论话语。对于作为实践的教育创新，其形成首先依赖于紧迫的教育"问题"的出现，即社会环境的发展使得原有的教育实践方式丧失了效力。战后是一个反思与重建的时代。20世纪前半期人类社会的两次劫难，迫使人们对生存问题进行深刻反思。由资本主义经济发展所推动的对个人和国家利益的工具性追求，开始受到理性的批判。现代民族国家在几个世纪的发展中引发了吉登斯（Anthony Giddens）所说的现代性的后果，由启蒙运动所带来的为维护人的"本体性安全"的确定性追求，却导致了与自身相悖的谬论。① 在高度现代性的条件下，人类不仅面临着传统的不确定性，而且还不得不正视"人为"的不确定性（如核技术）。由于此种不确定性而引发的人的无力感和剥夺感，在现代条件下表现得异常激烈。同时，现代性带来的时空"脱出"（disembedding）使人们之间形成一种变幻莫测、脆弱不堪的"纯粹关系"，加之全球化对人们日常生活的大举渗透和严密监控，现代的人已经处于极度的焦虑之中。因此，在反思性现代性阶段，民族国

---

① 郭忠华.自我的解放与背谬：吉登斯现代性思想的深层解读［J］.浙江学刊，2005（5）：41-46.

家开始重新审视自身的发展，试图寻求一条走出现代性后果的道路。社会性地嵌入（embeddedness）于此种体制中的教育活动，也不得不面临转型或"断裂"。

然而，二战后世界各国的教育变革和创新何以可能？20世纪50—60年代的世界政治格局的变化为其提供了客观条件。从历史的视角来看，社会和政治体系的动荡通常会为教育创新提供良好的契机。二战后，在世界体系的重组中出现了权力的真空，原有被压抑的差异性和多样性纷纷涌现。在此种背景下，"与现代性联系在一起的对普遍性、一元性、同一性、确定性等的追求的合法性已被否定，代之而起的是对特殊性、多元性、差异性和变异性等的肯定和崇尚"[①]。"社会的缺席"或"社会在个体身上的不充分在场"导致了涂尔干所说的"失范"（anomie）现象，即"集体意识丧失了社会规定性，在日常生活中隐匿了起来；个体意识丧失了自我规定性和有限性的认识，使欲望本身从日常生活中突现了出来"[②]。在此种失范的社会条件下，教育创新寻求"另类"（alternative）方案的行为成为了可能。同时，面对百废待兴的社会状况，世界各国竭力寻求国家重建和发展的有效路径。由新技术革命而引发的资本主义经济结构的变迁，使人们认识到了知识在现代社会中的重要作用。教育作为对知识经济发展具有全局性、基础性作用的部门，在各国被置于优先发展的战略地位。

从知识型上说，战后社会科学中的主导范式是结构功能主义。作为一种追求社会稳定的社会理论，结构功能主义以有机体的隐喻来说明社会系统，即认为当社会系统出现失范时，根本原因在于社会子系统的功能发生了紊乱，而帕森斯（Talcott Parsons）的行动理论也被表述为"结构的功能在于满足系统的必要条件"。在帕森斯看来，作为社会行动构成的有机体系统、人格系统、社会系统和文化系统，分别对应于适应、达鹄、整合和维模（AGIL）的功能，同时，这些系统之间存在信息控制的等级结构，即文化在信息方面限制着社会系统，社会结构在信息方面控制着人格系统，人

---

① 刘放桐，等.新编现代西方哲学［M］.北京：人民出版社，2000：622.
② 渠敬东.缺席与断裂：有关失范的社会学研究［M］.上海：上海人民出版社，1999：29.

格在信息方面控制着有机体系统。[①]因此，当社会对个体行动的文化价值期望发生转变时，个体的社会行动也会随之而变。依据此种认识论范式，战后社会巨变所带来的价值观转型必将引发教育实践者行为方式的改变。而教育作为整个社会文化系统中的重要规范力量，对于维持社会的整合和制度化的实践极为迫切和重要。因此，在话语实践层面，战后各国试图通过教育的改造和重建，以新的价值规范引导人们的社会行动。在此种背景中，作为社会子系统的教育被置于维持社会潜在模式的地位，并试图通过新的教育来引导人们的社会行为，从而重新实现社会的均衡。

概言之，20 世纪 50 年代教育创新话语的形成既源于一般创新话语的规训，又源于战后特定的社会条件的形塑。一方面，对工具理性的崇拜，随着新科技革命的兴起而愈发狂热，对自然世界进行技术改造的思维已经广泛传播到各个社会学科领域。作为研究培养人的实践的学科，教育学的话语实践也深受此种思维模式的影响，因而教育创新的研究和实践迎着技术理性对自己的渗透而生。另一方面，战后社会动荡带来的话语实践的松动也为教育创新创造了有利的社会空间。在知识论转向对差异和多样性的关注，以及认识范式强调教育变革对社会变迁和稳定的作用的条件下，教育创新话语得以在学科领域中出现，并成为社会学、心理学和传播学研究者共同关注的问题。

四、中国当代教育创新话语的形成

如果对当代中国教育创新做一番知识"考古学"的追问，可以发现教育创新的话语对象明显存在福柯所说的"断层"。中国教育传统具有双重性，既富有创新精神，又不乏保守力量。从教者一方面推崇"苟日新、日日新、又日新"和"作新民"之言，另一方面又遵奉"为往圣继绝学"和"以法先师"之训。在中国教育传统中，先秦诸子、宋明理学和新文化运动

---

① 　特纳.社会学理论的结构：第 7 版［M］.邱泽奇，张茂元，等译.北京：华夏出版社，2006：44.

代表了几次教育创新的高潮。然而，在古代中国，农耕文化、宗法文化和大一统的政治文化，是滋生保守文化势力的基本土壤。①总的来说，当社会处于动荡或者体制较为宽松之时，教育创新思想和实践就不断涌现，而当社会趋于稳定或者强势体制主导之时，教育创新的话语就出现了断层。

当代中国教育创新的话语兴起于改革开放之后，然而真正进入学者的研究视野并成为某种时尚却始于 2002 年。以中国学术期刊网为例，如果以"教育创新"为题名搜索 1980—2023 年的学术文章，则会发现教育创新话语的非连续性和断层（见图 2）。中国教育创新的学术话语为何会呈现出这样的发展态势？

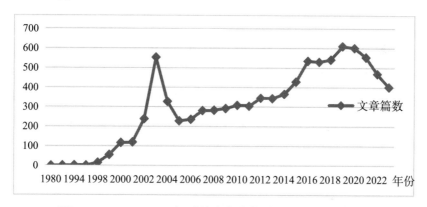

图 2 1980—2023 年"教育创新"主题论文发表数量

中国教育创新话语的形成有其特定的经济政治背景。20 世纪 80 年代以来，随着经济政治体制改革的不断深化，教育体制的种种问题逐步暴露，在许多方面不能适应社会发展的需要。然而，诚如叶澜教授所言，任何时代的教育都是社会更新性再生产与人类发展的历史的具体统一，它集中反映在不同历史时期社会对人的发展的要求和人对自身价值的追求上。社会主义市场经济要求的是具有独立、自主意识的个人，因而当前中国的教育创新则注重"具体个人"意识的培养，实现从"抽象的人"向"具体个人"的转换。②

中国教育创新话语的出现，不单单出于经济发展的要求，政治力量的

---

① 于述胜.中国的教育传统与教育创新［J］.华东师范大学学报（教育科学版），2003（1）：90-96.

② 叶澜.教育创新呼唤"具体个人"意识［J］.中国社会科学，2003（1）：91-93.

介入也使教育创新迅速成为一个学术研究领域。郑金洲教授在评述创新教育时曾一针见血地指出，（1）速成的创新教育"鸿篇巨制"纷纷出笼，对创新精神和人才的培养起着一定的误导作用；（2）一哄而起的创新教育研究，正逐渐把创新推向庸俗化的边缘；（3）创新教育因未加深刻探究，正沦为新的"口号教育"。[①] 诚然，教育口号以其简约性、情绪化、导向性和价值倾向性能够在当代中国教育变革中发挥推动作用，但如果教育口号滥用、误用，往往会使教育实践趋于政治化、形式化和庸俗化。[②] 此外，在现有的教育研究中，对很多教育问题的探讨都是从观念层面展开的，教育者的观念转变能否真正带来行动与实践的转变？这仍是一个需要研究的问题。

中国当代教育创新话语的"艰难日出"负载了太多的经济政治压力，当代中国教育创新的话语实践也受此影响，呈现出了独特的发展景观。不少学者不断地追问是"什么制约了教育创新？"，[③] 而"教育自觉"的缺失显然是一个重要原因。[④] 对于中国的教育创新话语实践来说，教育创新到底意味着什么？对教育创新理论的研究能否为当下中国的现实辟出一条新路？

第三节　国际教育创新的时代背景

一、国民教育制度的工具理性主义

纵览国际现代教育的发展，人们对教育变革的认识，更多来自教育改

① 郑金洲.审视创新教育 [J].中小学管理，2000（1）：2-6.
② 郑金洲."教育口号"辨析 [J].教育研究与实验，1998（3）：27-30.
③ 雷少波.是什么制约了教育创新：一种基于社会学基本概念的分析 [J].社会，2001（12）：34-36.
④ 邬志辉.教育创新与教育自觉 [J].当代教育科学，2003（22）：3-4.

革和规划，而源于"草根阶层"（grass root）的教育创新却一直蛰伏在教育决策者的意识之下。即便当今各国大张旗鼓地推行教育创新，但其中也是充斥着改革和规划的成分。在现代教育发展中，教育改革和规划为何一直占据主流，而教育创新却总是匍匐不前？

现代教育的理论表述可以追溯至捷克大教育家夸美纽斯的《大教学论》，而其制度形态在 18 世纪末、19 世纪初随着国民教育制度的确立而逐步形成。西方国家建立现代教育的根本目的是满足工业化进程的需要，因而现代教育从一开始便是作为"工具理性"而存在的。在"工具理性"的支配下，为追求教育的生产效率，作为政治实体的国家必须将教育权从各自为政的家庭中收归国有，并以批量生产的工厂模式开办教育，以此才能满足工业发展的迫切需求。因此，现代教育是伴随着国家对教育的有效控制而出现的，并以追求"工具理性"为根本旨归。

由于国家的控制，现代教育逐步走向科层化和制度化，并以一种制度的"牢笼"束缚着各国教育的发展。教育改革和规划作为有效的控制手段，以其代表国家意志的霸权优势主宰着实践层面的学校教育活动。仅以作为教育改革核心的各国课程改革便可看出端倪，国家明确规定了课程大纲、教学内容，甚至教学程序，以期实现国家对学校教育的遥控指挥。此种国家制定的课程已经成为一种"制度课程"（institutional curriculum），使学校教育趋向单一化、同质化，并对教师进行有效的控制，以防止教师可能做出与官方认可的社会需求相悖的课程变革。[1]英国社会学家斯宾塞也坦言："凡是政府把教育担负起来时，其目的都是为了防止威胁他们至上权威的自发教育。"[2]

在国家"制度课程"的规约和控制下，作为草根层面的学校教育能否突破制度牢笼，实现自主创新？从学理上说，学校的日常活动遵从教师的"实践逻辑"。作为一种实践逻辑，它"能借助一些彼此密切相关且在实践

① 张华.课程与教学整合论［J］.教育研究，2000（2）：52–58.
② 斯宾塞.社会静力学［M］.张雄武，译.北京：商务印书馆，1996：159.

中形成一个整体的生成原则，组织起各种思想、感知和行为"①。由于时间的不可逆性，实践逻辑不同于理论化和意识形态化的制度课程，它会使教师在实践活动中表现出"紧迫感"（sense of emergency），因而教师无法也不可能完全遵从既定的目标和程序进行实践。此种实践的逻辑使教师可以在特定的时空架构中支配自己的教学活动。然而，在传统的被动的制度环境中形成的"惯习"（habitus），对教师的实践活动发挥了重要影响，使教师的教学活动表现出较大的稳定性。因此，面对教育创新的制度环境，学校或教师一方面会抵制某些变革，另一方面为寻求自身的合法化会迎合某些创新，而采取的措施便是模仿。模仿对于学校和教师来说是安全的、简单的，但也是无奈的，在制度化的环境中推行非制度化的学校教育创新本身就存在悖论。中国学校教育创新摆脱困境的出路在于重视变革的精神（以他人为镜）、重视变革的自主（立足于自身）、重视变革的管理（理论与实践的沟通）。②

二、教育改革与教育创新的关系

在当今的国际潮流中，一方面教育改革背后的"工具理性"思维依然强劲，另一方面由于多元化社会以及后现代社会中"理论知识"中轴的作用，重视变革学校教育实践、培养学生创新精神的教育创新活动在各国悄然兴起。以美国为例，2002 年颁布的《不让一个孩子掉队法案》以及随后兴起的 21 世纪学校运动，便展现了教育改革和教育创新的此种悖论。一方面，为加强对学校的控制，联邦和州政府实施了标准化、统一化的考试绩效制度；另一方面，由于经济发展对高级创新人才的需求，在企业界的强

---

① 布迪厄.实践感［M］.蒋梓骅，译.南京：译林出版社，2003：134.
② 杨启亮.课程与教学变革中的模仿与创新［J］.教育发展研究，2007（6A）：48-51.

力介入下，转变学校教学方式培养 21 世纪技能的学校变革蔚然成风。①

国际教育改革与教育创新的悖论迫使我们必须思考二者到底有何关系，以及二者的相互转化是否可能。对此，项贤明教授曾专门撰文阐述了二者的关系②，现择其要者，将教育改革与教育创新的关系总结如下（见表 5）。

表 5 教育改革和教育创新的比较

	教育改革	教育创新
变革主体	政府认可和授权，并进行监督	学校或基层针对新问题采取新方法
规模 / 时效	一定规模，时间较长	灵活多变，可短可长
外部表现	确定性、规范性、可预见性、政治的合法性、受保护的风险性	不确定性、探索性、实验性、社会的合法性、有成本的风险性
影响范围	宏大叙事、时代潮流、国家或较大范围地区间的竞争	小的、边缘的创新及其累积，以具体情境为背景，学校或较小范围地区间的竞争
结构特征	组织严密、精密计划、具体情境中的有限变形	松散结构、随机应变、复杂问题下的弹性设计与具体计划
优先事项	既定规划优于实际情境	实际情境优于事先计划
动力机制	任务参与（包含赋权过程）、外部压力、蓝图实施	能动参与（直接体现为行动过程）、内源动力、创造性实践
推广程度	统一性、广泛性、总体价值（一般都可迁移）	独特性、新颖性、依赖于具体情境的价值（可以或不可以迁移）

尽管教育改革和教育创新具有上述差异，但是二者在现实中很难截然分开。从理论上说，二者都属于教育变革这一范畴，共同目的都在于改进学校教育，促进学生发展。在一定条件下，二者可以相互转化。从时序上

---

① SCHOEN L，FUSARELLI L D. Innovation，NCLB，and the fear factor：the challenge of leading 21st-century schools in an era of accountability［J］. Educational Policy，2008，22（1）：181-203.

② 项贤明.论教育创新与教育改革［J］.高等教育研究，2007（12）：1-7.

说，教育创新通常先于教育改革，或者发生于教育改革之中和之后；而教育改革可能源于教育创新，也可能引发教育创新。从动力上说，教育创新通常是教育改革的先行者、推动者和实施者；而教育改革则通常引导、规范和扩展着教育创新。从重心上说，教育创新的重心虽然在基层，但是却影响并受制于高层；而教育改革的重心虽然在高层，但是源于基层并领导基层；从结果上说，教育创新往往孕育着教育改革，而教育改革也常常包含着教育创新。

教育改革和教育创新目前在国内教育界存在混用现象，其结果是以教育改革的思维模式要求教育创新，致使学校教育变革常常无功而返。从根本上说，教育改革是一个自上而下的政治过程，而教育创新是一个自下而上的草根运动。富兰指出，纯粹自上而下和自下而上的教育变革都毫无成效，其实质不过是意识形态的争论。因此，融合两种变革策略极为重要，如果从学校—学区以及学校/学区—州两个层次来考虑这一问题，就可以阐释如何同时融合集权化—分权化的力量，以更有效地实现教育目标。集权和分权实际上是两个相对的概念，可以应用于等级体制中的任何两个相邻层级。①

美国政治学家萨巴蒂尔（Paul Sabatier）指出，自上而下的过程以决策为出发点，主要关注政策在推进过程中遇到的阻力，强调政策执行人员的作用；而自下而上的过程则以实践者面临的问题为出发点，主要关注各种利益相关者之间的互动，强调政策外围人员的作用。在综合考虑二者优缺点的基础上，他提出了倡导联盟框架（advocacy coalition framework），将政策变革的分析单位集中于政策子系统上，主要考察政策实施层面的各种利益相关者，在政策结构的规约下达成妥协，形成信念系统联盟的过程。②这一框架将"政策学习"的过程视角引入了实施过程，同时兼顾了制度结

① FULLAN M. Coordinating top-down and bottom-up strategies for educational reform ［M］// ELMORE R，FURMAN S. The Governance of Curriculum . Alexandria，VA： Association for Supervision and Curriculum，1994：186-202.

② SABATIER P A. Top-down and bottom-up approaches to implementation research： a critical analysis and suggested synthesis ［J］. Journal of Public Policy，1986，6（1）：21-48.

构的制约和行动主体的自主。此种视角对于化解教育改革和教育创新之间的冲突具有一定的借鉴价值。教育改革的推进尽管有既定的官方蓝图和政治保障，但也必须考虑地方学校的相对自主能力。此外，政策推行过程本身就是一个组织学习的过程，决策者需要使自己的议程获得更大的合法性、合理性和广泛支持，而此种目的的实现必然要求各种利益相关者之间的密切互动。而对于地方学校来说，实行自上而下的教育改革也是一个不断学习的过程，通过各种互动最终实现对教育改革的再创造。因此，组织学习已经成了对当今教育变革主体的新要求，而美国学者圣吉也将"系统思考"称之为学习型组织的第五项修炼。

对现实的学校教育变革的反思迫使我们将视角投向过去被忽视的教育创新领域。正是由于学校教育创新的灵活性和自主性，教育改革才被不断地重新界定、重新发展。在理性主义变革受到质疑，多元主义和复杂性理论兴起的背景下，教育创新的研究尤其受到教育变革者的关注。

第四节　中国教育创新的时代使命

自 20 世纪初期以来，我国教育在民族独立和国家发展中始终被赋予基础性战略性作用，从"教育救国"到"科教兴国"再到"教育强国"，教育在国家发展中肩负的"启蒙""支撑""引领"作用日益凸显，教育优先发展的实现始终依靠教育创新的驱动。党的十八大以来，我国教育事业取得历史性成就，发生格局性变化，我国已建成世界上规模最大的教育体系，教育现代化发展总体水平跨入世界中上国家行列。面向 2035 年建成教育强国的战略任务，我国教育必须实现由大到强、以质图强、以治促强的转变，建设高质量教育体系，推进教育高质量发展，"以教育之力厚植人民幸福之本，以教育之强夯实国家富强之基，为全面推进中华民族伟大复兴提供有力支撑"。在建设教育强国的时代背景下，教育创新将作为牵引教育发展的"牛鼻子"，引领我国教育实现系统性跃升和质变。

一、教育强国建设与教育创新

2023 年 5 月，习近平总书记在中共中央政治局第五次集体学习时强调："建设教育强国，是全面建成社会主义现代化强国的战略先导，是实现高水平科技自立自强的重要支撑，是促进全体人民共同富裕的有效途径，是以中国式现代化全面推进中华民族伟大复兴的基础工程。"教育强国建设必须以教育理念、体系、制度、内容、方法、治理现代化为基本路径。在教育强国建设的基本路径中，教育观念改革是先导，教育体制改革是关键，教学内容与课程改革是核心。韦伯的"铁路轨道上的扳道工理论"把思想、信念、观念等无形的力量比作"扳道工"。"扳道工"可以使一列被利益驱动的火车驶向理想信念所确定的方向。① 理念创新对实践变革具有鲜明的导向作用。世界上高等教育强国建设都离不开教育理念的创新，从德国洪堡的教学科研相统一到美国的威斯康星思想，现代大学职能的拓展使高等教育从社会的边缘走向社会的中心。改革开放以来，在我国基础教育领域中，素质教育、主体教育、情境教育、情感教育等创新理念的提出与实践，使我国基础教育的课程内容、组织方式、教学方式和评价方式都发生了深刻变革。在建设教育强国的背景下，教育理念创新变得尤为重要，教育强国不仅体现在教育的规模结构和发展水平上，更体现在先进教育理念的国际引领力上，这种"软实力"是教育强国建设的关键，但也是最难的教育创新。

建设高质量教育体系和实现教育高质量发展，是从内容和方式上对教育创新提出的要求。体系建设实际上就是"构成要素的重组"，这正是创新

---

① 刘献君. 创新教育理念是建设高等教育强国首要的任务［J］. 中国高教研究，2016（2）：42-45.

的本质内涵。高质量教育体系建设以科教兴国为战略指针和发展动力，要实现教育体系的系统进化与功能优化耦合平衡；以建设教育强国为目标指向和支撑保障，要实现教育体系的外延与内涵互嵌互构；以办好人民满意的教育为价值旨归和路径导引，要实现教育体系的需求链与生产链、供给链衔接转化。三个维度相互联结、互为助力，共同推动教育高质量发展。[①]高质量教育体系追求的是要素重组后的"结构质量"，是通过创新实现体系的功能、结构与环境的动态平衡。21世纪中国社会的剧烈变革引发了教育目标的升级和教育发展方式的转型。转变教育发展方式包括调整教育结构、转变学生培养模式、转变教育管理方式、加强教育队伍建设、加强教育研究，前三者涉及教育发展方式转变的三条路径，即结构路径、技术路径、制度路径，后两者涉及教育的内生发展问题，为教育发展提供人力支持与智力支持。[②]因此，从发展方式上说，建设教育强国重在优化教育结构、转变培养模式、改进治理方式、依靠科研驱动，而发展方式的转型唯有通过教育创新才能实现。

二、立德树人与教育创新

进入新时代，教育的政治属性、人民属性和战略属性日益凸显。2016年12月，习近平总书记在全国高校思想政治工作会议上强调，要坚持把立德树人作为中心环节，把思想政治工作贯穿教育教学全过程，实现全程育人、全方位育人，努力开创我国高等教育事业发展新局面。2019年3月，习近平总书记在学校思想政治理论课教师座谈会上指出："推动思想政治理论课改革创新，要不断增强思政课的思想性、理论性和亲和力、针对性。"

---

① 阮成武，郑梦娜.高质量教育体系建设的宏观政策联动及其进路[J].江淮论坛，2023（5）：5–12.

② 褚宏启.中国教育发展方式的转变：路径选择与内生发展［J］.华东师范大学学报（教育科学版），2018，36（1）：1–14.

立德树人是党和政府针对培养什么人、怎么培养人、为谁培养人的问题做出的明确要求。落实立德树人根本任务，关键在于体制机制创新。中国共产党立德树人百年演进呈现出于"不变"中求"变"的发展趋向，主要体现为"树什么人""立什么德""如何立德树人"的内涵在不同历史时期的演变。① 新时代健全立德树人落实机制，需要完善动力机制，协调立德树人工作的近期与长远目标、个体与整体利益；提升各主体立德树人的能力，使价值教育"喜闻乐见，入脑入心"；协调各种力量，形成合力，落实、落细立德树人根本任务。② 落实立德树人根本任务，提高学校"思政课程"和"课程思政"实效性和针对性，是学校教育创新的重点和难点。

同时，立足"两个大局"，全面贯彻总体国家安全观和加强思政工作还面临着数字时代和网络技术的新挑战。互联网技术的发展、自媒体时代的到来、科技的进步在改变信息传播方式的同时，也在改变人们的生活方式、思维方式和行为方式。大学生作为互联网和自媒体平台的使用主体，容易受到功利性市场的驱使，盲目地追求物质利益，忽视思想道德品质的提升，使世界观、人生观、价值观出现偏差。③ 网络育人和社会实践育人的环境变得更加复杂，这进一步增加了思政工作的难度。在落实立德树人根本任务和推进学校德育创新的过程中，也涌现出"具身德育""生活德育"等理论和实践创新。"具身德育"的最大创新就是针对传统德育主客脱离、身心脱离的"离身"性，肯定了德育的"具身"性，明确了"立德树人"之根本及动力，为纠正"知行不一"德育难题指明了方向，彰显了马克思主义关于脑力劳动与体力劳动和谐发展的人的全面发展学说在德育中的新发展。④ 立德树人和思想政治工作从根本上说是做人的工作，而人的思想和

---

① 朱旭东，刘乔卉."不变"中求"变"：中国共产党立德树人百年发展经验探赜［J］.中国远程教育，2024，44（1）：3-14.

② 袁振国，沈伟.立德树人的落实机制：现状、挑战与对策［J］.苏州大学学报（教育科学版），2021，9（1）：1-8.

③ 陈昱.高校德育创新的现实要求与路径实施［J］.学校党建与思想教育，2019（4）：19-20.

④ 孟万金.具身德育：背景、内涵、创新：一论新时代具身德育［J］.中国特殊教育，2017（11）：69-73.

精神是最复杂和最难以捉摸的，特别需要个性化、差异性和有针对性的教育创新。

三、拔尖创新人才培养与教育创新

党的二十大确立了"以中国式现代化全面推进中华民族伟大复兴"的中心任务，教育、科技、人才是全面建设社会主义现代化国家的基础性、战略性支撑。建设社会主义现代化强国，科技是关键，人才是根本，教育是基础。拔尖创新人才培养是教育、科技、人才一体化统筹推进的重要领域，也是我国教育由大到强和赢得国际竞争主动权的突破口。拔尖创新人才培养作为一种创新教育，与教育创新有着天然的内在联系。目前，我国拔尖创新人才培养面临着培养理念"育""用"分离、多元主体合作受限、培养阶段衔接不畅、相关政策整合性不足、信息技术服务支撑机制不健全等困境。[①]正是由于教育创新的不足，拔尖创新人才才总是很难"冒出来"。可以说，教育创新是在为拔尖创新人才培植"沃土"。当前，原始创新的发生机制已经发生了改变，引发其产生的不再是科学家的个人好奇与灵感，而与现代科学的组织协作形式、产业领域的技术需求密切相关。在人才实际培养过程中，大学需要将拔尖学生的创新素质、创新思维和创新能力激发出来，[②]这就需要系统性的教育变革。

加快推进创新教育，迫切呼唤教育创新。当前迫切需要解决的就是拔尖创新人才培养的"土壤"问题，要将那些束缚、阻碍拔尖创新人才培养的错误观念、"清规戒律"等一一列出来，松一松拔尖创新人才成长的"土壤"，着力解决好一致性与差异性、严苛性与宽松性、普适性与个性化等问

① 包水梅、陈秋萍.我国拔尖创新人才培养的治理困境及其突破：基于整体性治理理论的分析［J］.厦门大学学报（哲学社会科学版），2024，74（1）：74-81.
② 李海龙.原始创新导向与拔尖创新人才培养的新思维［J］.高校教育管理，2023，17（6）：51-61.

题。① 拔尖创新人才培养绝不仅仅是局部的、技术性的事情，而是一场涉及理念、制度、方法、技术、资源等要素的系统性改革。② 以创新之名推进的拔尖创新人才培养，在实践中可能发生异化，比如在人才选拔方面，有时"抢生源"或"掐尖"的嫌疑大于实质性的选拔和培养；在人才培养方面，简单地把优秀学生"圈"起来，沿袭"形式训练"的老路；在学生评价方面，以鉴别卓越为目的的学生评价，使学习异化为一场追求分数最大化的策略游戏，过程性评价的约束导致个体过度自我监控，建构了一种"可算度的人"，从而在一定程度上抑制了学生的学业能力。③ 拔尖创新人才培养面临诸多的不确定性，教育创新也面临着巨大的风险和挑战，但也是当下中国教育不得不迈过去的一道坎。

四、教育综合改革与教育创新

习近平总书记指出："从教育大国到教育强国是一个系统性跃升和质变，必须以改革创新为动力。"改革开放以来，经过大规模、长时间的以发展为主题的增量性、要素性、局域性、探索性改革后，我国教育已经进入全面深化改革的时间点。教育综合改革不仅意味着改革目标和改革任务的转变，而且意味着包括改革的性质、逻辑与路径在内的方法性变革。④ 综合改革不是简单地修修补补，而是以系统思维推进整体性变革。因此，教育领域综合改革不能用简单的综合"发展"代替综合"改革"，不能用简单的"全面"改革代替"综合"改革，而综合改革也不只是"教育领域"的独家

① 夏惠贤.着力解决拔尖创新人才培养的"土壤"问题［J］.教育发展研究，2023，43（Z2）：3.
② 柯政，李恬.拔尖创新人才培养的重点与方向［J］.全球教育展望，2023，52（4）：3-13.
③ 林小英，杨芊芊.过度的自我监控：评价制度对拔尖创新人才培养的影响［J］.全球教育展望，2023，52（4）：14-32.
④ 郝德永.教育综合改革的方法论探析［J］.教育研究，2018，39（11）：4-11.

事务，必须得到"社会领域"的合力支持。^①

推进教育综合改革必须发挥基层的首创精神，依靠基层"先行先试"形成的经验积累，赋予基层自由裁量权以创造性地执行政策。教育强国建设的战略部署和政策目标是否会在政策执行中"走样"，关键在于基层依据具体情境进行的教育创新和政策再造。教育评价制度改革是教育发展的"牛鼻子"，事关教育强国成败，事关教育发展方向。推进教育综合改革和教育创新，要聚焦制约教育强国建设的关键性体制机制问题，充分相信"高手在民间"，鼓励有条件的地方在关键领域"迈开步子、蹚出路子"，以教育创新在点上的突破推动教育综合改革的系统性变革。

五、世界重要教育中心与教育创新

世界教育中心不仅表现为因内部变革而形成的教育对国家社会科技文化的支撑力与贡献力，而且表现为外部不断扩大的国际影响力和全球引领力。^②中国要成为世界教育中心和科学中心，就必须成为世界知识的领导者，对世界知识体系做出相当大的贡献。近30年来，为建设世界一流大学，中国一方面对大学和研究的投入快速增长，另一方面海外高水平的华人科学家众多，他们天然地与中国大学的学者联系紧密，成为中国世界一流大学建设的重要力量。这种优势使中国可以在未来30年中成为世界重要的科学中心和教育中心之一。在高科技尤其是在地理科学上中国有一批大学进入了世界中心，但是在社会科学方面还有很长的路要走。在硬件和经费投入已不是关键制约因素的条件下，理念创新、制度创新和技术创新就变得尤为重要。

---

① 吴康宁.改革·综合·教育领域：简析教育领域综合改革之要义［J］.教育研究，2014，35（1）：41-46.

② 周洪宇，李宇阳.中国成为世界重要教育中心：何以必要、何以可能与何以可为［J］.新疆师范大学学报（哲学社会科学版），2024，45（1）：127-138.

进入 21 世纪以后，社会发展需求赋予教育全面支撑的特性，教育与城市发展日益深度融合，世界教育中心成为全球竞争与经济发展的战略空间。在智能化社会背景下，教育与人工智能深度融合成为世界教育发展的新趋势。世界教育中心将呈现出智能化、多样化与创新性等特征，教育系统必须进行全方位变革，打破传统教育体系和人才培养模式，开创性、前瞻性地构建新的城市教育体系。[①] 我国布局建设北京、上海、粤港澳大湾区三大国际科技创新中心，对世界重要教育中心建设也提出了相应要求。要建设具有强大影响力的世界重要教育中心，中国必须积极参与全球教育治理，特别是参与全球教育规则和标准的制定，重建国际教育秩序，构建人类命运共同体。在此过程中，要讲好中国故事、传播中国经验、发出中国声音、贡献中国智慧，深入发掘中华优秀传统文化，实现传统文化的创造性转化和创新性发展。教育创新在中国迈向世界重要教育中心的过程中，将是一个关键的快变量。

---

① 高兵，方中雄.世界教育中心的内涵、特征与战略选择：兼论以北京为代表的世界教育中心城市建设 [J].中国教育学刊，2024（2）：50-57.

第三章
教育创新研究的理论基础

欲穷千里目，更上一层楼。

——王之涣

解释从来不是对先行给定的东西所做的无前提的把握。

——海德格尔

　　任何一种研究都要有自己的立足点和方法论，而前者更具根本性和决定性。对于教育创新研究，由于立足点和方法论的不同，在不同的历史时期具有不同的表现形态。尽管透视主义（perspectivism）视角对于认识教育创新现象具有重要作用，然而对于教育创新仍需要一种全景式的鸟瞰，以探求教育创新的最一般和最普遍的认识论基础。正是依据全景式的视角，我们才可能对各种教育创新研究流派做出适当的梳理和评价，从而形成比较系统的教育创新理论体系。

第一节　教育创新研究的哲学基础

一、教育创新：一种主体际交往活动

　　教育创新亦即对教育系统的某个层面的变革，并未直接指向受教育者个体的精神世界。在教育创新者眼中，他们看到的是作为抽象存在的教育观念或者作为客体化存在的教育制度，抑或作为伦理性和技术性存在的教育实践。换言之，教育创新是一种主体作用于客体的对象化活动。作为客体的教育观念、制度和实践，由于主体的创造性实践活动而发生转变，最终的结果体现了主体的意志和力量，而实践主体在推行教育创新过程中也会引发自己内在认知结构和情感体验的转变。诚如《学会生存——教育世界的今天和明天》指出的那样，"人是在创造性活动中并通过创造活动来完善他自己的"[①]。

---

① 联合国教科文组织．学会生存：教育世界的今天和明天［M］．北京：教育科学出版社，1996：188.

作为社会实践的教育创新活动，它是教育创新主体借助一定的沟通渠道，促使教育体系发生变革的过程。依据实践的逻辑，创新主体不是单独地进行对象化活动。他们与实践对象之间不是一种单纯的主—客关系，而是一种以教育体系为客体的"主—客—主"交往关系。"所谓'交往关系'，就是主体之间在改造、占有和'消化'客体的共同实践过程中结成的社会关系。与物体或动物的简单反应性不同，交往不是主体对客体的作用和客体对这种作用的简单反作用，而是主体之间通过符号自觉能动地发送、接收和解释信息从而协调活动的过程。正是通过交往活动，个人主体之间、个人主体与群体主体之间才建立了一种共同性的联系。……实际上，人的一切社会文化学习活动都是在各种方式的主体际交往中得以实现的。"① 在教育创新的实践活动中，创新主体无时无刻不处于交往关系之中，从新观念的产生、扩散、采纳到制度化，创新主体总是依赖此种主体际关系步步推进教育创新活动的。

基于此种本体论依据，教育创新从根本上说是一种扩散过程，即新的观念在创新推动者的作用下逐步为更多的人所接受。因此，创新研究首先成为传播学的研究对象，最初的教育创新研究也源于对新的教育观念和实践扩散的研究。那么，教育创新的扩散何以可能？这就必然涉及人的社会实践的沟通问题。创新思想首先源于具体个人的创造性灵感，而此种观念之所以能够被共同体中的他人所接受，必定源于交往主体之间的相互理解。对此，德国哲学家哈贝马斯（Juergen Habermas）从作为交往媒介的语言出发提出了交往行动有效性的原则：可理解性、真诚性、真实性和正确性。② 在生活世界中的交往行动达到这些标准，方可形成相互理解。此种不受干扰的交往关系乃是一种理想型，而现实的交往关系往往被经济关系和政治关系所扭曲，造成了工具理性对生活世界的殖民。哈贝马斯也指出了人类的四种行动类型，即目的论行动、规范调节行动、戏剧行动和交往行动，前三类行动分别指向客观世界、社会世界和主客世界。从亚里士多德以来，

① 项贤明 . 泛教育论［M］. 太原：山西教育出版社，2002：6.

② 哈贝马斯 . 交往与社会进化［M］. 张博树，译 . 重庆：重庆出版社，1989：3.

目的论行动概念就是哲学行动理论的中心。行动者通过选择一定状况下有效益的手段，并以适当的方式运用这种手段从而实现一种目的。[①] 此种工具理性也逐渐成为主宰其他行动领域的思维范式，因而交往关系被异化为主—客关系。在教育实践中，创新主体通常以目的论行动推行变革，因而强调工具理性的教育规划和教育改革颇为盛行。然而，宏大的教育规划和教育改革由于忽视具有主体性的"他者"，常常以失败而告终。在某些情况下，即便认识到他者在教育变革中的作用，也不过是将他者视为改革的阻力（物理学的隐喻），而不是从主体际交往和沟通的角度探讨改革失败的原因。

由于工具理性的支配，教育创新很有可能异化为目的论行动。创新活动中隐含的理性人和经济人假设可能会阻隔创新过程中的人际沟通。在此种假设中，创新发起者和采纳者是一个个自足的行动者"单子"，他们会自主地依照理性选择适当地行动，拒斥外部的说服和沟通。然而，现实的教育创新活动却并非只是经济功能的体现，而是受到了多种因素的影响，普遍和抽象的行动者的假设忽略了人们之间兴趣、利益和社会历史背景的差异。创新发起者认为合乎理性的行动，不一定适合采纳者的需求，教育创新活动的成功全赖于多元实践主体在以教育为客体的实践中结成的主—客—主关系。借助此种关系，主体不断地修正和再创造新的观念，最终引起教育变革。诚如以色列学者英博所说："教育变革的完成永远都不是一个孤立的过程，它总是建立在一个持续的沟通过程的基础上。沟通存在于这一变革过程的每一阶段。"[②]

---

① 哈贝马斯.交往行动理论：第一卷［M］.洪佩郁，蔺青，译.重庆：重庆出版社，1994：119.

② 英博，等.教育政策基础［M］.史明洁，等译.北京：教育科学出版社，2003：27.

二、教育创新：一种价值实现的活动

教育创新是人们有目的、有意识的社会行动。每一项教育创新都是实践者针对具体的问题而提出的尝试性解决办法，其最终目的在于使现有问题得到有效解决，若非如此，新方法则被弃之不用。因此，创新具有显著的行为主义取向。发起和采纳某项创新所带来的收益和价值，是实践者行动的根本动力。众多创新研究者也从发明／发现／创造与创新之间的区别上来探讨创新的价值问题，他们普遍认为创造发明的商业化或价值实现才是创新。尽管他们将重点放在创新的经济价值上，但也从某种程度上反映了价值问题在创新中的根基性作用。

人的天性一方面渴求安全，同时另一方面又喜欢冒险。因为渴望安全，人类便要寻求掩蔽之所；因为喜欢冒险，他便爱好处于危险之地。[①]因此，在人类社会中同时存在两种形态：稳定与变革。对于以稳定为取向的社会活动，其价值在于传承既有的行为方式和思维方式。然而，随着求稳定的行为逐渐惯例化，行动者通常会将其置于潜意识层面，成为一种集体无意识。在这种情况下，人们一般不会感到和渴求价值的实现。对于以变革为取向的社会行动，其价值在于破旧立新。创新活动必须通过新的行为方式和思维方式的最终实现，来为自己的合法性辩护，因而价值问题成为变革实践的中心问题。

辩证唯物主义认为，价值不是一个实体范畴，不是独立于主客体之外的存在物；同时它也不是一个属性范畴，不是存在物生而有之的固然属性。价值是一个关系范畴，它只是表明主客体之间一种特定关系方面的质、方向和作用，是主客体的统一。换言之，价值关系是一种以主体尺度为依据的关系内容，由于主体尺度在认识实践活动中作用的差异，使得价值关系

---

① 联合国教科文组织.学会生存：教育世界的今天和明天［M］.北京：教育科学出版社，
1996：186-187.

具有个体性、多维性、时效性等特点①。对于教育创新乃至一般的创新而言，存在着客观的价值和主观的价值，前者表现在提高整个组织的效益上，而后者表现在为创新者博得声誉和赢得收益上。一旦实现某种价值，创新活动的周期也就行将结束。依照此种逻辑，我们可以清楚地认识到某些教育创新何以会昙花一现。对于学校组织来说，通常也存在维持稳定和力争变革两种倾向。对价值问题的界定决定了教育创新活动的最终命运，以学校的可持续发展为使命的创新者通常会将创新的制度化作为最终的价值实现，而追求政治经济利益的创新者则可能将创新的采纳作为价值实现的终点，而不关心创新活动能否持续下去，这是因为在整个教育变革过程中，最为引人注目的便是教育创新的采纳，即做出教育创新的决定。由于影响教育结果的因素极为复杂，很难对教育创新的成效进行评价，而此种评价的欠缺又使得人们忽视创新的实质性失败（即未能达到预定结果），或者激烈地抵触别人的批评。② 最终的教育创新常常流于形式，成为一种仪式。"它还在不威胁普通教育系统的情况下，通过看似提供了创新性的变革方式，成为了有效性的样本。"③此类创新一则可以显示学校锐意进取，二则可以保持学校的稳定，因而通常成为教育变革者乐于接受的实践方式。

教育创新的最终目的是改进教育实践，在此过程中创新者关于教育变革的价值得以实现。然而，由于价值是一种关系范畴，教育创新最后的表现形态也各不相同。对此，必须明确谁的价值、何种价值以及何时何地的价值这三个根本问题，并重视对创新的系统评价。法国教育改革家黎成魁也指出，教育革新中提到的"改进"和目标都是由革新者加以设计的，所以要弄清楚究竟改进的是什么以及从中受益的是谁"革新对某些人（例如某些大学生）说来很明显是一种进步，但对另一些人（例如另外一些大学生或教师）说来，并不能改变其状况；此外，革新甚至可以使有些方面的

---

① 李守福.论大学评价的价值取向［J］.比较教育研究，2005（12）：57-61.

② MILES M B. Innovation in education［M］. New York：Teachers College Press，1964：659.

③ 英博，等.教育政策基础［M］.史明洁，等译.北京：教育科学出版社，2003：75-76.

处境更糟（例如国家财政）。"①因此，教育创新中的价值关系是一个极为复杂的范畴，但从创新的本源性规定和内在运作过程来说，价值的实现是其核心的内容。对教育创新价值的判定，要依据创新本身的属性和创新者的需要来进行。真正的教育创新乃是能够引起教育实践持续变革的活动，行为主义的创新绩效观应该成为教育创新的价值取向。

教育创新的价值属性也展示了它不同于一般的社会行为，其中蕴含着对行动者主体性的肯定。正如马克思在《资本论》中所言："最蹩脚的建筑师从一开始就比最灵巧的蜜蜂高明的地方，是他在用蜂蜡建筑蜂房以前，已经在自己的头脑中把它建成了。"因此，创新不是人类单纯的适应性行动，而是一种主动建构的过程。人们在与社会环境的相互作用中逐渐认识到采取某种创新行为的价值，进而在价值的指引下创设各种条件最终实现预期的目标，因而从此种意义上说，创新研究可以归属于实践哲学的范畴。

三、教育创新：一种社会互动的过程

对于已经习惯了现有行为方式和思维方式的人们，面对教育创新，必然要质疑其紧迫性和必要性。通常，人们由于认知和信息处理能力的局限，不可能对所有外部刺激都做出反应。为了应对复杂的情景，人们通常会把经常性的反应作为一种潜意识暂时搁置起来，使之成为一种类似生物本能的反应，从而使个体可以关注其他事情。促动一个人去行为的诱因，总是某些不安逸。一个充分满足于现状的人，不会有改变事物的诱因。此外，行为人要想象到一个较为满意的情况，还必须预料到其行为足以消除或至少足以减轻所感觉的不安逸。不具备这些条件，就不可能有行为。这三者是人的行为的一般条件。

在通常情况下，个体会无意识地适应缓慢变化的环境，而不会试图改

---

① 黎成魁.教育改革［M］//瞿葆奎.教育学文集：法国教育改革.北京：人民教育出版社，1994：337.

变自己的行为。只有在外部刺激足够大到触发个体的行动域时，个体才会审视和思考自己的惯习，并做出某种调整。从此种意义上说，个体类似于在温水中加热的青蛙。因此，危机、不满、紧张或重大的外部压力是激励人们采取行动的先决条件。教育创新也必然源于某种外部的刺激。总体而言，教育创新分为两大类：一类是困顿而作，即迫于压力不得不进行变革；另一类是精益求精，即基于领导者的远见而进行战略变革。但不管何种变革和创新，二者都是创新发起者对外部环境做出的反应，是个人与环境互动的结果。

个人与环境的互动可以分为个人与群体、个人与个人以及个人与自我的互动，在任何一种类型中，个人都必须借助符号来理解他人的行为和表达自己的意图。个人知识和情感的发展都是通过同化和顺应周围的环境，从而不断地调整和更新自己原有的认知图式。创新的思想正是在这一过程中形成和发展的。美国传播学家罗杰斯尤为重视人际交往和接触对于创新扩散的影响。对于教育创新来说，新的教育思想到底从何而来？教育创新是针对传统实践方式无法解决的问题提出新的解决办法，其本身是一个知识创造的过程。对于以实践为取向的教育活动来说，新知识又是如何创造的？英国学者波兰尼（Michael Polanyi）将知识分为隐性知识和显性知识，这对于教育实践中的知识创新具有重要意义。教师的实践方式通常是一种只可意会、不可言传的隐性知识，每位教师通常会根据具体情景灵活地调整行为方式，表现出一定的教育机智。加拿大著名现象学教育学家范梅南（Max van Manen）指出："在日常生活的某些方面——如与孩子相处——机智可能就是人类互动的基本特征。从这个意义上说，机智就支配了实践……。尽管机智不能变成规则，机智本身并不是无法控制的。……机智需要的是一个微妙的规范。机智要求你能'读懂'或理解社会的情境以便作出恰当的言行。机智要求你知道他人是如何体验一个情境的。"[①]因此，此种实践方式的创新很难按照预定的程序理性地加以实施，而是要实现显性

① 范梅南.教学机智：教育智慧的意蕴［M］.李树英，译.北京：教育科学出版社，2001：195.

知识和隐性知识的相互转化。日本学者野中郁次郎（Ikujiro Nonaka）和竹内弘高（Hirotaka Takeuchi）因在知识创造方面的理论贡献而享有"知识学之父"的美誉，他们提出了基于知识转化的知识创新模模型。简单地说，这一模型包括一种互动动力——传递，两种知识形式——显性知识和隐性知识，三个层面的社会集合——人、群体、组织，四个"知识创造"的过程——社会化（从隐性知识到隐性知识）、外显化（从隐性知识到显性知识）、组合化（从显性知识到显性知识）、内在化（从显性知识到隐性知识）。[①] 此种知识创新模型展示了个人、群体和组织中知识的发展路径，是教育创新的内在知识侧度。概言之，上述理论家都强调以实践为基础的社会互动过程。不管是教学机智还是知识创造，实践者的创新行为都是社会互动的结果。

对于故步自封的人来说，他们很难得出富有创意的想法。真正富有活力并且流动的观念是处于个人知识结构的边缘，亦即英国科学哲学家拉卡托斯（Imre Lakatos）所说的科学研究纲领的保护带和启发层，这一部分的知识经常面对反常和不一致，从而促使个人在调整知识结构过程中形成新的想法。创新在现代社会中的凸显从根本上源于社会互动的加强。自近代以来，在资本主义经济发展的推动下，世界各民族之间的联系和交往空前密切，个人之间、群体之间、民族之间以及不同文化之间的互动也空前加强。由于不同思想的碰撞，各领域的创新层出不穷。在学校教育组织中，某些活跃的实践者经常保持与外界的密切联系，善于捕捉新的思想和把握发展的趋势，因而能够及时形成创新的观念。这类行动者一旦决定在学校组织内部实施新的思想，便需要与组织内部的其他成员进行互动，使自己的创新理想能够为他人所理解和接受，成为组织共同的远景目标，引领学校组织最终实现变革。可以说，从创新观念的形成到扩散再到制度化，社会互动始终贯穿其中。

---

① 易凌峰，杨向谊.知识管理与学校发展［M］.天津：天津教育出版社，2006：52.

第二节　教育创新研究的社会学基础

一、教育创新：一种意义取向的社会行动

从词源学上讲，教育创新具有名词和动词的双重含义，前者意指创新的结果，而后者意指创新的过程，前者是后者的最终体现。因此，从根本上说，教育创新是一种社会行动的展开过程。在倡导方法论个人主义的韦伯看来，"社会行动是指行动的个人赋予主观意义的行为，是考虑到他人行为的并在其行动过程中也是以他人行为为目标的行为"[①]。因此，作为一种社会行动的教育创新，是一种个人或者组织追求效率提升的有目的的过程，个人对自己行动赋予的意义是驱使个人进行教育创新的重要动力。个人或组织追求教育创新的过程是一个不断获得组织合理性的过程。概言之，教育创新行为不是在习惯支配下对现实的机械反应，而是一种主动寻求变革的有目的行为。

创新是一个具有主观性的社会行动，因而韦伯的理解社会学是认识创新现象的一个重要工具。根据创新的定义，所谓的"新"实际上是相对的，即在采纳者看来是新的，这也是创新区别于发明创新的一个重要维度。在很多情况下，引入原有结构的创新实际上早已存在，创新者只不过是将其用于新的目的或新的层面。在此种视角下，创新并不是一种客观的存在，而是由采纳者所感知和认识的对象。采纳者对它们意义的理解决定了创新行为的模式。此外，创新的采纳和实施也是一种意义取向的行动。创新的

[①]　于海．西方社会思想史［M］．3版．上海：复旦大学出版社，2010：214.

采纳亦即获得组织成员的认可，成为一种共同的愿景。因此，在采纳过程中，创新发起者为使创新方案获得通过，不断地进行游说和动员，在自己对创新意义的理解中融入他者的观点，使创新体现大多数成员的意愿，亦即他人对创新意义的理解。唯有如此，创新方案才能获得广泛的支持，并顺利通过。在实施过程中，创新更鲜明地体现了行动者的意义取向。自上而下的教育改革之所以常常流于形式，未能对教育实践产生实质性影响，其原因就在于实施者的意义取向行为。面对外部推行的教育变革，实施者总是根据自己对它们的理解来采取行动。不管实施者对变革方案敷衍塞责抑或忠实执行，其行为都体现了他们所追求的意义。20 世纪 70 年代，研究者在对教育创新进行批判性检讨时，便指出了创新是各种利益相关者为维护自己的利益而发起的活动，并且在创新的决策和采纳过程中，主导群体努力使自己对创新的理解成为组织的共识。因此，教育创新从来不是一种完全理性的行动，而是鲜明地体现了行动者对创新意义的理解，是一种意义取向的社会行动。

二、教育创新：结构功能主义框架中的社会行动

以韦伯为代表的唯意志行动理论将社会行动的重点放在行动者对行动意义的主观赋予上。然而，个人的行为必然受到外部规范的制约，对此，唯意志行动理论将其归为宗教和文化等客观精神力量，其目的在于实现行动者个人目的和社会目的的统一。此种社会行动理论无法绕过文化差异形成一般化的社会理论。因此，美国结构功能主义大师帕森斯认为，社会行动不仅以主体性为特征，还以社会性、整体性与系统性为特点，行动构成一个系统，社会是一个行动的系统。在他看来，行动者与环境的关系中包含了三种要素，即行动者，各种目标和手段，以及包含各种自然和社会因

素、规范与价值体系的情景。这三种要素构成了一个"单位行动"。[①]至此，帕森斯将个体行为与社会体系结合起来，将唯意志行动理论和整体主义社会系统思想结合起来，并提出了社会行动的 AGIL 模式。此种模式阐释了社会行动的内在动力和外在制约。作为一种社会行动的教育创新也遵从此种模式。教育创新的根本目的在于使学校教育系统适应社会的变化，因而作为创新主体的行为者必然要利用环境中的信息和资源，并在系统内部进行分享。随着学校体系内部行动者之间的互动，必然出现某种意欲达到的共同目标，从而激励学校成员采取行动。在行动的过程中，学校教育的行动者面临着社会文化规范的制约，同时学校自身也要以新的被内化的规范引导成员的行动。教育创新是以新的行为方式植入原有体系的过程，因而教育创新的制度化是一个极为重要的问题。许多教育创新功败垂成的主要原因就在于它们未能实现在学校教育体系中的制度化。对此，"维模"的社会系统将会使教育创新的理念和实践整合到原有的文化和制度规范之中，从而最终实现教育创新。

熊彼特在阐释创新理论时指出，创新是企业家将从未有过的生产条件的新组合引入生产结构的过程，这实际上是从结构功能的角度入手的。创新在很大程度是一种资源的优化配置，是通过组织结构的重组，实现效益的最大化。如同金刚石和石墨一样，尽管它们的构成元素相同，但由于分子结构的不同而表现出完全不同的功能。创新便是要达到最佳的结构功能。许多成功的企业创新案例从根本上都是一种结构重组。从创新的发生学上来看，结构功能主义理论主要强调社会行动的背景，重视系统内部和系统之间信息和能量的交换。外部环境的变化通常会使个人或组织原本行之有效的行为模式丧失功能，因而必须寻求新的解决办法。面对环境的压力，个人或组织会产生更强的动机，从而导致人格系统中的能量过剩。此种过剩的能量随着在系统之间的传输，会促使其他系统发生相应的变化，最终使社会系统重新达到平衡。此种过程也是教育创新活动的一个周期。另外，

① 帕森斯.社会行动的结构［M］.张明德，夏翼南，彭刚，译.南京：译林出版社，2003：48-50.

根据结构功能主义理论，教育创新不是凭空捏造的，而是基于社会现实的创造性应答。社会行动者为何采纳创新、采纳何种创新、以何种方式采纳创新都受到社会结构的影响。正是基于结构功能主义的理论假设，20 世纪60 年代的创新研究和实践才强调通过团体动力学的方法训练学校领导者，并通过他们实现学校组织结构的创新。概言之，结构功能主义理论对于创新的实施和制度化具有特别重要的意义。教育创新的发起和采纳可以在研发者的帮助下实现，然而创新的采纳并不能带来直接的变革。在很多情况下，当撤出外部专家和中断资金支持之后，学校教育创新又返回老路。结构功能主义理论使研究者能够认识到教育创新背后这一"看不见的手"，在创新的动力、实施和制度化方面获得重要启示。20 世纪 80 年代以后，欧美国家掀起了以学校重建运动为核心的教育变革活动，同时强调整体变革的重要性，这些实践都是基于对教育创新发生的社会结构和环境的认识。

三、教育创新：结构化的社会行动

英国社会学家吉登斯为调和方法论个人主义和整体主义、行动与结构之间的二元对立，提出了结构化理论（structuration theory）。结构的二重性是指"社会系统的结构性特征对于它们循环反复组织起来的实践来说，既是后者的中介，又是它的结果"[1]，即一方面主体的行动建构了社会结构，另一方面，社会结构也是行动得以展开的条件。吉登斯竭力证明的是行动和结构之间的互动辩证关系，他认为此种关系恰如同一硬币的两面，可以说没有无社会结构介入的行动，也没有脱离行动的社会结构，因而行动是结构化的行动，结构是行动化的结构。[2]

---

[1] 吉登斯.社会的构成：结构化理论纲要［M］.李康，李猛，译.北京：中国人民大学出版社，2016：23.

[2] 于海.结构化的行动，行动化的结构：读吉登斯《社会的构成：结构化理论大纲》［J］.社会，1998（7）：46-47.

作为具有能动性的行动者，其行动的背后有三种意识在发挥作用，即话语意识、实践意识和无意识的动力/认知，与之相应的行动的三个层次分别为行动的反思性监控、行动的理性化和行动的激发过程。①吉登斯指出，依据弗洛伊德（Sigmund Freud）的精神分析理论，人的生活需要一定的本体性安全和信任感，而这种感觉得以实现的基本机制是人们生活中习以为常的惯例。在这种日常惯例中，行动者的反思能力始终贯穿于日常行为中。作为具有认知能力的行动者，只有当他们试图对自己的所作所为进行言语表述时，才会形成明确的话语意识。一旦具有明确的话语意识，行动者就会对自己的行为进行反思性监控。而存在于惯例化的日常行动中的意识则是实践意义。此种意识是指人类行动者在社会生活的具体情景中，无须言明就知道如何去做的那种意识，在其引导下，行动者的行动实现了理性化。同时，由于实践意义的惯例化，它作为一种记忆痕迹已经成为个人的本体性安全和信任感的所在。当此种惯例被打破时，行动者就会激发实践意识之下的动力和需要，从而再生产或改变实践。因此，在日常的行动中，个人的实践意识以一种惯例化的方式对行动进行反思性监控，从而实现了行动者的能动性。

然而，行动者的能动性是一种受限制的能动性。人们的许多行动是无意识的，而有意识的行动也会产生"意外后果"（unintended consequence）。因此，人们的行动必然受到某种客观结构的制约。在社会活动的具体情景中，超越时空限制的规则和资源不断地介入社会行动的生产和再生产中，成为个人行动的外在结构。结构化理论主要关切的正是社会结构在日常生活中的形成过程。结构作为记忆痕迹，具体体现在各种社会实践中，"内在于"人的活动。在微观的个人行动框架中，由于现代性带来的时空抽离，个人的日常行动受到了作为时空延伸的制度的制约。此种制度的形成，源于个人行动在日常实践中通过不断再生产成为结构性特征。因此，结构既具有制约性，又具有使动性，这便是结构的二重性。

---

① 吉登斯.社会的构成：结构化理论纲要［M］.李康，李猛，译.北京：中国人民大学出版社，2016：5-6.

吉登斯的结构化理论为我们认识教育行动乃至一般的社会行动提供了独特的视角。在整个教育过程中，人与社会结构的关系是教育行动的核心。教育作为一种人类的社会实践活动，在长期的生产和再生产过程中形成了某些结构性特征，这些结构性特征超越了特定时空的限制而对具体的日常教育活动产生制约。探究学校教育的变革必须挖掘日常实践背后的结构性特征，即长久以来的制度对于实践者行为的影响。忽视结构性特征的教育变革常常未能对教育实践产生实质性影响。吉登斯的理论使我们关注学校日常教育实践中"在场"和"不在场"的因素，以微观个人行动框架和宏观社会结构框架的结合实现学校教育的变革。此外，对于教师的日常活动来说，他们主要受实践理性的支配，近几年学术界颇为流行的"实践智慧、默会知识"便是对教师此种实践理性的关注。依据吉登斯的结构化理论，教师的实践意识以一种惯例的形式确保个人的本体性安全感。教师的教育行为与其过去的教育经历乃至人生经历密切相关，这些经历积淀为体现在身体上的一套性情倾向与行为方式系统，"只有当原有的教育情境发生改变时，教育者才会对这样一种长期积习（包括个人的积习与人际间的传习）而成的性情倾向与行为方式进行反思，并力求创造性转换以适应新的情境"①。

四、教育创新：一种能动的社会行动

　　在论及行动者的能动性时，吉登斯从词源学的角度探讨了能动性所包含的权力内涵。吉登斯认为，权力在微观的个人行动框架里是能动者自身所拥有的特性之一，并且权力对结构施加影响是以实践为前提的。权力在宏观的社会结构框架里则与资源相联系。②作为具有能动性的行动者，他们对于外界环境并不是机械、被动地反应，而是在具体的实践过程施加了个

①　王有升.理念的力量：基于教育社会学的思考［M］.北京：教育科学出版社，2007：84.
②　董才生，王远.论吉登斯结构化理论的内在逻辑［J］.长白学刊，2008（3）：21-25.

人的权力。因此，行动者"有能力'换一种方式行事'，就是说能够干预这个世界，或是能够摆脱这种干预，同时产生影响事件的特定过程或事态的效果。……如果一个人丧失了这种'改变'能力，即实施某种权力的能力，那么他就不再成其为一个行动者"①。对于学校教育实践活动来说，教师的课堂教学情景及其自身的工作方式，决定了他们具有极大的能动性。在引进学校教育创新的过程中，教师必然发挥自身的能动性对其施加影响。某些自上而下的教育改革之所以无果而终，根本原因就在于教师在日常实践活动中对其施加了权力，即他们可以"换一种方式行事"，以其自身对某项政策的理解将其转化。

吉登斯的结构化理论实际上更具体地阐述了社会行动的实践逻辑，并将社会结构的生成和个体的能动性统一起来，这对于考察学校教育创新行为具有重要的理论意义。作为一种社会行动，学校教育创新发生在具体的社会情境中，因而必然受到当下的社会情景和作为历史积淀的制度环境的制约，这些结构性特征通过个体的社会行动得以生产和再生产。作为一个由人类活动建构起来的结构性特征，社会系统和制度系统并不是一成不变的，个体尽管在系统的制约下会出现某些"意外后果"，但是个体始终以自己的能动性对结构施加权力，并对自己的行动进行反思性监控。此种结构化的行动和行动的结构化正是个人行动的本体论依据，作为一种社会行动的教育创新也是如此。

---

① 吉登斯.社会的构成：结构化理论纲要［M］.李康，李猛，译.北京：中国人民大学出版社，2016：13.

第三节 教育创新理论研究的认识论

一、知识社会学的考察

教育创新理论研究属于知识的社会学考察，其目的是梳理和评述教育创新理论的历史演变及内在逻辑，探究不同理论流派兴起的社会背景和外部机制。知识社会学主要考察知识与社会存在的关系。正如默顿（Robert Merton）指出的那样，知识社会学之所以有用武之地和说服力，是因为在一个充满了文化冲突、价值纷争和观点分歧的社会里，它似乎为人们提供了一个能够用以整理这一混乱局面的分析构架。[①] 随着知识社会学研究的深化，当前的研究将知识的内容和形式综合起来，既考察知识的内在体系，又分析决定知识变迁的社会存在。依据知识社会学理论，作为一种知识形态的教育创新理论也是人们社会建构的产物，体现了鲜明的历史—文化特征。

教育创新理论的发展体现了库恩所说的"范式的转换"。自 20 世纪 50 年代以来，教育创新理论在具体的社会历史结构中表现出了不同的形态，社会实在的变化极大地影响了教育创新研究的立足点和方法论，使教育创新研究呈现出不同的理论视角。然而，人文社会科学的范式转换与库恩所说的科学革命的结构又有所不同。对于人文社会科学来说，它们通常是对同一问题的探讨。正如英国著名历史学家卡尔（Edward Carr）所说，在人文社会科学领域，"事实的确并不像鱼贩子案板上摆着的鱼。事实是像游泳

---

① 刘文旋. 知识的社会性：知识社会学概要 ［J］. 哲学动态，2002（1）：42-45.

在广阔的、有时是深不可及的海洋里的鱼。历史学家能钓到什么，这一部分要靠机会，而主要地要靠他到海洋的哪一部分地区去钓，他用的钓具是什么——这两个因素当然是由他要钓哪种鱼而决定的"。① 德国著名社会学家曼海姆（Karl Mannheim）也指出："早先不完全的与以后完全的知识阶段之间的简单关系，在很大程度上适用于精密的科学……。然而，对文化科学史而言，前一个阶段并不是如此简单地被后一个阶段所取代，而且，也不那么容易证明先前的错误后来得到了纠正，每个时代自有其全新的看法和其特殊的观点，因此每个时代均以新的'视角'来看待'同一'事物。"② 自现代国民教育制度建立以来，教育创新就成为一个重要的议题。正如美国著名教育史学家克雷明（Lawrence Cremin）所言，义务教育为进步主义运动提供了机遇和挑战，它的存在极大地制约了一战之前几十年间的教育创新活动。③ 可以说，教育创新研究始终是围绕国民教育制度而展开的，而研究者也尤为关注公立学校的发展。进入 20 世纪，随着社会变革步伐的加快，传统学校教育的大规模复制模式日益受到挑战，然而由于教育与国家发展的密切关系，国民教育体制仍然是教育创新的主要制度背景。尽管 20 世纪 60 年代激进学者伊里奇（Ivan Ilich）呼吁取消学校体制，以及 20 世纪 80 年代以来教育私有化推动的家庭学校教育（home schooling）运动都对传统的国民教育体制产生了重大冲击，但是其目的仍然是有效地改进公立教育。纵览教育创新研究的发展，一个永恒的问题就是学校教育的发展。不同时期的研究者依据不同的理论视角，探究学校教育创新这一共同的问题，并形成了不同的知识体系。

教育创新理论作为一种知识形态，在很大程度上是由社会存在决定的。正如曼海姆所指出的，认识过程实际上并非按照内在规律合逻辑地发展，它在许多关键方面受各种各样超理论的社会因素的影响。这些社会因

① 卡尔．历史是什么［M］．吴柱存，译．北京：商务印书馆，1981：21.
② 曼海姆．意识形态与乌托邦［M］．黎鸣，译．北京：商务印书馆，2000：276.
③ CREMIN L A. The transformation of the school：progressivism in American education，1876-1957［M］. New York：Knopf，1961：128.

素不仅影响知识的形式和内容，而且决定着我们的经验与观察的范围和强度，即主体的"视角"。①处于具体的社会历史中的研究者，他们对教育创新现象的研究受到特定社会结构和价值观的影响。此种"价值层像一块滤布一样在人们认识之先决定了人们看到什么样的实在、实在的哪方面、怎样看实在。而这层价值滤布或价值先后的排列次序（相当于海德格尔的前判断）是在整个社会生活的过程中形成的，是受社会力量支配的，也是在社会为解决自己的问题的过程中产生的"②。我们从一般创新理论的发展就可以发现，社会实在对于创新知识形态的决定性影响。20 世纪 50 年代是一个技术昌明、崇尚科研的时代，创新研究更多地指向了技术的革新和扩散。20 世纪 60 年代是一个民族觉醒、追求权利的时代，创新研究更多地指向了政治和制度的维度。20 世纪 80 年代以来，由于保守主义的兴起和企业经济的纵深发展，传统文化和核心价值观受到重视，创新研究也更多地指向了文化和组织的维度。概言之，教育创新理论的研究在解释创新理论内在发展逻辑的同时，必须深入考虑具体的历史—社会文化对于创新理论形成的影响。

二、社会建构论的取向

教育创新理论是研究者针对教育创新问题建构的一套理论，因而社会建构论应该成为研究教育创新理论的认识论依据。教育创新研究至今尚未形成系统的理论，不同的研究者只是针对教育创新的具体维度阐述和验证自己的理论假设，此种研究主题的多样性和研究内容的异质性正是社会建构的结果。

对于教育创新乃至一般的创新来说，研究者由于理论视角的不同，可能会关注创新的不同层面，这本身便是一个社会建构的过程。从理论上看，

---

① 曼海姆.意识形态与乌托邦［M］.黎鸣，译.北京：商务印书馆，2000：272.

② 胡辉华.论知识社会学的困境［J］.哲学研究，2005（4）：92-98.

"建构"是与维特根斯坦对语言游戏（language games）和生活形式（forms of life）的分析一脉相承的。按照维特根斯坦的观点，语言游戏是多样的、具体的并且在文化上共享的，它是行动者赖以组织情境和达到实践目的的手段。正是在语言游戏与活动的相互关联中，行动者为赋予自己和他人行动以意义而建构社会情境脉络。①20 世纪 50 年代，一般创新理论由于研究对象的不同而呈现出自说自话的现象。从根本上说，这是由于不同研究者依据自己的研究对象来建构自己的创新理论所造成的。

教育创新理论并非一个浑然天成的体系，对于此种理论的研究必须区分研究者的研究对象和问题域，必须明确研究者是如何建构自己的问题和理论体系的，唯有如此，才能系统梳理和评述各种创新理论。社会建构论实际上是要我们摒弃对教育创新理论的定型化的认识，而从动态的和过程的角度考察创新的知识体系。此外，作为实践的教育创新活动本身是创新者主观意识外在化的结晶，对此应该持有一种过程思维（Process Thinking）。过程思维是英国著名哲学家怀特海（Alfred Whitehead）的过程哲学所孕育形成的一种思维方式。过程的关键在于"生成"，现实世界的"存在"是由它的"生成"所构成的。"生成"包括创造性生成、发展性生成和实践性生成三个含义，"生成"的核心在于发展和超越，所以生成、变化比存在更重要。此外，过程的推进需通过事实或事件的内在矛盾来实现。过程是一个复杂系统，过程思维方式是综合、动态、有机、内生的思维方式，不是以二元化思维方式进行简单分析。② 教育创新本质上也在于变革、超越和发展，它鲜明地体现了此种过程思维。基于此种实践而建构的教育创新理论也必然具有生成性，因而对教育创新理论也应该以过程性和建构性的视角来认识。

对教育创新理论的梳理本身也是一个社会建构的过程。依据教育创新的理论基础，本研究按照历史的和逻辑的线索，试图建构出教育创新的理

---

① 苏国勋 . 社会学与社会建构论［J］. 国外社会科学，2002（1）：4-13.

② 宗秋荣 ."过程思维与学校教育创新"国际学术研讨会纪要［J］. 教育研究，2008（5）：109-110.

论体系。换言之，教育创新理论不是一个自然的存在状态，最终的研究结果融入了研究者本人的认识视角和理论旨趣。从根本上说，本研究正是参照某种理论框架来考察和评述教育创新理论的发展，此种理论上的"先见"决定了研究者选择和认识教育创新理论的标准。将教育创新视为以教育实践为客观对象的主体际交往活动，可以使我们认识到创新过程中互为主体的他者的积极能动性，从而可以发现技术创新在教育领域中运用的某些不足，同时也可以很好地解释教育变革为何被再创造和再发明。将教育创新视为价值实现的过程，可以使我们看到不同创新者的动机及其冲突，并且可以使创新与一般的发明创造区别开来。而注重创新价值的最终实现也使人们不仅关注创新的采纳阶段，而且更加重视创新的制度化。教育创新从根本上说是一个社会互动的过程。不同的行动者在创新的发起、采纳和制度化的各个阶段，通过个体之间、个人与群体以及环境之间的互动推动创新的发展。作为最普遍的理论假设，这种理论基础是指导研究者认识教育创新理论的主要依据。

第四章
教育创新研究的技术视角

认识是在一个不确定性的海洋里穿越一些确定性的群岛的航行。

——莫兰

技术规则在任何情况下都包含着对可以观察到的事件的有条件的预测。

——哈贝马斯

"'视角'表示一个人观察事物的方式，他所观察到的东西以及他怎样在思想中建构这种东西，所以，视角不仅仅是思想的外形的决定，它也指思想结构中质的成分。……两个人即使以同样的方式采用同样的形式逻辑法则，也可能对同一事物做出极不相同的判断。"[①]教育创新理论是一般创新理论在教育领域中的应用，在其历史发展过程中曾出现了几种具有代表性的理论视角。20 世纪上半叶，一般创新研究主要关注如何以技术革新实现资本主义的发展，此种技术视角在二战后成为创新研究的主导范式。受此影响，20 世纪五六十年代的教育创新研究也主要以此来看待教育变革实践。

第一节　技术视角兴起的社会背景

一、重建时代的社会状况

自弗兰西斯·培根提出"知识就是力量"的论断之后，人们在对待人与自然的关系上就表现出前所未有的自信。通过发现客观规律和应用科学技术，人类在近代以来的发展历程中取得了一次次辉煌的胜利，种种荣耀都被加冕到技术的进步上，由此形成了技术理性无坚不摧、无往不胜的神话。近代以来，社会发展的总体趋势是，人们倾向于将任何问题都建构成可以用技术手段加以解决的问题，由此带来了自然力量和社会力量的物质化（例如，用自动控制的红绿灯替代交通警察的指挥），以及人类社会的技术化，从而降低了人的因素对技术系统的直接干预。此种建构问题的方式，

---

① 曼海姆.意识形态与乌托邦［M］.黎鸣，译.北京：商务印书馆，2000：277.

最终造成了技术的统治地位。这就是为什么人们倾心于技术，而且不得不
投身于技术的原因。

伴随近代自然科学发展而形成的技术理性进入 20 世纪之后愈发张扬。
每一次技术进步和革新所带来的社会进步都强化了人们对科技的信念，这
使人们在面对任何问题时都会毫不犹豫地从技术方面加以解决。此种技术
理性带来的是科学主义和实证主义的盛行。20 世纪上半期，科学试验和实
证研究成为主导的认识范式。美国的实用主义哲学也在此时占据主流，并
推崇经验和建构的方法。其目的实际上是摒弃形而上学的哲学思维，转而
遵奉知识的工具主义价值。实用主义哲学重要代表人物杜威的解决问题五
步法，就鲜明地体现了技术理性的思维。面对任何问题，人们都可以通过
有效的推测和试验，最终得出正确的解决办法。

20 世纪上半期可能是人类社会最为动荡的时期，波及资本主义世界的
经济危机和规模空前的两次世界大战使资本主义社会的经济政治矛盾暴露
出来。面对危机，西方世界再次诉诸技术的进步。随着资本主义经济进入
国家垄断阶段，争夺原材料市场的竞争更加激烈。经济的激烈竞争促进了
企业的技术创新和管理创新。然而，由于资本主义经济发展的不均衡，原
有的世界政治经济秩序无法适应新的形势，随着矛盾的激化，20 世纪上半
期爆发了两次世界大战，战争期间对军事武器研发的重视也一直延续至 20
世纪 50 年代，并引发了第三次新技术革命。此次新技术革命是 20 世纪以
来自然科学发展形成的理论基础、发达的工业和技术体系提供的条件以及
军事经济的迫切需要共同作用的结果。[①]

二战后，由于世界格局的变化和美苏两个超级大国之间冷战的拉开，
各国都将技术进步视为军事和经济竞争取胜的法宝。在此种政治形势下，
教育在国家利益中的作用受到了高度重视，从而促成了教育的国家主义和
功利主义取向。正如杜威所言："以前世界主义的和'人道主义'的概念的
缺陷在于意义含糊，又缺乏一定的执行机关和管理机构。在欧洲，尤其在

---

① 陆有铨. 躁动的百年：20 世纪的教育历程［M］.济南：山东教育出版社，1997：310.

大陆各国，这个注重为人类福利和进步而教育的新思想，成为国家利益的俘虏，被用来进行社会目的非常狭隘而且具有排他性的事业。"① 在教育的工具主义取向日益强烈的时代背景下，20 世纪初以来美国进步主义教育带来的基础薄弱和目标飘忽的问题受到了严厉批评。为满足国家经济政治利益和适应战后新技术革命的要求，教育的变革和改造势在必行。1957 年苏联发射了世界上第一颗人造地球卫星，进一步激发了美国对国家利益的深切关注，并于次年颁布了《国防教育法》，试图通过教育的改造培养更多的科技人员和工程师。概言之，"'冷战'期间国家的需要，改变了人们对教育重点的看法。……教育主要是为了实现国家的目的，而原先在教育中处于主要地位的诸如注重个人修养、个人和谐发展等目标则放到了次要的地位"②。在战后的时代氛围中，技术至上论成为普遍的社会心态。

与此同时，垄断资本主义国家愈发重视技术创新和应用在推进经济发展中的基础性作用。大企业内部的研发部门也逐渐分化。随着国家力量的介入，科技创新日益社会化，各国相继建立了许多研发中心和实验室。此种经济领域的技术创新模式也迅速扩散至其他领域。在战后的国际背景中，教育成为与国家利益生死攸关的事业，各国迫切需要教育部门提供国家发展所需的人才。这就使得国家也开始以经济部门的技术创新模式改造教育。战后的人口爆炸、知识爆炸和信息爆炸也进一步推动了教育结构和内容的变革。此外，进步主义"生活适应"教育在 20 世纪 50 年代也备受批评，改造主义、要素主义和永恒主义要求学校教育促进学生的社会责任感和知识技能的发展，试图扭转进步主义造成的学生成绩下降的趋势。

20 世纪 60 年代，在教育的国家主义和技术主义蓬勃发展的同时，世界各国出现了民族大觉醒运动。此前被压抑和被殖民的少数民族开始自觉追求自己的权利，并向传统的教育体制发起挑战。此种基于本地区和本民族利益而发起的具有首创精神的教育实践活动成为 20 世纪 60 年代教育创新的最初形态。美国 1968 年《双语教育法》的颁布便源于此种地方性的

---

① 杜威．民主主义与教育［M］．王承绪，译．北京：人民教育出版社，1990：107.
② 陆有铨．躁动的百年：20 世纪的教育历程［M］．济南：山东教育出版社，1997：322.

教育试验。1963 年，美国佛罗里达州戴德（Dade）县的古巴难民为满足本民族学生的语言需求，在珊瑚路（Coral Way）小学开始实施西班牙语—英语双语教育，并取得了成功。同时，亚利桑那州印第安人在岩石角（Rock Point）实施的"纳伐鹤语—英语"双语教育也获得了巨大成功。[①] 此外，得克萨斯州和新墨西哥州的某些学区也成功实施了西班牙语和英语的双语教育。这些地方首创的教育试验项目最终促使美国联邦政府于 1968 年颁布了《双语教育法》，并在全国推行此项教育创新。因此，在战后要求变革的社会大氛围中，人们对教育体系的改革和创新极为乐观，而民权运动进一步激发了地方性的教育首创精神，高扬理性主义和科学主义的教育创新成为人们改造教育的积极诉求。可以说，教育创新的理想主义和乐观主义在当时如日中天。

总的来说，战后的社会状况为创新实践和研究提供了丰厚的土壤。一方面，当时的时代氛围对变革和创新提出了迫切要求；另一方面，科技革命为实现技术创新提供了客观条件。因此，发端于技术领域的创新成为战后创新实践和研究的主导话语。正如联合国教科文组织国际教育发展委员会的报告所说："许多教育实践失灵，使教育革新成为必需进行之事。社会经济的变化与科学技术的革新，使教育革新成为迫切需要着手进行之事。教育科学的研究、教育技术的进步以及世界人民的不断觉醒，使教育革新成为可能之事。"[②]

二、技术视角的理论基础

20 世纪 60 年代，人力资本理论和理性选择理论备受推崇，前者确定了人们对改造教育的乐观，后者确定了教育创新的内在动机。美国经济学

---

① 余强，等.国外双语教育的理论与实践［M］.西安：陕西人民教育出版社，2006：353.
② 联合国教科文组织.学会生存：教育世界的今天和明天［M］.北京：教育科学出版社，1996：139.

家舒尔茨（Theodore Schultz）的人力资本理论指出了教育对个人和国家发展的重要作用，认为教育实际上是一种"生产性投资"。此种论断无疑为战后百废待兴的国家注入了强烈的兴奋剂，各国的决策者开始将经济社会发展的希望寄于教育身上，试图通过教育的改造实现国家的兴旺。将教育置于经济学的视野之中，必然会以经济的逻辑支配教育的逻辑。在当时的主流经济学中，技术创新被认为是经济增长的主要动力。资本主义企业经过一个多世纪的发展已经实现了创新的制度化，它们通过专门的研发机构推动企业的战略性发展，并在垄断竞争中保持自己的优势。依照企业发展的思维来要求教育，必然会将注意力放在教育部门的投入和产出上，必然会追求教育的社会和经济效益。从根本上说，经济思维乃是一种理性计算和效率本位的工具性思维，因而当教育被绑在国家经济增长的战车上时，对其所采用的改进和发展战略也必将是工具性和技术性的。

英国古典经济学家亚当·斯密（Adam Smith）在《国富论》中提出了"经济人"的假设，即作为市场中的个体行动者，其行为受自我利益的驱使。在人人追求私利的行为背后，市场这只"看不见的手"对资源的配置发挥主导作用。此种假设在此后的发展中逐渐成为一种根本的意识形态，主宰着人们对经济生活和社会生活中个体行为的认识。经济人的假设隐含着行为者对自身利益得失的算计，从根本上说这是一个理性决策的行为过程，由此形成了"理性人"的假设，即认为个体有能力在综合考虑各种因素之后做出最优的决策。对此，美国著名经济学家西蒙（Herbert Simon）指出，古典经济学家们给经济人赋予一种全智全能的荒谬理性。这种经济人有一个完整而内在一致的偏好体系，使其总是能够在他面临的备选方案当中做出抉择；他总是完全了解有哪些备选的替代方案；他为择善而从所进行的计算，不受任何复杂性的限制；对他来说，概率计算既不可畏，也不神秘。[1]此种理性人假设使企业将重心放在技术创新方面，即认为只要企业生产的产品具有竞争优势，就必将为消费者所接受。在他们看来，后者

---

[1] 西蒙.管理行为：管理组织决策过程的研究［M］.杨砾，韩春立，徐立，译.北京：北京经济学院出版社，1988：第三版导言 18.

是具有自主决策能力的理性人，基于普遍理性的假设，消费者不会拒绝技术创新带来的新产品。然而，此种创新只不过是一种工艺创新，并不能完全体现熊彼特的创新概念。概言之，理性选择的假设使研究者将创新的扩散和采纳视为自动的过程，不考虑接受者对待创新的不同态度。在此种视域中，创新研究仅仅关注生产技术的改进，具有鲜明的技术主义取向。因此，在教育领域，各种新的教学技术不断涌现，然而对于创新的实施却不够关注，或者视其为机械的过程。

20世纪五六十年代，美国著名社会学家帕森斯开创的结构功能主义成为社会科学研究的主导范式。经历了20世纪上半叶极为动荡的社会现实，战后人们对社会秩序的向往极为强烈，希望通过社会重建过上和平繁荣的生活。结构功能主义正好迎合了人们当时的心态，它以有机体作为隐喻，并以内在的目的论来要求社会结构的变革。在帕森斯看来，作为社会子系统的教育，实际上在社会系统中发挥着维持模式的功能。"系统之间交换着信息和能量。信息等级高的系统限制着低一层次系统的能量使用；与此同时，每个低层次的系统为较高层次系统的行动提供必要的条件和便利。"[①]20世纪50年代的社会巨变带来了能量和信息的改变，因而教育系统不得不进行变革以适应社会总体系统的要求。结构功能主义实际上继承了古典社会学的整体主义取向，它将社会系统的总体功能视为某些理所当然的目的性存在，而社会的组成部门必须为实现此种目的而不断改变自身。这种认识论范式带来的是对社会组成部分（包括教育）的工具价值的强调，在其支配下，现实的教育变革和创新被视为有效满足既定目的的必要手段，教育决策者和实践者所关注的只是如何采用新的教育技术，以快速有效地达到预定目标。

最初的教育创新项目在很大程度上来自于组织行为学的发现，后者在当时与新行为主义密切相关。在20世纪后半期，"知识正以惊人的速度向前跃进。变化正在无限地加速，正像人类的知识和科学工作者的人数迅速

---

① 特纳.社会学理论的结构［M］.邱泽奇，张茂元，等译.北京：华夏出版社，2006：45.

增加一样（整个人类历史上 90% 以上的科学家与发明家都生活在我们这个时代），与此同时，研究与革新也正在制度化。同样值得注意的是，科学发现与大规模地应用这种发现之间的时间间距也在正在逐渐缩短"①。因此，在"知识爆炸"时代，新教学论的共同特点是，既强调对学生知识的传授，又强调发展学生的智力和能力；既重教，又重学，强调教会学生学习，使学生主动地学、独立地学、探索地学。② 因此，重视学生自主学习的新行为主义学习理论对教育变革产生了重大影响。以斯金纳（Burrhus Skinner）为代表的新行为主义者将重点放在学习过程中的刺激和反应上，通过对学习步骤的细致划分，在创设和控制的教育情景中以强化的方式促进学习者对知识的掌握。斯金纳由此创设了程序教学法和教学机器。新行为主义的学习理论尽管认识到动机和需要的重要性，但它与泰勒（Frederick Taylor）开创的科学管理具有诸多相似之处，后者强调通过科学的时间计算，将工人完成某种任务的工序进行严密划分，以提高工人的工作效率。因此，在行为主义和科学主义的视野中，时代发展对教育者提出的新要求，往往转化为有效提高教学效率的创新实践。

---

① 联合国教科文组织 . 学会生存：教育世界的今天和明天［M］. 北京：教育科学出版社，1996：117.
② 陆有铨 . 躁动的百年：20 世纪的教育历程［M］. 济南：山东教育出版社，1997：326.

第二节　技术视角的理论表征

一、早期的教育变革研究

（一）研究机构的建立

二战后，由于国家垄断资本主义的进一步发展，以及国家对于社会重建的干预，人们普遍相信集体和群体在社会变革中的重要作用。"群体曾一度被看作是调节工厂和集体冲突的关键，家庭和一些目的性社团则被认为是战争动乱之后复兴社会生活的必要手段。"[①] 在此种背景下，研究者对群体以及群体中个体的人际关系极为重视。在经济管理领域，梅奥（George Mayo）在 20 世纪 20 年代后期开始，在芝加哥的霍桑（Hawthorne）工厂进行了著名的霍桑试验，发现了人的因素和非正式组织对于企业绩效的影响，从而超越了古典经济管理理论，使人际关系理论步入主流。二战期间，人际关系理论被应用于军事领域的群体心理学研究，得到了进一步的发展，成为战后的主导理论范式。

战后初期，面对学校教育变革的迫切要求，人际关系理论被应用于教育领域，以改变校长和教师的实践方式。在此期间，一些研究机构相继建立。1943 年，为加快学校课程变革，缩小科研知识和课堂实践之间的差距，美国哥伦比亚大学师范学院建立了贺拉斯曼—林肯学校实验研究所，并举办了一系列中小学校长和教师参加的行动研究（action research）研讨

---

① 周晓虹. 现代西方社会心理学流派［M］. 南京：南京大学出版社，1990：92.

会，期望通过领导能力培训使学校实践者获得基本的群体行为技能。此前，在师范学院建立的管理研究所（Institute of Administrative Research）于 20 世纪 30 年代末开始，进行了近 200 项有关学校适应性 [①] 以及适应过程的研究。这些早期研究成果包括扩散模式的系列研究，以及创新主体、社区因素、法律结构和行政组织对于学校系统适应性的影响。

20 世纪 40 年代，勒温开创的群体动力学（group dynamics）研究，成为人类学习和社会变革研究的重要范式。在勒温看来，人是一个场（field），人的心理活动是在一种心理场或生活空间中发生的。生活空间包括个人及其心理环境。一个人的行为（B）取决于个人（P）和他的环境（E）的相互作用，用公式表示便是 $B=f(P, E)$。因而，个体行为的变化取决于其生活空间的改变。这就为群体中个人行为的改变提供了重要的理论基础。群体动力学发展衍生出行动研究和敏感性训练（sensitivity training），而后者是"一种促进个体对自身以及他人的敏感性的方法。它的基本目标是增加个体对自身情感的感知、对他人的反应能力以及对他人的影响力，提高个体倾听别人意见的技术，促进对他人富有同情心的理解以及情感的表达等" [②]。1947 年，在勒温的倡议下，美国海军研究署（Office of Naval Research）和全美教育协会（NEA）创办了国家训练实验室。从 20 世纪 50 年代开始，国家训练实验室在暑期举办教育人员参与的训练团体项目，试图通过创设高强度的学习环境促使参与者的行为发生改变。

1947 年，英国一些心理学家以及从事社会科学研究、咨询和教学的人员创办了塔维斯托克人际关系研究所（Tavistock Institute of Human Relations）。与勒温等人一样，这些研究者相信他们在战争期间开发的某些技术可以进一步扩展和应用到工业及其他领域。该研究所通过对人类行为的精神分析，并将组织作为一个开放的机构进行研究，为学校组织中个体

---

① 威廉·文森特（William S. Vincent）指出此处的"适应性"是指，一所机构能够顺应它的社会角色，并掌握新的运作技术。从某种程度上，这可以看作是学校系统"现代性"的衡量标准。

② 周晓虹. 现代西方社会心理学流派［M］. 南京：南京大学出版社，1990：110.

行为改变提供了理论支撑。

　　20世纪五六十年代，随着人力资本理论的盛行，各国对教育的投资和期望逐渐增长，教育和人力资源规划成为主要的发展模式，因而经合组织开始更多地考虑教育对于经济发展的作用，并迫切需要对教育变革和发展进行研究和分析。1968年，经合组织建立了教育研究与创新中心，负责对教育变革的调查分析。1973年，以著名教育变革研究专家达林为首的研究团队经过几年的努力，出版了四卷本的《教育创新案例研究》，分别从中央、地方、学校三个层次选取了英、美、加、德和斯堪的纳维亚半岛国家的17个案例进行研究，以验证教育创新的理性策略模式的适用性。[①]

　　（二）教育变革模式的研究

　　1961年钦和贝恩对变革过程的研究，是理论界首次全面评述各门学科对教育改进研究的贡献。二人将各种不同的思想流派划分为三种变革"策略"：（1）理性—经验型；（2）规范—再教育型；（3）权力—强制型。这三种策略的人性假设不同。理性—经验型策略认为，人类是能够被"客观知识"说服的理性群体；规范—再教育型策略认为，人们的行为是以社会准则和普遍接受的现实观点为基础的，即在规范文化下行事，因而态度和行为方面的变化同结果方面一样重要；权力—强制型战略则认为，最初的变革是通过强制和权力进行的，由于人们总是回避变革，因而强制或诱使是必要的。[②]

　　创办于1948年的美国密歇根大学社会研究所（Institute of Social Research）是美国历史上最悠久的跨学科社会科学研究机构。在当时学科界限尚十分严格的情况下，一些从事群体动力学研究的社会科学家就已经认识到，那些最令人头疼的社会问题只能通过跨学科的合作才能解决。

---

① CERI. Case studies of educational innovation：IV. strategies for innovation in education [R]. Paris：Organisation for Economic Co-operation and Development，1973.
② 达林.理论与战略：国际视野中的学校发展［M］.范国睿，主译.北京：教育科学出版社，2002：104-105.

1969 年，社会研究所的哈维洛克通过对 4000 多项关于学校变革和其他社会改革的研究，于 1971 年总结归纳出教育变革的三种模式：研究—开发—扩散模式、社会互动模式、解决问题模式，后来又提出了联结模式。

1. 研究—开发—扩散模式

1965 年，克拉克（David J. Clark）和古巴（Egon G. Guba）进一步详细地划分了教育变革的过程。他们总结出了新知识生产及有效地应用的四个步骤：（1）研究；（2）开发（包括发明和设计）；（3）扩散（包括推广和示范）；（4）采纳（包括尝试、实施和制度化）。[①] 哈维洛克在文献综述的基础上指出，此种变革模式至少持有五种假设：（1）创新的研究、开发、包装到大规模推广，是一种理性的推进过程。（2）在大规模实施变革之前，必须进行规划。（3）在整个创新过程中，需要进行具体的劳动分工和协作。（4）创新的接受者被视为理性但被动的个体，如果在适当的时间、地点以适当的形式给他们提供某种创新观念，他们必然会接受。（5）如果预计到创新能够极大地提高效率、质量和能力，就必须投入高昂的初始开发成本，才能保证创新的最终成功。[②] 对这一模式来说，研究、开发、扩散和采纳本身又可以进一步细化，再分出具体的目标、标准和功能。

当然，在任何国家都不存在一种如此全面的机制，得以顺利完成从研究到采纳的各项任务。此外，各部门之间也通常缺乏协调。就研究来说，大部分是在大学里进行，然而教育研究中缺乏团队协作，即便存在协作，也大多是一种纯理论的学科研究，并且得到的资助较少，受过培训的人员也比较匮乏。对于开发来说，研究者和实践者都无力承担。他们都认为，创新的设计和开发是其他人的职责。就扩散和采纳来说，实践者也不可能是完全的理性人，他们不可避免地要受到创新实践中商业推销模式的驱使。当时，美国国家科学基金会开发的数学课程和科学课程得到广泛推

---

① House E R. Technology versus craft: a ten year perspective on innovation [J]. Journal of Curriculum Studies, 1979, 11（1）: 1-15.

② HOUSE E, KERINS T, STEELE J M. A test of the research and development model of change [J]. Educational Administration Quarterly, 1972, 8（1）: 1-14.

广的原因就在于：（1）课程被设计成完整的单元；（2）教学材料配备到位；（3）教师免费接受培训；（4）使用新教材的教师不干扰其他教师的工作。其中最为关键的一点就是为教师提供免费的培训。

2. 社会互动模式

社会互动模式强调创新在一个社会系统中的扩散。它将创新视为某种相对固定和具体的实物（如化肥、新种子、新药、新教材等），并认为研究者可以进行量化的实证分析。此种模式的分析单位是个体接受者，重点是接受者对于来自外部的知识的感知和反应。此种模式的研究表明，推广创新信息的最有效方式是人际接触，而创新采纳的关键是采纳群体中社会成员之间的互动。

通常，此种创新扩散模式具有五种特征：（1）个体的采纳行为受到了所在社会关系网络的影响；（2）个体在社会网络中的地位（中心性、边缘性和孤立性）在很大程度上决定了他们采纳创新的速度；（3）非正式的人际交往极大地影响了采纳过程；（4）群体成员和参照群体的认同也决定了个体的创新采纳；（5）创新在某一社会系统中的扩散遵从既定的模式，即最初非常缓慢，尔后迅猛扩散，然后又是长期的缓慢或停滞。

研究者认为，所有个体都经历了相同的采纳阶段，亦即罗杰斯等人所指出的五个阶段：（1）意识，（2）兴趣，（3）评价，（4）尝试，（5）采纳。[①]在每一个阶段，采纳者通常会接触不同的信息源，包括人际沟通和各种媒介（出版物和实物）。后者在意识和兴趣阶段发挥了重要作用，但在评价、尝试和采纳阶段，个人接触的影响将居于首位。医疗社会学和农村社会学的某些研究就发现，媒体和商业信息通常会最先带来创新的消息，但是同事、朋友、专业人员的建议通常又会决定采纳者的最终行为。虽然此种模式的研究主要来自农业社会学，但它也同样适用于其他采纳者（包括个人、公司，学校和国家）和知识领域。总体而言，社会互动模式不探究创新发

---

① ROGERS E M, SCHOEMAKER F F. Communication of innovations ［M］. New York: Free Press, 1971: 100−101.

起的内部过程，而是考察变革扩散的自然过程。

3. 问题解决模式

尽管变革促进者和接受者都可以发起变革，但接受者必须愿意变革，并完全参与到变革的实施过程，才能最终实现目标。自己的问题终究需要自己来解决。对于问题解决模式来说，使用者的需要被置于首位，因而对问题的诊断也就极为重要。外部的顾问只是一种促进者和合作者，使用者必须自己发现解决办法，至少亲身体验。同时，使用者在寻求外部帮助之前，必须利用所有的内部资源。此种模式的基本特征体现为以下五个方面：（1）使用者是创新的起点；（2）在提出解决办法之前，必须首先进行诊断，通过症状发现问题所在；（3）外部的帮助并不是指令，变革促进者的意见只能作为辅助；（4）必须认识到内部资源的重要性。正如哈维洛克所说，自家培育（home-grown）和自家储藏（home stored）的知识可能比外部输入的知识，更加适宜于解决现有问题；（5）使用者发起的变革通常效力最大。①

20世纪50年代，美国的许多创新项目都采用了此种模式，包括系统自我更新（self-renewal），行动研究、合作研究、探究、人际关系实验室等。相关的具体措施包括敏感训练团、反思、真实反馈、头脑风暴（brainstorming）和研讨会等。在社会互动模式和问题解决模式中，变革过程通常被看作是一种规范—再教育的方法。此种模式来源于李皮特（Ronald Lippitt）、本尼和迈尔斯等著名学者的研究，它们大部分是在较小的学区或者单个学校进行的，并将学校作为变革的基本单位。

4. 联结模式

哈维洛克的联结模式实际上综合了上述几种模式。他认为，每种模式在总体过程中的作用都是不可替代的。根据此种原则，他指出，教育变革的原点是使用者提出问题，然后从外部搜寻和获取解决办法。

哈维洛克指出，决定创新成功的七种因素是：（1）联结。从本质上

---

① MORRISH I. Aspects of educational change［M］. New York：John Wiley & Sons，Inc.，1976：127-129.

来说，联结意味着人际和群际之间的关联。创新者与各种资源系统的联系越密切，就越能满足的自己需求，因而创新性也就越强。（2）结构。有效的创新活动必定发生在具有连贯性的框架和结构中，后者确定了提出目标、进行规划和逐步实施的理性顺序，并影响到子任务的确定、分工和协调。成功的创新不一定遵从相同的结构，但是它们必然具有某种结构。连贯的结构是创新成功的一个重要因素。（3）开放性。对新观念的开放实际上就是"创新"。成功的创新过程需要使用者和资源系统保持某种开放性，即善于输入和输出新的观念。在某种程度上，开放性和结构性是相互对立、互不相容的。因而成功的创新需要使二者保持微妙的平衡。（4）能力（capacity）。能力包含一些相关的因素，如财富、权力、地位、教育、智力、规模和复杂性。能力较强的系统由于有更多的"风险资本"，因而更有可能创新。（5）回报。从行为心理学来看，得到奖励的行为更有可能出现。成功的创新必然包括一系列调和的步骤，使得各方的收益达成妥协。（6）临近性（proximacy）。社会互动模式的研究展现，接近创新源将更有可能带来创新。（7）协同性（synergy）。单单接受一种新的观念还不足以激发创新。潜在的使用者需要通过各种渠道反复输入创新观念，才能最终激发他们创新。此种不断作用形成的合力，极大地决定了创新行为。①

哈维洛克认为，此种模式实际上就通过联结代理人或机构，在创新源和使用者之间建立沟通网络。因而，它通常包括如下步骤：（1）识别使用者的需要；（2）将需要转化为问题陈述；（3）发展使用者解决问题的能力；（4）以使用者为中心设计解决办法；（5）用使用者的语言总结出解决办法，并通过使用者的沟通渠道进行推广；（6）在创新的使用者之间建立资源联系。②

概言之，最初的教育变革研究借鉴组织行为学中人际关系和群体动力

① DALIN P. Planning for change in education：qualitative aspects of educational planning ［J］. International Review of Education，1970，16（4）：436-450.
② PARKER C A. The literature on planned organizational change：a review and analysis ［J］. Higher Education，1980，9（4）：429-442.

的思想，试图通过创设敏感训练团体，引导参与者对个人和他人的行为进行分析，从而促使个体行为发生改变。其根本假设仍是将行为者视为理性人，认为他们会根据环境的改变主动地做出行为调整。

二、教育创新的早期研究

西方教育创新研究最早可以追溯到 20 世纪 30 年代哥伦比亚大学师范学院行政管理研究所（IAR）所长默特领衔的一系列实证研究。在此期间一般创新理论主要关注扩散研究，受此影响，默特领衔的研究也将重点放在教育创新扩散的速度和特征上。早期的研究发现，美国学校系统的变革极为缓慢，并且遵循预定的模式。从发现某种需要（如认识到学校儿童的健康问题）到引入某种可以普遍接受的解决方法（如学校医生对学生的体检），通常需要半个世纪的时间。此种创新的扩散又需要另外半个世纪，在这半个世纪中，只有当全国 3% 的学校中出现此种创新，此种做法才会被注意到。到此时，创新的扩散又要历时 15 年。在此之后，随着人们的极力推崇，将有 25 年的快速扩散期。尔后又是一个长期缓慢的过程，直至其余为数不多的学校也都采用此种创新。早期的研究也指出了教师、管理者和公众（社区）在促进教育创新中的作用。[①]

20 世纪 40 年代早期，行政管理研究所早期的研究成果影响了纽约、罗德岛和西弗吉尼亚州学校财政项目的分析，也促进了美国学校系统中各类创新项目的设计和引入。默特的创新扩散理论尽管强调时间的滞后性，但也指出在某种情况下可以加快扩散速度。比如 20 世纪 50 年代许多学区参与了师范学院为期 6 年的公民教育计划（Citizenship Education Project），由于它们得到了社区的资金支持，此项创新项目也很快扩散开来。默特总

---

① MORT P R. Studies in educational innovation from the institute of administrative research：an overview ［M］// MILES M. Innovation in education. New York： Teachers College Press，1964：317−328.

结说，行政管理研究所 20 年的研究工作，主要分析了教育创新的背景，即法律结构、社区特征、行政组织和管理方式，但是创新扩散速度的理论（扩散滞后的时间）此后不断得到修正。

默特认为研究所的主要发现是：（1）学校认识某种需要到采取可以普遍接受的创新通常需要较长的时间，可能是几十年。（2）创新在学校系统中的扩散比较缓慢，可能是数十年。（3）复杂的创新与简单的创新扩散的速度基本相同，而成本较高的创新则扩散较慢。（4）在创新缓慢扩散的早期阶段，它们不会受到关注。（5）社区对新实践的接受程度有所不同。（6）教育创新的差异在很大程度上归因于公众的特征，特别是公众对学校能力及子女教育需求的认识。（7）公众的影响主要表现为理解和期望，虽然这与家长的职业和受教育水平有关，但是也可以发生改变。（8）对创新的有效评价需要考察创新对于整个系统的影响。（9）创新扩散的过程比较缓慢，无视这一点将会导致许多良好的创新还未来得及扎根便被抛弃。（10）如果一项创新的扩散速度比常规情况更慢，就需要考虑其正确性和合理性。[①]

综上所述，教育创新的早期研究主要关注创新的扩散速度，普遍认为扩散是一个缓慢的过程。从根本上，早期的研究采用了传播学家罗杰斯的创新扩散 S 形理论。

三、教育创新的系统研究

20 世纪 60 年代是学校变革蓬勃发展的时刻，正如迈尔斯所言：20 世纪 60 年代的美国对于教育变革悲观失望的情绪极为罕见。当时人们对教育创新群情激昂，各类教育变革迅猛发展，因而常被称之为"革命"。各种创

---

① MORT P R. Studies in educational innovation from the institute of administrative research：an overview［M］// MILES M. Innovation in Education. New York： Teachers College Press，1964：317-328.

新——集合理论、合作教学、三学期课时计划——都被热切地推崇、实施和评价。然而，变革的重点一般是内容，而非过程。[①]

在 20 世纪 60 年代的教育变革中，美国国家课程计划、国家科学基金会的训练研究所、语言实验室、程序教学和其他创新项目极为显著，变革的速度显然超过了默特估计的"滞后 50 年"。1961 年，为探究学校创新的动力，迈尔斯在哥伦比亚大学召集不同专业的著名学者，举办了为期一年的多学科研讨会，其中包括教育史学家克雷明、课程教学论专家福沙（Wells Forshay）、社会心理学家华生（Goodwin Watson）、管理学家埃茨奥尼（Amitai Etzioni）和社会学家拉扎斯菲尔德（Paul Lazarsfeld）。经过一年的学术研讨，最终的成果体现为《教育创新》这部著作，书中收录了 30 多位学者的研究成果。对于创新的开发者、战略规划者、采纳者和使用者来说，这本著作阐明了创新扩散和采纳的基本概念，并且提出了一些重要问题，如教育系统、创新本身、变革过程、创新者的本质、创新的最终命运，以及"对教育系统进行创新"的能力。

迈尔斯认为，推动创新扩散和采纳的两个基本因素是技术理性和选择。创新的开发正是由于它们在技术上优于当前（无效和过时的）的做法。在美国教育体制中，正规教育和非正规教育部门，知识生产者、推销者、大众传媒、基金会、考试机构、政府部门、认证机构和专业协会等组成了一个极为复杂的网络关系，因而学校和学校系统不得不选择和决定购买何种产品。技术理性带来的是对创新的质量以及实施的"忠实性"的重视，因而最终形成"防范教师"的变革策略。选择重视基于"认识"的扩散策略，可能导致对采纳者个人（管理者）的过分重视。此外，迈尔斯指出创新是在临时系统（temporary system）中被发明、开发、扩散和实施的。这些临时系统包括项目组、课题组、研讨班等，如同扑克牌游戏、狂欢节、政治游行和战争一样，是独立空间的临时系统，它们的成员从一开始就持

---

① MILES M B. Innovation in education［M］. New York：Teachers College Press，1964：1-2.

有这样的基本信念：他们有朝一日将放弃此种做法①。临时系统不仅适应于补充性维护和短期任务的完成，而且更为重要的是培育了创新。由于受到时空隔离的保护，临时系统可以绕过常规系统，激发更大的热情，拓宽沟通的渠道，设计其他创新做法，实现权力结构的平面化，从而不仅可以诱使本系统成员发生重大改变，而且可以通过行动决策、新的关系和责任引发常规系统发生变革。

总体而言，迈尔斯将教育创新研究分为两大部分，即教育创新的案例研究和理论研究。

（一）教育创新的案例研究

教育创新可以发生在不同的层次上，下至微观的课堂互动层面，上至国家的宏观决策层面。

1. 校内管理机构的创新

1960 年，埃特伍德（Mark Atwood）采用人类学的互动理论，以美国东部大城市的亚当斯中学（John Quincy Adams）为案例，具体分析了该校校长引入集中化的学生辅导项目（Guidance Program）后何以遭到教师的抵制。②该案例是一个小规模的学校管理机构变革，研究者通过分析变革实施前后教师互动模式的变化，阐释了变革带来的教师自主权的削弱、例行汇报的增加以及价值观的冲突。为处理学生的纪律问题，该校校长在管理机构中增设了辅导处，并任命一位女副校长兼任处长。新机构成立以后，原先由教师自主处理的事务都需要上报辅导处，并由辅导处下发处理意见。同时，原有教师对领导者抱有某种价值偏见，即认为他们应该是男性、同事和年长者，此种价值取向与新任的女处长相悖。由于教师秉持原有的互动模式，因而抵触新机构的工作。作者认为，只有创新最终带来实践者互

① MILES M B. On temporary system［M］// MILES M B. Innovation in education. New York：Teachers College Press，1964：437-490.

② ATWOOD M S. An anthropological approach to administrative change：the introduction of a guidance program in a high school［D］. New York：Columbia University，1960.

动模式的变化，他们才会支持变革。

埃特伍德的研究体现了 20 世纪 60 年代以群体动力学为基础的创新研究。他指出的微观互动问题实际上是通过敏感团体训练而诊断出来的。换言之，此项研究从如何推进创新的采纳入手，考察了创新采纳过程中遇到的阻力，从根本上说是一个利用技术视角促进学校管理创新的案例。

2. 建立新学院的试验

华生研究了哥伦比亚大学师范学院中建立新学院（New College）的案例。①新学院是在亚历山大（Thomas Alexander）教授的一手操办下于 1932 年秋季建立的，并持续了 7 年。新学院尝试应用当时大部分教育者认同的观点，如重视个体差异，将实际学习作为获得学位的评价标准以避免混日子的心态，拓宽学习经历使学生接触各行各业的生活，重视学生与教师之间亲密友好的关系。新学院的建立得益于当时的社会背景和创办者的企业家精神。新学院创立之时正值进步主义教育如日中天和"八年研究"蓬勃开展之际。当时经济和社会的动荡激励人们设计更好的经济体制、政府结构和学校形式。此外，亚历山大教授对改造师范教育的执着，及其与师范学院院长罗素（William Russell）的交情使其可以利用师范学院的闲置资源创办了新学院。然而，与一般的乌托邦设想一样，新学院也遇到了某些重大问题，最终被迫关闭。华生教授认为这些问题是：（1）不安全感。对于新学院的学生来说，由于实施新的教学方式，没有人能知道自己何时毕业，而教师也无法按照职业晋升体制获得终身教职。（2）持续不断的反叛。变革者的完美主义倾向通常会带来不切实际的期望，最终不可避免地产生失望。新学院试图迎合各方面的需求，为学生提供充分的自由，然而结果却事与愿违。（3）财政危机。新学院建立于美国经济大萧条时期，所招收的学生也大多来自中下层阶级，因而难以承受学费的增加。（4）相对孤立。大部分改革为了摆脱传统体制的束缚，会建立一个"文化孤岛"（cultural islands），但这会使其丧失某些潜在的支持。新学院尽管依附于师范学院，

① WATSON G. Utopia and rebellion：the new college experiment ［M］// MILES M B. Innovation in Education. New York：Teachers College Press，1964：97-115.

但却自行运作，此种关系最终成为一种致命的障碍。（5）群体外部成员的敌视。新学院的教学方式和学生行为都威胁到了传统的教育体制，因而遭到其他成员的敌视。（6）低估外部的威胁。新学院也没有严肃对待外部的威胁，忽视了它给师范学院带来的问题，最终导致公众的反对。

华生的研究也将重点放在创新的发起和采纳上，并着重考察了创新的阻力。在他看来，创新的外部环境和创新者过高的期望是造成创新失败的重要原因。因此，在理想与现实之间应该保持适当的平衡，也就是说教育创新必须考虑可行性问题，不能成为一种纯粹的"乌托邦"，只有技术上可行的创新才能获得长久的生命力。

3. 州教师教育模式的创新

就州范围内的教育创新来说，科尔瓦德（Richard Colvard）研究了阿肯色州的教师教育试验。[①]1951 年，阿肯色州大批教育者在小石城（Little Rock）集会，阿肯色大学校长宣布将实施新的教师教育项目。这意味着当时阿肯色州承担教师培训的 14 所四年制学院将面临公开竞标。竞标者需要与阿肯色大学进行合作，在全州规划和建立新的教师教育课程，为此，大学已经获得了 85000 美元的资助。在新的课程中，师范生不再接受综合性的四年普通教育和专业教育，而是首先接受四年的普通教育，然后在第五年接受专业教育，而最后一年除了接受正规教育之外，还要在合作的公立学校中参与指导性实习。经过全面的规划，各方最终于 1952 年达成协议，并于 1953 年开始正式实施新的项目。此项创新旨在使教师教育体制在普通教育和专业教育之间取得有效的平衡，然而也面临几个核心问题。（1）新课程理念的合理性，即在四年的普通教育之后增加一年的教育实习是否恰当，能否为专业人员所接受。（2）学术机构重组的合理性，特别是州立学院的生存问题，以及学院发展的自主性。（3）参与新项目的学院的经费保障。某些学院面临着两难的抉择：如果实施新项目，就可能丧失生源；而如果不实施新项目，就可能无法得到法定的拨款。研究者指出，阿肯色州

---

① COLVARD R. The colleges and the "arkansas purchase" controversy ［M］// MILES M B. Innovation in education. New York：Teachers College Press，1964：117-155.

的学院最终决定尝试新的教师教育模式，而放弃原先的做法，这清楚地显示了教育创新的动力和阻力来自内部和外部。就创新的动力而言，不仅包括内部对教育改进的期望，而且包括基金会的资助、法律命令的要求以及学费的变化。就创新的阻力而言，不仅包括内部的利益算计和权衡得失，还包括教职员的集会、委员会的操纵以及民众的示威。因此，在分析高等教育创新时，必须考虑大学运作的专业、政治和经济背景。

科尔瓦德的研究将重点放在体制创新上，但如其他研究一样，他也主要关注实现创新的外部条件，特别是相对优势、成本等问题。此方面的特征实际上是创新扩散研究的重要议题，而扩散研究则是利用技术视角考察创新的采纳和推广问题。

4. 教育技术的创新

现代信息通信技术在教育中的采用，也带来了重大的教育变革。福斯代尔（Louis Forsdale）教授研究了 8 毫米胶片电影在教育中的应用，认为新技术的成本、操纵的简便性以及教师的态度将决定它们扩散的程度。[①]纽约医学院的高特金（Lassar Gotkin）和格德斯泰因（Leo Goldstein）研究了程序教学在学校中的应用，他们指出，程序教学的使用本身也是一种创新，教师可以在不改变原有课堂实践的情况下，将其融入教育体系之中，也可以通过它们带来课程或课堂结构的变化。[②]马什（Paul Marsh）则研究了美国物理科学教学委员会（PSSC）设计的新教材在中小学中的扩散，并指出这些新教材在实用中不断被修正。[③]显然，教育技术的创新最能体现 20 世纪 60 年代的技术视角。

---

① FORSDALE L. 8mm motion pictures in education：incipient innovation ［M］// MILES M B. Innovation in Education. New York：Teachers College Press，1964：203-229.

② GOTKIN L G, GOLDSTEIN L S. Programmed instruction in the schools：innovation and innovator ［M］// MILES M B. Innovation in education. New York：Teachers College Press，1964：231-248.

③ MARSH P E. Wellsprings of strategy：considerations affecting innovations by the PSSC ［M］// MILES M B. Innovation in Education. New York：Teachers College Press，1964：249-267.

（二）教育创新中的理论研究

1. 拒斥教育创新的理论

20 世纪 60 年代，艾希霍兹（Gerhard Eichholz）和罗杰斯通过对比教育创新与农业创新的异同，分析了小学教师拒绝采纳视听辅助教具的原因，归纳出了拒斥创新（rejection of innovation）的一般理论。[①] 通过追溯创新扩散研究的传统，他们发现农业方面的研究最多，其次是教育方面。对于教育创新的扩散来说，默特的理论具有代表性，他认为发现某种需要到创新完全扩散需要 85 年，由此可见教育创新扩散的速度极为缓慢。在大部分扩散研究中，对创新的拒斥被看作是需要克服的"障碍"，并被认为是一种不正常的行为。然而，从理论上说，拒斥可以看作是采纳的对立面。如果采纳值得研究，拒斥也同样值得研究。对创新的采纳和拒绝基本上遵从了相同的步骤，即意识、兴趣、评价、尝试和采纳或拒绝。因此，教育创新扩散中的"滞后"问题，不仅是一个克服障碍的问题，而且要缩短上述五个步骤所需的时间。

研究者认为教师拒绝创新的原因可能包括：（1）无知所致。教师未能认识到某项创新，或者其复杂性导致了误解。（2）漠视所致。教师虽然熟悉某项创新，但对采纳不感兴趣。（3）维持现状所致。教师不接受创新主要因为他们过去不曾如此。（4）社会规范所致。教师认为其所在社会不会接受此项创新，所以不予采纳。（5）人际关系所致。教师的朋友或同事没有采纳此项创新，或者特定的学校环境不接受此项创新。（6）错误逻辑所致。教师以"理性"但却无事实依据的理由拒绝有价值的创新。（7）其他做法所致。教师可以采用其他方式，而不接受某种创新实践。（8）个人成就感所致。教师确信自己掌握了"最好的"或"唯一的"教学方法，因而完全不必要采用创新。（9）个人经历所致。教师尝试某项创新之后遭遇失

---

① EICHHOLZ G, ROGERS E M. Resistance to the adoption of audio-visual aids by elementary school teachers: contrasts and similarities to agricultural innovation［M］// MILES M B. Innovation in Education. New York: Teachers College Press, 1964: 299-316.

败，因而不愿继续。

研究者认为，教育创新与农业创新在扩散—采纳速度上具有差异，其主要原因在于：（1）教育创新缺乏科学的来源。这是自然科学与社会科学之间的永恒问题。由于学校的主要任务不是进行教育科研，因而许多创新试验的结果通常模棱两可，不够全面。（2）教育创新缺乏倡导新教育理念的变革促进者。虽然校长可以担当这一角色，但他们大多只会维持现状，而非推动变革。（3）教育创新缺乏采纳变革的经济激励。采纳某项教育创新的结果不像农业创新那样易于测量，教师的工资通常也是根据教龄和学历来确定，未能有效地激励教师采纳创新。

2. 教育创新扩散的理论

1965年，俄勒冈大学卡尔森（Richard Carlson）教授指出了影响创新扩散速度的某些因素。他以美国宾夕法尼亚和西弗吉尼亚的两所学校中现代数学的扩散为例，发现个人或群体接受某项创新的速度取决于（1）采纳者（个人或群体）的特征；（2）采纳者接触沟通渠道和信息来源的方式；（3）采纳者在同类群体中的社会地位。[①]卡尔森指出，默特及其学生几乎垄断了教育创新的扩散研究领域，并发现某些经济因素对创新扩散的重要作用，如生均经费和教师工资等，但他们并没有认识到督学在创新采纳中的重要作用。

创新扩散的过程通常包括如下因素：（1）个人、群体或者其他采纳单位；（2）通过特定的沟通渠道；（3）在一定的社会结构中；（4）在价值观和文化系统内；（5）逐步；（6）接受；（7）特定的观念和实践。1958年，现代数学作为一项课程创新首先出现在宾夕法尼亚州的阿勒格尼（Allegheny）县，到1963年已经为该县80%的学区所采用。卡尔森通过研究现代数学的扩散曲线，认为默特显然夸大了创新完全扩散所需的时间。从根本上，创新的采纳者并非彼此孤立地采用新的实践，而是相互之间进行了沟通，因而采纳者在此种社会结构中的位置极为重要。社会结构是人

---

① CARLSON R O. Adoption of educational innovation［M］. Eugene：University of Oregon Press，1965：10.

们之间存在的某种关系，它决定了一个社会系统中地位的分配和区分，以及成员的互动和沟通方式。新观点的传播过程通常发生在一定的社会网络结构中，因而个体的接受行为必定相互影响。在学校创新的采纳中，督学在社会结构中的地位显然极为重要，他们通过参与社会网络结构（与其他督学交流）和自身的地位（学历水平、专业程度和声誉威望）极大了影响了创新的扩散。卡尔森认为，传统的教育扩散研究中之所以忽视督学的作用，根本上在于两种假设：（1）学校预算决定了督学的作为，传统的研究认为创新扩散速度与教育经费密切相关，督学也受到经费制约。（2）督学是没有实权的管理者。传统的研究认为在学校的组织结构中，督学由学校董事会选聘，因而在创新的采纳中没有最终决定权。

卡尔森的理论贡献在于指出了社会结构在创新扩散中的作用，驳斥了督学既无实权又处处受制的观念，认为督学之于教育创新如同农民和医生对新产品（新种子和新药）的接受一样，在创新的扩散中发挥着重要作用。

3. 学校课程变革的理论

哥伦比亚大学麦肯齐（Gordon Mackenzie）借用著名政治学家拉斯韦尔（Harold Lasswell）的理论，从社会文化背景的角度系统阐述了学校课程的变革。[①]麦肯齐根据当时的理论观点，将课程界定为学习者有计划地参与活动的过程。基于此种参与式的课程观，他提出了课程的6个决定因素：教师、学生、学习内容、教学方法、教材设备与时间。因此，课程的变革和创新便是这6个要素的重新组合和变化。

课程变革在很大程度上源于社会文化背景的变化。通常，大众传媒、大型基金会和重要人物的思想会极大地影响课程变革。此外，社会的期望和对教育的批评和制裁也可能引发课程变革。变革的参与者主要分为内部和外部两大类，前者与教育系统直接相关，而后者则间接影响教育变革。变革的内部参与者主要包括10类群体：学生、教师、校长、管理者、督学、地方教育委员会、当地民众、州立法院、州教育厅或教育委员会以及州和

① MACKENZIE G N. Curricular change：participants，power and processes ［M］// MILES M B. Innovation in education. New York：Teachers College Press，1964：399-424.

联邦法院。它们对教育变革的影响力和影响方式有所不同。而外部的参与者包括6类群体：非教育界人士、基金会、学术人士、工商界、教育界人士、政府。这些参与者对教育变革的影响受到两种状况的制约：（1）与课程教学的距离，如州立法院距离课堂教学较远，只能制定最一般的规则；（2）参与者的胜任能力，如学术人士比外行对学习内容会产生更大的影响力。这些参与者通过某种渠道对课程变革施加影响，如声誉、能力、权威、资金和物资等。

麦肯齐认为课程变革的过程首先源于外部参与者发起某种活动，最终由内部参与者将其付诸实施，因而变革的过程包括：（1）批评。对于现行课程的判断和评价，常常会激发参与者改变课程；（2）变革的建议。即针对具体的批评提出应对之道；（3）行动计划的提出和细化；（4）建议的评价和修正；（5）建议的比较，即从备选方案中选择出适当的建议；（6）内部参与者进行决策；（7）内部参与者实施行动建议。麦肯齐也指出，变革过程常常会产生协变量或副效应，有时候还会产生一些意外结果。

4. 学校组织变革的理论

纽约大学格里菲斯（Daniel E. Griffiths）应用系统论阐释了学校管理的变革。[①] 格里菲斯认为，从长期来看，组织的显著特征是稳定而非变革。某种社会组织是该社会用以达到一种或几种共同目标的结构机制，由于组织的目标不会经常发生显著变化，每个组织的活动通常会具有明确的界定，因而任何组织一经产生便具有某种内在的稳定性。然而，组织也确实发生了变革，在许多情况下此种变革如春风化雨，循序渐进，但有时如疾风骤雨，狂飙突进，并促使新旧组织的更替。然而，不管何种变革，其动力都来自组织的外部。

组织变革通常意味着组织结构、过程或者目标发生改变。与组织理论密切相关的是系统论。简单地说，系统就是一些简单的要素组成的复合体，按照系统与外部环境的关系，可以将系统分为开放系统和封闭系统。由于

---

① GRIFFITHS D E. Administrative theory and change in organizations ［M］// MILES M B. Innovation in education. New York：Teachers College Press，1964：425–436.

封闭系统不与外部环境进行物质、能量和信息的交换，因而其特征是熵增加，而开放系统则趋向于保持稳定状态。开放系统会进行自我调节，维持稳定的状态，如蜡烛的火焰一样，在刚点燃的时候火焰较小，但是它会很快达到并保持某种正常状态。即便偶尔有气流使火焰发生闪动，它也会很快恢复到原有状态。这一切在于开放系统的各个子系统之间通过动态的相互作用和反馈作用，实现某种功能。同时，开放系统会展现出渐进的分化，形成某种层级结构，这些子系统之间彼此保持某种独立。因此，任何一个开放系统都有子系统和上层系统（supra-system），对于学校组织来说，管理系统便是它的开放的子系统，而环境则是它的上层系统。

　　格里菲斯依据开放系统理论，提出了如下观点。（1）组织变革的主要动力来自外部。尽管在学校系统中不乏敢于进取的管理者，但是他们采取组织变革实际上是为了迎合局外人和上级的要求。（2）变革的激烈程度和持续时间，与上层系统刺激的强度成正比。（3）如果主要管理者的继任者来自组织外部，就很有可能发生组织变革。由于组织内部的成员，通过反馈来维持系统的稳定状态，而来自组织外部的管理者则不会受制于此。（4）组织对外部日益增强的压力最初会表现得比较迟钝，尔后会尽一切可能校正现有做法，最终导致原有系统的崩溃和新组织的诞生。（5）主要管理者的任期与组织创新的数量成反比。（6）组织结构越是层级化，变革越难发生。（7）组织变革通常采用自上而下的方式，而非自下而上。组织的子系统之间的相对独立，常常会降低变革的速度，因而自下而上的变革很难发生。（8）组织子系统之间的动态互动越多，组织就越可能发生变革。

　　概言之，格里菲斯认为，组织变革的动力主要来自外部，因而加快组织变革可以通过任命外部人员作为首席管理者。而变革的程度和期限则取决于外部刺激的强度。随着外部压力的逐渐增大，组织会最终发生变革。然而，组织的层级结构和子系统之间的相对独立阻碍了组织变革，因而组织变革一般采取自上而下的方式。此种观点鲜明地体现了教育创新研究的技术视角。

第三节　技术视角的评述

一、技术视角下教育创新研究的主要特征

　　鉴于战后的时代氛围和学术背景，一般的创新理论主要关注扩散研究。受此影响，教育创新研究也遵从研究—开发—扩散这一线性模式。此种模式强调技术创新的发展，认为新的知识可以通过研究创造出来，借助开发转化为可以应用的形式，并通过扩散渠道传递给教师，最终由教师将其付诸实践。故此，美国联邦相继建立了许多教育研发中心和实验室，负责新技术在教育领域中的研发和应用。① 因此，20 世纪 60 年代教育创新研究的主要任务是解决影响创新扩散的因素，克服创新的阻力。可以说，技术视角是 20 世纪 60 年代教育创新研究的主要特征，其重点是创新本身及其组成要素，着重考虑个人或组织如何产生和采纳创新。

　　就美国来说，20 世纪 60 年代中期到末期，随着联邦政府和私人基金会对学校变革项目的大力资助，大规模的学校变革席卷美国各地。随着变革的推进，决策者、教育者和研究者开始关注这些项目的成效，并展开了评价工作。因此，联邦政府委托的评价研究几乎呈指数增长，决策者和研究者反复询问：哪些项目取得了成功？何种项目遭遇了失败？成败的根源何在？随后的调查研究和实验评价表明，许多变革项目都最终失败了。曾经雄心勃勃的项目似乎对于学生的学习没有丝毫影响。

---

① HOUSE E R. Three perspectives on innovation：technological， political and cultural ［M］// LEHMING R，KANE M. Improving school：using what we know. Beverly Hills： Sage Publications Inc.，1981：17-41.

20 世纪 60 年代，计划性变革的研究仍然极为重视创新的扩散和采纳过程。许多变革项目和研究，仍然认为各方的抵制是变革成功的主要障碍。在教育领域中，阻力主要来自教师或管理者，他们对于变革具有本能的抗拒。研究者认为，变革之所以会发生，主要原因在于学校外部的管理者或决策者的积极推动。因此，成功地进行变革的关键是克服来自教育实践者的阻力，有效的策略包括"共同决策""下级参与""权力均衡"和"多方合作"等。纽约大学的贾昆塔（Joseph B. Giacquinta）教授认为，20 世纪 60 年代教育变革研究最为不足的一点就是缺乏社会学基础，而后者对于理解有计划的变革具有重大作用。[①] 在 20 世纪 60 年代，创新通常被决策者和研究者视为能够达成某些目标（如促进儿童的学习）的"项目"或"方案"。他们常常认为创新所需的资源（如人力、资金和时间）是其实施的保障。此外，他们也将创新视为教育者个人推进的过程，如同农民或医生个人在采纳杂交玉米或新药时的变革过程一样。

在此期间，教育变革研究很少将学校创新视为一种组织变革，即学校或班级的社会结构和文化的变革。事实上，学校的社会结构和文化常常被看作是变革的阻力而非变革的条件。以社会学视角来看待计划性变革，创新就意味着现有地位和角色的变动，因而主要任务就是形成新的角色期待或规范，并将之付诸实施。20 世纪 60 年代，大部分教育变革研究和实施主要缺失的，是对根本的社会学问题的关注。它们很少询问：创新活动中阐明或暗含了何种新的互动模式？究竟该如何破旧立新？此外，此类变革研究普遍认为，只要创新能够成功扩散（特别是被采纳），创新过程便宣告终结。换言之，只要某个系统决定采纳创新，此种创新就必将被实施。将采纳等同于实施的假设会误导实践者的行为，使他们不能正确认识改革失败的根源。在此种研究范式下，研究者和实践者在面对变革的低效或者无效时，必然将其归咎于新观念的不完善或不合理，而不会探究是否未能充

---

① GIACQUINTA J B. Seduced and abanded: some lasting conclusions about planned change from cabire school study ［M］//LIEBERMAN A. The root of educational change. Netherlands: Springer, 2005: 151-168.

分实施。实际上，在很多情况下，最初设计的观念无可挑剔，但却常被指责为变革失败的祸根。因此，有效的教育变革研究应该将实施作为一个独立的阶段进行研究，而后者实际上是一个更为复杂的过程，它不仅仅要克服或避开最初的阻力，还要进行变革的制度化。

概言之，20世纪60年代，在技术视角的支配下，教育创新研究呈现如下特征：（1）研究对象集中于教育创新的扩散和采纳过程，将创新的属性和特征作为研究的重点；（2）研究模式一般遵循"研究—开发—扩散"模式，着重考察创新扩散的促进因素和阻力；（3）研究方法主要采取实证研究和案例研究。最初的教育创新研究凭借所在机构的大量调查数据，通过实证分析探讨各种变量与创新扩散速度的关系，此外，某些案例研究也极大促进了教育创新研究的发展；（4）研究假设遵从理性的规划模式，强调自上而下的变革，忽视个人的主动性和能动性。

二、技术视角下教育创新研究的评述

20世纪60年代，技术视角支配下的教育创新研究，认为教育创新是一个理性过程，其内在假设实际上遵从了英国著名教育管理学家布什（Tony Bush）指出的"正规模式"，而后者又包含了五种子模式：结构模式、系统模式、官僚模式、理性模式和等级模式。[①] 在结构模式中，研究者通常认为组织中出现的问题是结构紊乱所致，通过对结构的再造和改组，这些问题就会迎刃而解。此外，结构主义者常常把组织看成是具有明确目标的、相对封闭的系统。因此，组织的运行具有高度的确定性和可预见性。以此为基本假设，就必然会对教育变革和创新进行规划，并认为教育变革遵循既定的模式和过程，因而20世纪60年代出现了众多对变革模式和策略的研究，其中具有高度确定性的模式便是研究—开发—扩散。系

---

① 布什.当代西方教育管理模式［M］.强海燕，主译.南京：南京师范大学出版社，1998：42-43.

统模式强调组织的统一和完整，重视组织的各部分之间及其与环境之间的相互作用。现代学校作为开放的系统，不断与外部环境进行着信息、能量和物质的交换，它们一方面对外部环境的要求做出应答，另一方面又从环境中获得有利因素以维持自己的生存。在系统模式中，学校组织可以通过自我调节达到动态的平衡，维持系统的稳定。麦肯齐关于课程变革的系统论表述清楚地展现了此种模式。概言之，系统模式强调变革的动因来自外部环境的刺激，并且认为组织会拒斥变革，保持稳定。官僚（科层）模式是随着现代社会的理性化而逐步扩展到教育领域的，它强调权力结构、职务分工、非人格关系以及绩效责任的作用。在此种模式中，教育变革的发起者只能是身居高位的权力精英。从研究—开发—扩散的模式中，就可以清楚地看到科层制追求权力和效率的特征。理性模式主要用以解释学校变革的决策过程，它遵从认识问题、分析问题、寻找备选方案、实施解决办法和评估效果的循环过程，并强调决策者的最优决定。在这些研究者看来，作为理性人的决策者完全可以从众多纷繁复杂的备选方案中选择最优的一个，并且严格按照理性计算和逻辑推理一步步地实现变革。此种模式从 20 世纪 40 年代人际关系学派和群体动力学关于组织行为变革的研究和试验中便可见一斑。此类社会心理学的研究实际上认为，行为者能够通过敏感性训练对自己的行为进行理性反思和控制，从而有效地改变自己的行为。等级模式强调组织中自上而下的垂直关系，组织的结构呈现金字塔型，权力／权威位于结构的顶部，个体处于组织中的次要地位，必须服从组织的要求。在此种模式中，处于权力金字塔顶端的精英肩负着引领变革的重任，即发现疑难问题，考虑各种可行办法，并做出理性选择。而组织成员不可能反对或漠视改革，对决策的执行也是水到渠成、毫无疑义，这展现出了鲜明的单向式的教育变革路线，忽视了个体的能动性和主动性。在 20 世纪 60 年代的教育创新研究中，研究者很少关注创新的实施阶段。实际上，他们通常将个人视为自动接受创新理念的机器。

虽然技术视角有效地解释了教育创新的宏观层面，但它也具有某些固有的局限性。技术视角实际上认为学校组织具有明确的目的，并且可以为达到某种共同的目标而有计划地进行组织变革。然而，事实上，学校组织的目标极为模糊，由于学校教育的对象和主体都是具有能动性的人，学校不可能有完全一致和清晰明确的教育目标和教育方式。学校中不同的人员对于学校可能有不同的目标和价值取向，教师的专业主义和校长的管理主义带来的冲突，常常会使学校的目标变得模糊不定。事实上，学校是一个松散联合的组织，组织成员保持相对独立。因此，严格按照事先确定的目标，推行教育变革和创新，并不能保证有效地实施。根据加拿大著名学者格林菲尔德（Thomas Greenfield）的观点，教育变革的目标只是代表了管理者对教育问题的看法和价值观，因而在推行中必然会遭到抵触。[①]

系统模式和官僚模式认为，教育变革的动力源自外部的要求，并且不可能采用自下而上的模式，这实际上否认了学校人员的主动性和能动性。在这两种模式下，变革常常未能取得预期的效果。联合国教科文组织国际教育发展委员会在报告中指出："经验证明，内部改革之所以没有成效，或造成人才和精力的巨大浪费，这通常是因为上面的管理和下面的行动之间缺乏沟通和协调不好。这样便使得那些具有创造性的、富有想象力的改革家们孤立起来了。思想与实验的传播减慢下来了。……具体应用改革的成败取决于教师的态度。……教师们并不反对改革，他们反对的是别人把改革方案交给他们去做的那种方式，更不用说把一个改革方案强加在他们身上了。"[②]

技术视角下的教育创新研究实际上持有一种完全理性的假设，即认为创新的决策者和采纳者会综合考虑各方面利益，通过严密的理性计算，最终得出最优的方案。此种完全理性的假设在 20 世纪 70 年代即遭到了美国学者西蒙的批评。西蒙根据自己的研究，提出了"有限理性"（bounded rationality）的假设，他认为人们由于认识能力的局限和情感因素的影响，

① GREENFIELD T B. Organizations as social inventions: rethinking assumptions about change [J]. The Journal of Applied Behavioral Science，1973，9（5）：551-574.

② 联合国教科文组织. 学会生存：教育世界的今天和明天 [M]. 北京：教育科学出版社，1996：222.

不可能做出完全理性的决定。实际上，在大部分情况下人们不可能寻求最优的结论，而是寻找能够满足需求的方法。有限理性的假设可以使我们重新看待教育创新研究。由于组织目标的模糊性以及决策者的理性限度，教育创新在很多情况下并不是固定不变的，其推进过程包含了不断的重新界定和重新发明，因而也就打破了最初的创新思想不可变动的神话。概言之，20 世纪 60 年代的创新研究忽略了创新的背景因素，并将采纳者视为被动的实体，认为某项创新在实施过程中不会有太大的变动。此外，将采纳者视为理性人的假设也失之偏颇，在很多情况下，采纳者做出创新的决定并非出于提高绩效的目的，而是迫于政治的压力或者制度的规约。尽管如此，技术视角时至今日仍是一种主要的教育创新研究流派，它需要的是补充而非替代。

综上所述，20 世纪 60 年代，人们认为创新的主要问题是确保资源配备，克服校长和教师的阻力。因此，西方主要国家投入大量的资源用于开发和引入创新，并重视对教师的新课程培训和对校长的领导力培训。政府和学界对于教育创新的重视，营造了一种推崇变革的氛围。同时，由于教育财政持续增长，教育创新呈现出一派欣欣向荣的景象。然而，这一时期对于创新者和保守者都带来了问题。对于创新者（如管理者和教师）来说，创新的心理氛围使他们如鱼得水，因而只要标新立异，就没必要顾及他人。创新实际上变成了为创新而创新的活动。创新者从未冷静下来反思自己做了什么以及为何如此。此外，学生和家长通常是变革过程的被动参与者，未能指出教育创新中的问题。此种变革的肤浅性决定了它们不会长久。20 世纪 70 年代，随着社会形势的逆转，创新研究进入了反思时代，教育变革的主要问题不再是传统学校的变革阻力，而是创新学校中的变革难题。① 在此后的时间内，教育创新研究的技术视角尽管没有像这一时期这么显赫，但仍然以不同的方式存在于教育改革创新的行动中。

---

① FULLAN M. Overview of the innovative process and user［J］. Interchange，1972，3（2-3）：1-46.

第四节　中国教育改革的试点制度

中国教育改革的试点制度在某种程度上就是技术视角的运用。试点作为一种重要的政策形式，在我国被广为采用。习近平总书记指出："试点是改革的重要任务，更是改革的重要方法。"从技术视角来看，教育创新通常是首先在"点"上获取突破，然后逐步扩散开来。我国是一个发展不平衡的大国，在教育改革中很难找到一个适用于所有地方的通用模式。政策试点是中国独具特色的经验，也是理解"中国之治"的关键。它是在正式政策和制度出台之前，在小面积、小范围、小规模内检验政策方案的合理性、可行性和科学性而进行的政策活动。在国家治理体系和治理能力现代化进程中，政策试点将上承"顶层设计"、下启地方创新，发挥越来越重要的作用。①改革开放以来，在中国一系列关键性政策的施行过程中，几乎是"每改必试"。德国政治学家和汉学家韩博天（Sebastian Heilmann）将政策试验（试点）看作是推动中国经济转型和制度转型的关键，并认为这种"有远见的反复试验"，使得中国共产党执政的体系显示出了异乎寻常的适应能力。②政策试点制度也体现了中国共产党"从个别到一般"的马克思主义认识论，以及"从群众中来、到群众中去"的工作作风。

---

① 武俊伟．政策试点：理解当代国家治理结构约束的新视角［J］．求实，2019（6）：28-40.
② HEILMANN S．中国异乎常规的政策制定过程：不确定情况下反复试验［J］．开放时代，2009（7）：41-48.

一、作为实验的改革

实验被确认为探索事物的因果关系和内在规律的基本方法，始于 16 世纪的欧洲。实验是科学的基石，随着实验方法在自然科学各领域获得巨大成功，19 世纪西方国家又把它移入社会科学研究领域，由此形成了"社会试验"。[①]改革是要解决具体问题的，试点是改革方案的试错，也是试对。狭义的政策试点是指"政策测试"，是对既定方案的验证和补充完善。而广义的政策试点则包含"政策生成"和"政策测试"，即在明确目标的前提下对于方案的探索、测试与后续扩散。政策试点通常是技术不确定性和政治不确定性下的改革路径的尝试。改革试点制度与"作为实验的改革"（reforms as experiment）的理念紧密联系在一起，它强调改革能不能取得成功，并不能够事先确定，需要通过试点或实验来进行探索，只有成功之后才能够全面推广，所有的改革都是一种对社会干预的实验。[②]因此，改革试点制度体现了实验主义的理念和思路，它强调通过先行先试来探索经验，检验有关改革的"因果关系"。[③]

政策试点作为一种"试错法"，其最大的特点是解决信息和知识的不完全性、不对称性、不确定性，降低了获取信息的成本和风险，它的决策方式既是渐进的，也是稳步的，但又是连贯的、连续的，符合"干中学、学中干"（即从实践到认识再到实践）的过程，是实现战略目标的成功战术经验。[④]作为实验的改革，通常要坚持问题导向和激发改革主体的能动性、创造性。政策试点通常采用问题导向的"试点项目"，以及激发基层首创精

①　宁骚.政策试验的制度因素：中西比较的视角［J］.新视野，2014（2）：27–33.

②　CAMPBELL D T. Reforms as experiments［J］. Urban Affairs Review，1971，7（2）：133–171.

③　李文钊.中国改革的制度分析：以 2013—2017 年全面深化改革为例［J］.中国行政管理，2018（6）：18–25.

④　胡鞍钢.顶层设计与"摸着石头过河"［J］.人民论坛，2012（9）：28–29.

神的"试验区"两种形式来推动。试点项目侧重于时间维度，而试验区侧重于空间维度。从整体上讲，政策试点通过推动局部试点效果扩散，以及在焦点事件中推动政策窗口开启，从而在更大空间范围内推动政策出台，实现"时间换空间"（先进带后进）。另一方面，政策试点又通过推动局部空间范围内的政策制定，继而通过反馈机制加速整体范围内政策窗口的来临，从而实现"空间换时间"（积小胜为大胜）。[①]

二、政策扩散视角下的政策试点

虽然西方国家也采用类似的政策试验、政策试点、社会试验等方式来制定政策，但这些国家只是将其视为一种严密的方法论，注重控制以及实验设计，与中国的政策试点存在根本性区别。[②] 中国的政策试点异于西方国家的实验主义治理，其本质是"试验"与"实验"的不同。实验建立在理论和假设的基础之上，是演绎的逻辑；试验是通过尝试总结经验规律，是归纳的逻辑。试验与实验的差异反映了中西方文化探索世界时的方法论差异。中国试点的试验机制是用试点来纠偏，从试点到推行阶段，每一步都历经了试验与学习的过程，让政策适应于中国的不同地方与区域。[③]

从"点"到"面"是政策试验的完整过程。政策试点由此被划分为"试点"和"推广"两部分，小范围内的优先试验与由此产生经验而形成的政策及推广，既体现了政策试点的基础运行模式，也被称为政策试点的方法论。一个完整的"试点—推广"过程，包括中央政府、试点实施方、成

① 章高荣. 时空互置：政策试点推动制度创设的一种机制：以中国儿童福利与未成年人保护政策制定为例［J］. 探索，2024（2）：125-141.
② 武俊伟. 政策试点：理解当代国家治理结构约束的新视角［J］. 求实，2019（6）：28-40.
③ 陈靖，洪伟. 试验还是实验？试点与实验主义治理的比较［J］. 科学学研究，2020，38（9）：1537-1544.

果学习方这样一个三元参与结构。①非试验点的学习与适应对于政策扩散具有重要意义。

政策扩散指的是一个辖区/部门所实施的政策在空间上发生扩散，被另一个辖区/部门所采纳实施的过程，学者们提出了解释政策扩散动因的多种理论，例如政策学习论、政策跟风论、政策竞争论、道义型扩散论以及强权型扩散论等。"学习借鉴"的理论假设是理性主义，是对成本收益分析之后做出的理性决定；"跟风模仿"则是一种非理性的逻辑与投机预期。②我国政府公共政策扩散活动主要呈现四种基本模式：一是"自上而下"的层级扩散模式，它主要是由行政强制推动和社会建构等机制驱动实现；二是"自下而上"的政策采纳和推广模式，它主要是由前期采纳阶段的学习机制和后期推广阶段的行政指令推动机制驱动实现；三是区域间和部门间扩散模式，它主要是由学习机制、模仿机制、竞争机制驱动实现；四是政策领先地向政策跟进地扩散模式，它主要由学习机制和模仿机制驱动实现。③政策试点扩散可以分为前试点、试点和后试点三个阶段。在试点阶段，政策尚在制定中，试点的点之意义在于寻找最优方案，为政策试错，其本质是一种政策制定的过程，而在后试点阶段，由点到面的目的在于以渐进的方式推动政策的落实，其本质是政策的执行。④

三、教育改革试点的运行

为推动《国家中长期教育改革和发展规划纲要（2010—2020年）》的

---

① 周望.如何"由点到面"？："试点—推广"的发生机制与过程模式［J］.中国行政管理，2016（10）：111-115.

② 刘伟.学习借鉴与跟风模仿：基于政策扩散理论的地方政府行为辨析［J］.国家行政学院学报，2014（1）：34-38.

③ 王浦劬，赖先进.中国公共政策扩散的模式与机制分析［J］.北京大学学报（哲学社会科学版），2013，50（6）：14-23.

④ 刘伟.政策试点：发生机制与内在逻辑：基于我国公共部门绩效管理政策的案例研究［J］.中国行政管理，2015（5）：113-119.

落实，2010年国务院办公厅印发《关于开展国家教育体制改革试点的通知》，一举推出425项教育体制改革试点项目。改革试点的基本内容为三大类，即专项改革试点、重点领域综合改革试点和省级政府教育统筹综合改革试点，形成了"点—面—体"相结合的试点路径。其中，专项改革包括10大试点任务，涉及基础教育3项，高等教育3项，职业教育、民办教育、教师队伍和教育投入改革4项。重点领域综合改革试点涉及基础教育、职业教育、高等教育和民办教育四大领域。省级政府教育统筹综合改革试点主要涉及区域城乡协调发展和健全政府投入主体责任等。

21世纪以来的20年，职业教育政策试点总是与国家重大职业教育政策文件的出台密切相关。对5项国家重大职业教育政策文件的分析发现，国家共推行职业教育试点政策66项，试行政策21项，暂行政策8项。职业教育政策试点的基本特点表现为综合与专项交织、探索与示范互补，以及要素激励配套跟进。但也存在政策试点与政策推广间存在效果落差、少数试点与多数观望间存在行动落差、专项试点与综合试点间存在逻辑落差等问题。①

20世纪80年代以来，我国高等教育领域的改革试点出现了四种典型模式，即指令型试验（如高等教育评估改革）、探索型试验（如独立学院改革）、追认型试验（如高校自主招生改革）、授权型试验（如研究生培养机制改革）。②当前，我国高等教育试点改革潜存着碎片化问题，具体表现为试点主体碎片化、理念整合碎片化、运作样态碎片化、信息数据碎片化等，主要诱因在于"嵌入式"运作结构下价值理性的遮蔽、"半契约式"改革关系中机会主义的驱使以及"非对称式"信息条件下治理工具的掣肘。③

党的十八大以来，在全面深化综合改革的战略布局中，各级教育部门

---

① 崔志钰，陈鹏，倪娟.职业教育政策试点：逻辑特点、问题解析与改革建议［J］.西南大学学报（社会科学版），2021，47（5）：123-133.
② 韩双淼，谢静.多类型政策试验的运行机制研究：基于四项教育改革的案例比较［J］.浙江社会科学，2023（7）：88-96.
③ 蔡亮.高等教育试点改革的碎片化问题及其应对：基于整体性治理理论的分析［J］.高校教育管理，2023，17（1）：47-58.

将试点作为推进改革的有效路径。对于学校而言，试点有成功的机会，就有失败的可能。然而，现实中，常常看到成功的试点，鲜见失败的试点。常识告诉我们，这种只见成功不见失败的试点是不正常的。此外，在试点—推广中，参与者时常会忽视推广的循序渐进原则，试图一步到位，制造更大更好的发展成果。殊不知，忽略由点到面的渐进推广原则，会增大改革风险，丢掉试点方法的精髓，也忽视了学校发展的特点。[①]

四、教育试点改革与教育综合改革

在我国许多领域的改革中，经常会面临"一试点就成功，一推广就失败"的"试点综合征"。在政策执行和试点创新中，激励制度和能力建设极为重要。面对风险和不确定性，政策试点是要"摸着石头过河"，但在激励制度不健全和试点主体能力不足时，很有可能出现"总是摸着石头，但总也不过河"的观望和投机行为。

国外诸多研究表明，许多教育改革和行动计划在小规模的试点中卓有成效，但在推广这些成功案例时却面临艰巨的挑战。从技术主义视角来看，决策者和研究者在推广小规模的试点项目时，通常期望它们可以直接在多种场景中进行复制。这种想法低估了试点推广中的复杂性，忽视了实践者对试点经验的政策学习和推理。[②]在推广和复制"典型经验"中，不要期望教育观念和做法可以在教育系统中原封不动地流转，教育实践者也不可能完全遵循改革的"工具手册"。教育改革的执行过程实际上是一个相互适应的过程，改革者和实践者是改革方案的"共同建构者"。正如哈佛大学迪德（Chris Dede）教授所言，不管园丁多么精心呵护，也并不能保证每一颗种

---

① 郑玉飞.试点方法：学校发展的中国经验［J］.山西大学学报（哲学社会科学版），2019，42（6）：96-102.

② ELMORE R F. "Getting to scale..." it seemed like a good idea at the time［J］. Journal of Educational Change，2016（17）：529-537.

子在任何一种土壤中都能够生长。推广教育试点不是依据它们的初始条件原封不动地采用创新，而是要使它们适应具体的学生、教师和情境，同时要为它们在具体情景中的成功实施创造条件。

推广教育试点的成效可以从五个方面来判定：一是变革的深度，即改革能够超越表面的结构和程序，改变教师的信念、社会互动的模式以及课程中体现的教学原则；二是变革的可持续性；三是变革的广度或达成的共识；四是变革的自主性，即外部机构退出后学校和教师有能力自主地实施和管理改革；五是变革的"优化"，即实践者对创新的"再情境化"重塑了设计者的想法。①

从技术主义视角来看，"试点—推广"的教育改革创新路径总体上是一种研究—开发—扩散的线性逻辑。尽管在"试点—推广"的过程中也会有试点主体与政策环境的互动，但其问题焦点主要是局部问题的解决。从特殊到一般的认识跃升，需要超越经验主义思维，更多地站在全局和战略高度思考问题解决的普遍经验，这就需要在点的突破之上，强化系统性和综合性的改革，实现教育政策试点与教育综合改革的双向互动和交互生成。

---

① COBURN C E. Rethinking scale：moving beyond numbers to deep and lasting change ［J］. Educational researcher，2003，32（6）：3-12.

第五章
教育创新研究的政治视角

权力对应于人类不仅行动而且一致行动的能力。

——阿伦特

政治是一把磨钝了的锉刀；它锉着锉着，慢慢地达到它的目的。

——孟德斯鸠

20 世纪 70 年代的教育创新研究开始从狂热走向了反思。这一时期的世界经济危机迫使人们开始冷静考虑 20 世纪 60 年代的做法。面对教育变革和创新的无功而返甚至事与愿违，人力资本理论和理性选择框架受到了质疑。人们对教育变革和创新抱有的美好幻想开始破灭。这一切迫使学者不断地追问"教育创新为何越变越糟？"。[①]随着西方马克思主义等一批激进学者的著书立说，激进的批判理论成为教育领域中的主导话语。

第一节　政治视角转向的社会动因

一、社会变革：从理想回归现实

20 世纪 70 年代石油价格的上涨对欧洲的打击特别沉重，使人们消除了早期的乐观主义，惊恐四起。石油危机也使美国 20 世纪 70 年代通货膨胀，导致美元对西德马克和日元的疲软。因此，主要发达国家在 20 世纪 70 年代开始进入经济的滞胀期，而经济停滞和通货膨胀的直接影响就是政府公共财政支出的削减。对于教育领域来说，在经费缩减的情况下，人们开始要求评估 20 世纪 60 年代的教育变革，以确保经费使用能够适得其所和卓有成效。可以说，20 世纪 70 年代的经济危机对各国 20 世纪 60 年代雄心勃勃的社会改革议程无疑起到了冷却剂的作用。面对 20 世纪 60 年代教育扩张带来的消极结果，各国开始冷静地思考此前的做法。20 世纪 70 年代，在经济状况每况愈下的情况下，主要发达国家也相继步入了老龄化社会，经济状况和年龄结构的变化，使得教育扩张不再被看作经济发展的

---

① POGROW S. Reforming the wannabe reformers: why education reforms almost always end up making things worse? [J]. Phi Delta Kappan, 1996, 77（10）: 656-663.

先决条件。此外，保守派和激进派都对 20 世纪 60 年代通过学校教育开创新社会的做法进行了猛烈批评，而且 60 年代各项政治议程的学术基础也受到了社会科学家的质疑，这一切促使人们不得不重新评估教育在国家发展中的作用。

对于美国来说，从 20 世纪 60 年代到 70 年代，政府和民众对于社会变革的心态也从浪漫的理性主义转变为审慎的现实主义。20 世纪 60 年代，在美国致力于把人送上月球的同时，还有三分之一的美国人的生活水平处于贫困线之下，以致约翰逊不得不发起"向贫困宣战"的口号。此外，马丁·路德·金领导的黑人的民权运动，以反对越南战争为主题的校园反叛运动、女权运动、环境保护运动，以赫伯特·马尔库塞等人为代表的西方马克思主义思潮，以及代表反主流文化的嬉皮士运动等，都充分地显示了"美国强大"下的阴影。[1] 狂飙突进的 20 世纪 60 年代给西方国家的政治和社会生活带来了巨大震荡，在变动不居的社会环境中，人们对稳定的渴求日益强烈。面对 20 世纪 70 年代经济危机带来的巨大冲击，人们不再热衷于种种乌托邦的承诺，转而以冷峻的眼光开看待现实生活，渴求恢复传统的文化和价值观。因此，从政治思想上来说，崇尚政府干预以保障个人权利的新自由主义在 20 世纪 70 年代已经走向终结，取而代之是一股日益强盛的新保守主义思潮。此种思潮对 20 世纪 60 年代过分追求平等和个性自由的做法进行了猛烈批评。

20 世纪 60 年代教育大发展的成效在 20 世纪 70 年代逐步显露出来，各国对教育的满腔热忱和壮志雄心，在教育失败和知识失业的残酷现实面前已经化为沮丧失落和痛定思痛。曾任联合国教科文组织教育规划研究所首任所长的库姆斯（Philip Coombs）在 1968 年就提出"教育与就业之间日益严重的不协调和不平衡"问题，并根据所掌握的资料做出推断：社会最需要的人力类型与教育系统实际培养的人力类型及其质量和比例，存在着严重的不一致。[2] 换言之，20 世纪 60 年代的教育扩张并没有认真考虑本国

---

① 陆有铨.躁动的百年：20 世纪的教育历程［M］.济南：山东教育出版社，1997：423.

② 朱家存.教育与就业：从世界教育危机看我国高校扩招［J］.比较教育研究，2000 年增刊：279-282.

经济社会的实际需求，也没有质疑现存教育体制的合理性，只是武断地认为劳动者知识的增长必将带来经济的发展。此种脱离实际的教育超前发展观念使得许多国家出现了教育过度和人才浪费的现象。联合国教科文组织《学会生存——教育世界的今天和明天》也指出了二战之后许多国家由于教育扩张而带来高级人才失业现象。[①] 卡诺伊（Martin Carnoy）和莱文（Henry Levin）在《教育改革的限度》一书中批判性地检视了教育扩张与国家发展的关系，认为教育投资并不一定能够带来预期的社会和经济效益。[②] 美国学者维勒（Hans Weiler）也指出，20世纪60年代对教育与发展的关系的认识还处于单纯无知的阶段，二者之间极为复杂的关系通常被浓缩或削减为某些相当简单的假设或模式。进入20世纪70年代，人们逐渐对二者的关系持有一种怀疑的态度，认为教育扩张不一定会带来个人的成功或国家的繁荣，相反，它有可能造成个人的失业，或者极为庞大的国家公共开支。[③] 概言之，20世纪70年代的世界危机从根本上说也是教育与就业不相匹配的结果，这迫使各国教育决策者重新考虑教育与国家发展的之间的关系。

二、新保守主义的兴起

20世纪的美国"经过60年代政治冲突与文化骚动之后，原以罗斯福—肯尼迪改革哲学为轴心的新政联盟终于在70年代初宣告破裂，而学术思想领域的新自由主义体系也在内外夹攻下趋于瓦解。代之而起的是一股日益强盛的新保守主义思潮，它越来越有力地支配着尼克松与里根时代的美国

① 联合国教科文组织.学会生存：教育世界的今天和明天［M］.北京：教育科学出版社，1996：35-37.

② CARNOY M，LEVIN H M. The limits of educational reform［M］. New York：Longman, Inc.，1976.

③ WEILER H N.Education and development：from the age of innocence to the age of skepticism［J］. Comparative Education，1978，14（3）：179-198.

政治、经济与文化发展方向"①。在以凯恩斯主义（Keynesianism）为指导的经济政策下，主要发达国家将经济发展的重心放在调节国内的有效需求上，摒弃了自由资本主义只关注商品供给的生产方式。在此过程中，主要发达国家开始通过国家干预来维护市场的发展，并通过积极的行政手段确保个人的自由。此种自由便是英国著名政治学家柏林所说的"积极自由"②，20世纪60年代针对弱势群体的社会援助计划以及反贫困战争都是为了确保个人的积极自由。此种积极的自由在20世纪60年代演变为声势浩大的追求个人权利的运动，加之战后"婴儿潮"（baby boom）带来的青年学生的增加以及黑人经济社会地位的变化，使得20世纪60年代成为一个荡涤一切传统、崇尚标新立异的时代。

从文化形态上说，20世纪五六十年代是一个相对主义价值观盛行的时代。布鲁姆（Allan Bloom）通过追寻西方现代化思想的历史脉络，探讨了20世纪60年代新思潮兴起的社会背景。自启蒙运动以来，西方世界以理性和科学取代了上帝的位置，崇尚对自然和社会的理性改造。然而，科学技术的进步并没有给人们带来预期的繁荣和安宁，20世纪上半叶的两次世界大战之惨烈，使人们认识到科学技术既增强了人们行善的能力，也增强了人们作恶的能力。在战后痛定思痛的反思中，人们开始迫切要求找回在理性膨胀过程中失落的价值追求。因此，向传统理性主义发难的思想家，如尼采、韦伯、海德格尔、弗洛伊德的学说开始受到推崇。这些学说肯定了自我、潜意识、价值、存在和文化等在个人和社会生活中的重要作用，并向传统的真理观、伦理观和社会规范等一系列信条发起了冲击，形成了相对主义的价值取向。相对主义发展到极致便是对公共权益和道德规范的漠视，以及对个人利益的偏执。在对善恶的评价丧失客观的判断标准，以及共同理性和价值追求失落的情况下，社会中出现了多元化、开放、自我中心、性解放、离婚、爱欲等现象。在此种背景中进行的教育变革，必然

---

① 贝尔.资本主义文化矛盾［M］.赵一凡，蒲隆，任晓晋，译.北京：生活·读书·新知三联书店，1989：5.

② 柏林.自由论［M］.胡传胜，译.南京：译林出版社，2003：189.

带有漠视公共利益的色彩。

激进主义运动引起了社会的动荡和传统价值观的颠覆，这必然会遭到保守主义者的反对。20世纪70年代在世界经济危机的社会背景中，保守主义以新的面目粉墨登场，这既是针对自由派激进改革纲领和政策做出的批判纠正，也反映了西方社会公众向传统回归、寻求稳定的普遍心态。新保守主义者一反20世纪60年代的过激倾向，从不同的角度和立场提出了一系列偏向节制、冷峻和实际的观点，强调要控制国家干预，鼓励自由竞争，缩减福利开支，抵制过分的平等要求，恢复道德约束与文化秩序。在此种背景下，新保守主义者指出，20世纪60年代的教育变革脱离了本国的现实和传统，是一种不切实际的乌托邦构想，因而终将面临失败。此外，他们将20世纪70年代的某些社会问题和学生学习成绩的下降也归咎于20世纪60年代实施的教育改革和创新，并对之大加鞭笞。概言之，在经济危机的时代背景中，保守主义逐渐占据主导地位，并以极为务实的眼光打量20世纪60年代天真烂漫的教育构想。尽管20世纪60年代教育变革中具有突出的人文主义倾向，但是20世纪70年代的社会局势使得教育系统不得不考虑教育与就业的关系，注重培养学生的实用知识和谋生技能。从此种意义上说，保守主义的批判使人们意识到了教育创新的社会背景，不再将创新视为发生在真空之中的改造活动。

三、新马克思主义的文化批判

面对20世纪60年代教育创新的失败，新保守主义者和新马克思主义者做出了不同的解释，前者认为教育创新的失败在于它们背离了本国的传统和现实，而后者则认为原有的传统和体制导致了教育创新的失败。

新马克思主义是20世纪西方出现的新的激进思潮。作为一种西方激进的批判理论，新马克思主义以独特的理论视角，对资本主义发展及其文化进行了尖锐的批评，成为西方左翼的一支重要力量。新马克思主义由匈牙利哲学家卢卡奇和意大利共产党创始人葛兰西在 20 世纪 20 年代所开创，后经法兰克福学派的学术研究，在二战后与多种哲学流派汇合之后衍生出了形形色色的新马克思主义思潮。[①] 20 世纪 60 年代，新马克思主义与当时盛行的存在主义和结构主义合流，发展出了人本主义和科学主义的马克思主义。在西方资本主义文化展开的批判中，激进的学者推动了当时的意识形态革命。1968 年的"五月风暴"便受到了新马克思主义批判思想的深刻影响。在狂飙突进的学生反叛运动中，新马克思主义者深刻揭示了资本主义教育体制的再生产功能和意识形态霸权。

20 世纪 60 年代末，随着新马克思主义的深入发展，激进的文化批判者将重心放到了维护资本主义制度的文化机制和教育机制上，从而使学校教育成为众矢之的。20 世纪 60 年代，在百废待兴的社会重建中，发达资本主义国家曾为照顾弱势群体的利益而进行了教育改革和创新。然而，轰轰烈烈的教育变革在 20 世纪 70 年代并没有显现出预期的效果，加之当时经济危机带来的失业等社会问题，新马克思主义的批判力量进一步加强。在对教育创新动因的考察中，新马克思主义者将其视为资产阶级的自我调整，从根本上并没有改变下层阶级的受教育状况和社会地位。

在新马克思主义的文化批判视野中，20 世纪六七十年代的教育创新万变不离其宗，所有一切变革只不过是为了更好地赢得资产阶级的利益和对工人阶级的更大控制。此种视角驳斥了将教育创新"去政治化"的倾向，而是对每一项变革背后的决定因素保持足够的警觉和质疑。批判者并不关心创新如何有效实施，而是将重心放在"为谁而创新"以及"什么力量决定了创新"上。因此，上至宏观的教育变革决策，下至微观的课堂教学实践，都被置于权力斗争的视野中加以考量。借用福柯的话语，便是"权力无处不在，无时不在"。此种对教育创新背后因素的考察直接成为 20 世纪 70 年代政治视角的理论来源。由此，不难看出，20 世纪 60 年代教育创新背后的理论基础显然是经济学，而 70 年代教育创新的理论基础则是政治学和

① 周穗明. 马克思主义：西方与东方：20 世纪马克思主义的演变及其 21 世纪的前景 [J]. 当代世界与社会主义，2003（1）：14-19.

社会学，前者将创新主体视为脱离具体情景的抽象的"理性人"，将创新过程视为客观的线性过程；而后者则将创新主体视为在微观权力场域中斗争的"政治人"，将创新过程视为满足特定阶级利益的价值实现过程。

概言之，进入 20 世纪 70 年代，由于社会状况的变化，新保守主义和新马克思主义都将批判的矛头直指失败的教育创新。尽管二者批判的立场不同，但是它们都指出 20 世纪 60 年代的教育创新脱离了具体社会情景。20 世纪 60 年代的教育创新研究虽然认识到了创新的阻力和创新实施的问题，但将创新失败归咎于个人的惰性与偏执或者社会结构的缺憾。对于创新失败的此种看法，仍然没有脱离抽象的教育创新的窠臼。批判理论者正是从创新存在的社会背景和制度中来看待创新的。可以说，批判是 20 世纪70 年代的时代主题。

第二节　政治视角的理论表征

一、对"亲创新"[①] 和"伪创新"现象的批判

（一）教育与发展的美好承诺的破灭

在对教育变革的看法上，20 世纪 60 年代和 70 年代形成了鲜明的对比。20 世纪 60 年代，乐观主义高歌猛进，人们崇尚率性而为、无拘无束的田园牧歌生活；而在 20 世纪 70 年代，现实主义再度登台，人们又开始强调

---

① "亲创新"（pro-innovation），即将创新视为一种不言而喻的积极行为，不考虑甚至拒绝承认创新有任何消极影响。

遗传等因素在教育成就中的作用。20世纪70年代，研究者对于教育与发展的关系的认识发生了重大转变：从认为教育扩张必将带来更大的发展和平等，转变为教育变革必须考虑效益和针对处境最为不利的群体；从认为富国到向穷国的技术转让必将带来繁荣，转变为技术设计必须考虑当地现状；从认为创新的实施需要个人的"现代化"，转变为创新最大的障碍来自制度层面。此种转变缘于20世纪60年代对教育与发展所做的美好承诺在20世纪70年代相继破灭。

20世纪60年代，在人力资本理论的影响下，社会科学家着手研究教育投资和经济生产效率之间的关系，但是他们在研究时很难确定二者之间的直接关系，特别是很难将教育的投资与消费效果区分开来。20世纪70年代，一些经济学家开始从根本上挑战当时盛行的观点，社会学教授伯格（Ivar Berg）从众多研究中发现，对于大部分工作来说，几乎没有证据表明工人的受教育水平与其生产能力成正比。他认为，与没有接受高等教育的工人相比，在低技术工作中，大学毕业生更加不能令人满意，也更加难以控制，并且生产能力较低。实际上，教育文凭常常被作为一种筛选机制，用以将大部分人们限制到低技术、无前途的工作中。[①]因此，他对发达工业化国家扩张中等教育和高等教育的理论依据深表怀疑。

美国著名社会学家柯林斯（Randall Collins）也认为，学历实际上只是发挥了技术上的功能。他宣称教育并没有提供就业所需的专门技能或一般能力，技术变革也没有对劳动者的技术水平提出更高的要求，因而各种工作的学历要求也不会随之提高。他提出了地位冲突理论（status conflict theory），将正规教育视为实现个体社会化和赋予精英以地位和尊重的机制。按照此种理论，学历要求的提高实际上是不同地位群体之间竞争的结果，这些群体试图通过教育，将自己的文化价值观强加到职业选择的过程中，从而主宰就业市场。此种理论显示，教育文凭更多是特定地位集团成员的标示，而非技术能力和成就的证明。个人在学校所学的知识从根本上

---

① BERG I. Education and jobs: the great training robbery［M］. Harmondsworth: Penguin Books, 1973: 22−23.

说只是为了彰显自己与他人的区别。①

1966 年，科尔曼（James Coleman）等人发布的教育机会均等调查报告显示，现有学校中投入的变化几乎不会带来产出的变化。1972 年，詹克斯（Christopher Jencks）等人指出，家庭背景、职业地位、认知能力和教育成就都不能很好地解释个人收入的差异，他们认为经济上的成功在很大程度上是由于幸运或某些特长，对此政府无法控制。因此，他们对于通过教育机会均等实现个人收入平等的观点也深表怀疑。②

英国学者利特尔（Allan Little）和韦斯特加德（John Westergaard）早在 1964 年就指出，教育扩张并没有减少教育机会的不平等。他们的研究显示，英国的教育仍然是维持代际地位传承的主要渠道。③1975 年，韦斯特加德和莱斯勒（Henrietta Resler）又指出，20 世纪 60 年代的教育扩张并没有实现不同阶级子女受教育机会的重新分配，在 20 世纪 70 年代早期，手工工人的子女上大学的机会几乎是"专业和技术"人员子女的 1/9。实际上，原本旨在消除教育机会均等差异的综合中学，最后反倒成了一种障碍。④

综上所述，20 世纪 70 年代众多学者对于教育与发展的关系的研究，揭示了二者关系的复杂性，指出了教育扩张并不一定能够带来预期的社会和个人收益。此种研究使人们逐渐认识到 20 世纪 60 年代教育投入的乐观性和盲目性，并开始批判性地检视当时的教育变革。随着研究视角的转向，人们摒弃了对教育创新抱有的"积极偏向"，开始冷静地分析教育创新的适当性和合法性。

---

① COLLINS R. Functional and conflict theories of educational stratification ［J］. American Sociological Review, 1971, 36（6）: 1002–1019.

② JENCKS C, et al. Inequality: a reassessment of the effect of family and schooling in America［M］. London: Allen Lane, 1972: 23.

③ LITTLE A, WESTERGAARD J. The trend of class differentials in educational opportunity in England and Wales ［J］. British Journal of Sociology, 1964, 15（4）: 301–316.

④ WESTERGAARD J, RESLER H. Class in a capitalist society: a study of contemporary Britain ［M］. London: Heinemann, 1975: 24.

（二）对亲创新和伪创新的批判

在理性选择和功能主义的理论框架下，研究者认为创新具有客观性。正如英国学者埃斯兰（Geoffrey Esland）所言，许多研究者将创新视为一个客观实体，而不考虑创新对于接受者的不同意义。因而创新常常被作为某种独立于人类互动的客观存在。然而，教育创新并不是一成不变的，而是由于个体经验的不同而不断地被再界定和再创造。^①此种观点摒弃了理性主义对创新的解释，并坦言对某人有利的创新对他人未必有利。

"亲创新"限定了研究者的视域，屏蔽了某些极为重要的问题。不难发现，某些有效的创新（如环保技术）频频遭到拒绝，而某些有害的创新（如香烟、毒品制造技术）反倒大行其道。然而，对于此方面的创新却鲜有研究。正如伦敦大学麦克洛奇（Gary McCulloch）所言，许多政治推动的变革和创新常常一味地贬低旧事物、推崇新事物，从而使人们陷入了无休止地求新的牢笼之中。^②哈维洛克也指出："我们倾向于认为一项事物只要能够标新立异，与众不同，就必然是好的。许多评论者也指出美国教育已经成为此种偏见的牺牲品，人们前赴后继地采纳一项又一项创新，却从不关心它们是否具有成效或者结果如何。"^③此种状况正如资本主义经济中的消费主义逻辑。英国学者费瑟斯通（Mike Featherstone）明确指出："受到经常性地追求新时尚、新风格、新感觉、新体验的现代市场动力的鼓舞，将现实以审美的形式呈现出来，是人们重视风尚重要性的前提基础。"^④由于广告图腾的唆使，人们对商品的符号性追求已经远远超过对其功能性的需求，花样翻新和层出不穷的商品使人们产生了永不满足的虚假需求。

---

① ESLAND G M. Innovation in the school［M］//PETER SEAMAN，GEOFF ESLAND，BEN COSIN. Innovation and Ideology. Milton Keynes，UK：Open University Press，1972：34.

② MCCULLOCH G. Marketing the millennium：education for the twenty-first century［M］// HARGREAVES A，EVANS. Beyond educational reform：bringing teachers back in. Buckingham. UK：Open University Press，1997：19-28.

③ FITOURI C. Cultural models and educational innovations［J］. Oxford Review of Education，1986，12（2）：125-133.

④ 费瑟斯通. 消费文化与后现代主义［M］. 刘精明，译. 南京：译林出版社，2000：125.

　　面对琳琅满目的教育创新，能有几个在大浪淘沙之后依然熠熠生辉？实际上，许多撑起教育创新大旗的人士，实则从事"新瓶装旧酒"的活动。研究者纷纷对创新活动发出警示，英国阿伯丁大学奈斯比（John Nisbet）指出，人们对待创新具有两种倾向，一种注重"新"，使创新成为人人趋之若鹜的花车（bandwagon）；另一种注重"创"，使创新成为破除旧物、收殓传统的灵车（hearse）。一方面，教育管理者和教师都希望博得创新者的头衔，成为"创新者"就意味着自己与时俱进、能力卓著、适应社会、高人一筹。然而事实上，他们并不关心现实情况，忽视既定框架对于创新的制约，崇尚主观主义的创新，使创新成为一种没有变革的创新（innovation without change）。另一方面，在此种主观主义的创新遇到阻力时，创新者又将重心放在破除长期居于主导地位的教育思想上，推崇"野性创新"（wild innovation），全力摧毁反动阵营，为建设"新"的教育体制扫清道路。然而此时，他们未能为建设永久性的体制做好准备，使得创新处处碰壁，最初的热情因而逐渐消退，最初的成就也化为泡影。因此，奈斯比指出，试图跳上创新"花车"的人们，应该认识到它也有可能成为一辆"灵车"，学校不仅要学会采纳创新，而且必须学会拒绝创新。①

　　美国学者霍利也指出，创新是一种"符号政治"（symbolic politics）。新项目的采纳和实施通常旨在向人们展示，学校确实回应了改进绩效的要求。不管创新者的意图如何，新项目和重组活动说明学校认识到了变革的需要，并在采取行动。因此，对于变革的激励和压力就可能会消失。可以说，学校创新的速度越快，它们面对的外部变革压力就越小，进行根本变革的要求也就越低。②实际上，吴康宁教授在评述中国教育改革时也指出："在关系网络的作用下，一些教育改革便丧失了原本所应具有的'真诚'与'情感'，省却了原本所应付出的诸多脚踏实地的艰辛努力，

①　NISBET J. Innovation：bandwagon or hearse？［M］//ALAN HARRIS，MARTIN LAWN，WILLIAM PRESCOTT. Curriculum innovation. New York：John Wiley & Sons Inc.（Halsted Press Book），1975：1–14.

②　HAWLEY W D. Horses before carts：developing adoptive schools and the limits of organization［J］. Policy Studies Journal，1976，4（4）：335–347.

最终异化成了一场游戏，……在这些学校和地区，'改革'的场面或许轰轰烈烈，借'改革'之名、用关系网络得到的各种资源也是实实在在，但'改革'的真实效果却让人疑疑惑惑。"①对"伪创新"现象的批判，使研究者能够从纷纭复杂的教育创新中洞悉创新者的初衷，在拓宽研究者视域的同时加深对背景因素的认识。

英国的希普曼（Marten Shipman）等人对英格兰基尔地区实施的"基尔综合学科计划"（Keele Integrated Studies Project）进行了研究。②他们发现，尽管学校的正式文件对参与此项创新的教师明确提出了三个方面的要求，即学科整合、使用探究法和合作教学，但是参与各方并未就创新的根本目标达成一致意见。创新项目的构思者、学校和地方教育当局对于创新持有不同的观点，因而不管三方的联系如何密切，各方基本上只关注特定的问题，并将创新视为实现自己特定目标的手段。对于创新项目的研制者来说，他们主要关注通过合作来验证新的学科内容和教学方法的正当性；对于地方教育当局官员来说，他们主要关心创新项目能否解决人文学科教师面临的问题，能否维持和提高学校的成绩标准；对于学校教师来说，他们则主要关注直接的课堂问题，将新课程的引入作为增强学习动机和维持课堂纪律的手段，而不关心创新制定者所倡导的课程整合理念，也不愿采用合作教学的新形式。因此，不管表面如何，各方实际上都有自己的解释，在具体的实施过程中，他们很难形成一致的客观的认识。此外，在创新的推进过程中，各方的立场也会逐渐发生变化。可见，创新并不是一个具有普适性的客观存在。

亲创新和伪创新现象的出现源于研究者和实践者将创新视为一成不变的事物，认定创新的积极作用和价值，否定采纳者和实施者对其进行必要的调整和改动。在此种视野中，人们看重的是采纳和实施对于最初方案的忠实性，这实际上是将创新进行具体化和物化，认为只有既定形式的做法

---

① 吴康宁. 制约中国教育改革的特殊场域［J］. 教育研究，2008（12）：16-20.

② SHIPMAN M D, BOLAM D, JENKINS D. Inside a curriculum project［M］. London：Methuen，1974：35-36.

才是创新，否则将会背离创新的初衷。对于创新的具体形式的强调，必将
导致创新的表面化和形式化。单纯从既定的客观标准来衡量创新的实施，
实践者就无法从自己的特定需要和具体情况出发，对创新项目进行必要的
修正，久而久之便形成了某种惰性和赶时髦的心态。对于创新的"情境性"
的漠视，必将导致亲创新和伪创新现象。

二、对教育创新背后权力运作的分析

20 世纪 60 年代以后，大大小小的学校教育变革和创新此起彼伏，踌
躇满志的教育改革者和创新者向传统的学校教育体制发起了一轮又一轮的
攻击，然而风浪过后，传统的学校教育体制依旧岿然不动，曾经备受瞩目
的教育创新最终不得不面对失败的命运。

美国教育改革专家泰亚克曾探讨了分年级学校（graded school）和卡内
基学分（Carnegie unit）两种学校制度形式经久不衰的原因，并分析了二者
遭受的三次短暂性冲击，即道尔顿计划、八年研究和 20 世纪 60 年代的灵
活学制。泰亚克指出，学校教育的法则如同语法对语言意义的组织一样，
规定着学校教育的组织形式和意义。学校教育的组织形式是具有特定利益
的特殊群体在特定时期塑造的，从本质上说具有政治性。通常，参与建
构学校教育法则的行动者是学区督学、政府官员、大学教授和其他政策精
英。[①] 学校教育创新的运作通常受制于这些人员。

激进的批判者认为，创新的产生源自个人与社会结构的互动。个人的
意识是在特定的历史情景中通过社会过程形成的，而个人的创造性和才华
是在特定的社会结构和背景中出现的。因此，他们认为大部分创新都受制
于垄断资本主义的整体结构。由于企业和政府都不需要或不存在真正的竞
争，也不关心竞争性体制能否促进创新。更为重要的是，在一个旨在为精

---

①   TYACK D, TOBIN W. The "grammar" of schooling: why has it been so hard to change [J].
    American Educational Research Journal, 1994, 31（3）：453–479.

英阶层积累财富的结构体制中，创新与社会效益或发展毫无关系。许多创新者常常通过"破坏性创新"促进发展，但他们并不关心产品的质量，而是将精力放在激发人们对新产品的激情，或者推动一种"猎奇"的文化上。

降低成本的创新常常受到推崇，特别是当创新能够以资本取代劳动力时。此种资本密集的观点颇受个别公司的青睐，因为劳动力通常是组织生产的难点，更少的工人意味着更好控制。然而，此种降低经济成本的创新有时会完全忽视它们给社会带来的危害，因而削弱了创新的整体效益。公共部门发起的创新通常是为了展示某种形象，而它们降低成本的创新在某种程度源自与私立部门的互动，从而也具有资本密集的倾向。美国著名经济学家加尔布雷思（John Galbraith）也指出，公共部门和私立部门的互动催生出政府资助的创新项目，其中某些项目不断地使此前的产品显得过时，继而推出更新的产品。此种模式在武器系统的开发中得到了完美体现。①

美国著名学者阿普尔（Michael Apple）指出，当企业进军教育领域时，其创新模式也将随之而来。私立部门开发套装课程（packaged curricula）通常是因为认识到学校是一个可以获得丰厚利润的市场。它们如同相机和剃须刀制造商一样迫不及待地占领市场，因为一旦向顾客出售相机或剃须刀，他就要不断购买胶卷或刀片。正如阿普尔所说，在课程系统中，购买附带标准化配套材料的课程模块也是如此。一旦购买此种模块，他们就需要继续购买练习册、考试卷、化学试验药品以及新的学习材料。②从激进的观点来看，许多教育创新的形成都直接源于企业的利益，这在新的教育技术（如卫星、通信、电脑、电视和广播）的开发上体现得最为鲜明。在企业生产过程中，由于分工的专门化而出现了研发和实施的分离，由此带来的知识控制模式也日益显现于学校中。在学校教育中，事先打包好的课程防止了教师的参与（teacher-proof），几乎完全规定了教师课堂教

---

① GALBRAITH J K. Economics and the public purpose［M］. Boston：Houghton Mifflin，1973：152.

② APPLE M W. Curricular form and the logic of technical control［J］. Economic and Industrial Democracy，1981，2（3）：293-319.

学的每个步骤，造成了教师的"去技术化"（deskilling）。

公共部门发起的创新通常是为了迎合主流意识形态和工业需求。实际上，扩大正规教育和非正规教育，以及综合中学和"自由学校"（free school）运动①尽管反映了贫困阶层政治权力的增加，在表面上体现了某种进步性，但是创新过程仍然受到了或明或暗的控制，仍然主要是为了特权阶层的利益。此类轰轰烈烈的创新活动，从其背后的决定因素来说，始终逃离不掉资产阶级的控制。可以说，政治视角是20世纪70年代看待教育创新的主要视角。在此种视角的观照下，教育创新是一个不同利益集团之间相互冲突与妥协的过程。随着研究的深化，人们逐渐认识到，传统的学校教育变革的出发点和归宿都是为了满足特定阶层的利益，所谓的教育创新从根本上说是一种"伪创新"。

1965年美国颁布《中小学教育法》（ESEA）之后，联邦政府开始干预地方教育事务，并依法为四个方面的学校变革项目提供资金支持，即改进地方学校成绩的创新项目、照顾特殊群体的双语教育项目、关注学生就业的职业教育项目以及提高学生阅读成绩的项目。在联邦政府的财政支持下，地方学校开始实施法案所要求的教育创新。20世纪70年代，为考察地方学校变革项目的实效，受联邦教育办公室（即后来的教育部）的委托，美国著名智库兰德公司开始对全国的教育创新项目进行调查研究，并相继提交了8份研究报告。兰德公司广泛研究了293个地方发起的变革项目，从中总结出教育变革的模式和影响教育变革的因素。他们指出，技术、资源和不同的联邦管理策略都不会对学校变革的结果产生重大影响，学校变革的结果从根本上说并不取决于来自外部的"输入"，而是在于内

---

① "自由学校"是一种草根运动的结果，它在脱离等级制度和正规学校教育制度的环境下，通过分权化网络实现技能、信息和知识的共享。它通过开放的结构，激发学生的自信和批判意识，促进个人的发展。其历史可以追溯至19世纪末20世纪初西班牙无政府主义的现代学校，在近代的兴起则源于民主学校运动（如英国的夏山学校），其核心是非制度化和非权威性。"自由"不仅意味着无学费之忧，还意味着自由言论和学生中心的教育。

部的因素和地方自主性。^① 这些研究显示，联邦支持的教育创新项目在更多的时候只是纸上谈兵，未能改变课堂内部的教学活动。作为兰德公司评价研究的主要负责人之一，麦克劳林（Milbrey McLaughlin）在评述这些项目时指出，创新的实施过程呈现出三种不同的模式：（1）相互适应，地方学校和创新技术彼此影响；（2）纳入麾下，地方学校接受创新项目，但却不为所动；（3）不予实施，地方学校破除或忽视创新项目。^② 因此，最初精心设计的创新项目在实施过程中要么发生变形，要么烟消云散，未能对学校教育实践产生预期的影响。

艾弗奇（Harvey Averch）等人对 20 世纪六七十年代美国针对弱势群体学生的补偿教育进行了大规模的研究，他们发现这些创新项目总体上并没有带来积极的结果。虽然少数创新项目在短期内初见成效，但如果不在随后的两三年中加以巩固，必将昙花一现。此外，联邦政府的资金支持也不足以确保这些项目的成功。^③ 贾米森（Dean Jamison）等人对教学媒介创新进行了实证研究，具体分析了传统教学（如缩小师生比和小班化教学）、教学广播、教学电视、程序教学和计算机辅助教学等创新手段对于学生成绩的影响，结果发现这些创新措施的成效并不显著。^④1969 年，英国学者福特（Julienne Ford）对综合中学的研究也表明，它们未能有效地实现倡导者预期的"提高成绩"的目标。^⑤1970 年，英国国家教育基金会的巴克－卢恩（Joan Barker-Lunn）的研究表明，小学的学校结构从分轨制转变回

---

① BERMAN P，MCLAUGHLIN M W. Federal programs supporting educational change，Vol. Ⅳ：the findings in review ［M］. Santa Monica，CA：Rand，1978：X.

② MCLAUGHLIN M W. Implementation as mutual adaption：change in classroom organization［J］. Teachers College Record，1976，77（3）：339-351.

③ AVERCH H，CARROLL S，DONALDSON T，et al. How effective is schooling? A critical review and synthesis of research findings ［M］. Santa Monica，CA：Rand Corporation，1972：125.

④ JAMISON D，SUPPES P，WELLS S. The effectiveness of alternative instructional media：a survey ［J］. Review of Educational Research，1974，44（1）：1-67.

⑤ FORD J. Social class and the comprehensive school ［M］. London：Routledge & Kegan Paul，1969：25.

归主流（streaming），也未能改变工人阶级子女的教育成绩。^①

面对众多的研究结果，人们不禁要迫切地追问："为何教育变革无果而终？"一些激进的学者开始将批判的矛头指向了传统的学校组织。西尔伯曼（Charles Silberman）指出，学校组织是官僚化、非人化、无生气的机构，课堂教学是对自然性、创造性、学习乐趣和自我意识的毁伤。^②伯曼（Paul Berman）也指出，学校管理者也许会将变革方案作为一种得来全不费工夫的方法，用以对抗科层或政治的压力。为创新而创新的活动通常完全是为了科层的目标，使学校在社区的眼中显得紧跟潮流，与时俱进。变革方案也可能是为了缓解社区的政治压力，显示学校确实为了他们的特殊利益"有所作为"。不管此种投机主义行为背后的动机是什么，它们都有可能缺乏对教育问题的严肃关切。^③

概言之，20世纪70年代初，教育创新，特别是声称取得重大变革的项目，日益遭受激烈的批评。政治右派乘势而起，将学校教育的低效和无效归咎于此前的教育创新。激进的批判者认为，各种教育创新方案实际上源于自由主义的政治背景。20世纪60年代，主要资本主义国家借助宏大的社会政策，取得了自由主义改革的成功。进入70年代，自由主义者同样认为自己可以包治百病。他们将源于经济领域的棘手的社会问题视为一种"失范"，认为可以通过社会项目得以缓解。对于他们来说，自由主义策略可以通过教育和政府对经济生活的干预得以实现。教育改革被视为一种挡箭牌，从而使原有的经济和政治体制免于改革。因此，教育成为处理社会问题的"废纸篓"（waste-paper basket），詹克斯在评述美国20世纪60年

---

① Barker-Lunn J C. Streaming in the primary school：a longitudinal study of children in streamed and non-streamed junior schools ［M］. Slough，Bucks：National Foundation for Educational Research，1970：25.

② SILBERMAN C. Crisis in the classroom：the remaking of American education ［M］. New York：Randon House，1970：10.

③ BERMAN P，MCLAUGHLIN M W. Federal programs supporting educational change，Vol. VIII：implementing and sustaining innovations ［M］. Santa Monica，CA：Rand，1978：14.

代的反贫计划时便指出了此种危险。^① 美国著名批判学家鲍尔斯（Samuel Bowles）和金蒂斯（Herbert Gintis）声称，自由主义的教育改革建立在对经济体制的片面认识之上，因而"除非消除教育体制的压制性，改变工作的性质和对生产的控制，否则只会造就更多的'失业者'（job blues）"。^② 许多新马克思主义者对此进行了系统总结，并批判了学校的再生产功能，指出学校教育使资本主义社会的阶级结构和职业地位得以永恒化，所谓的教育变革常常功败垂成。因此，以此种观点来看，任何试图通过学校教育实现变革的努力都值得怀疑。鲍尔斯和金蒂斯指出，学校教育尽管在经济秩序再生产中发挥了关键作用，但是它们既可以创造新的秩序，也可能成为维护现有社会秩序的工具。就开放课堂和自由学校的创新案例来说，它们可以极大地促进学生个性的发展，但如果创新者未能认识到学校在经济和社会秩序中的作用，就很有可能偏离自己的主旨。二人对于开放课堂和自由学校的最终效果表示担忧，"如果剔除激进的言辞，此类教育创新可能为雇主培养出更加驯服的工人"^③。

20 世纪六七十年代的教育创新背后的根本动力是资本主义经济发展的需要。20 世纪 60 年代进步主义的发展与生产关系的变化有关，面对白领工人需求的增长，社会需要具有适应性和合作能力的新型"经济人"，因而注重培养学生个性的进步主义教育颇为盛行。在 20 世纪 70 年代的经济衰退期，资本主义国家将重点又转移到发展生产力上，为此目的，社会又日益强调学校要培养具有基本技能的工人，20 世纪 70 年代美国的生计教育（career education）便是鲜明的体现。总体而言，20 世纪 70 年代的批判主义者通过研究，明确地指出了教育创新的发起和实施受到资本主义经济和政治利益的驱使。

---

① WHITESIDE T. The sociology of educational innovation ［M］. London：Methuen，1978：26.

② BOWLES S，GINTIS H. Schooling in capitalist America：educational reform and the contradictions of economic life ［M］. New York：Basic Books，1976：49.

③ 同②：13.

三、对教育创新微观政治的研究

在批判主义的影响下，教育创新研究也融入了政治学的视角，这不仅体现在对宏观政策的考察中，也体现在学校教育创新的微观政治过程中。对教育现象的微观考察始于 20 世纪 70 年代中期，依据佐治亚大学布拉兹（Joseph Blasé）的界定，微观政治学阐释了组织中的个人或群体使用正式和非正式权力实现其目标的过程。在很大程度上，当个人和群体意识到它们之间的差异，并使用权力去影响或维护这种差异时，就产生了政治行动。实际上，任何有意识和无意识的行动，在既定的情景中都具有政治"意义"。合作和冲突的行动和过程都属于微观政治学的领域。[①]

（一）教育创新中的权力关系

加拿大学者考门（Dianne Common）指出，20 世纪 60 年代的学校教育变革主要由政府官员和改革专家主导，此种范式忽视了"权力"这一概念。实际上，20 世纪 70 年代，哈维洛克的研究就表明，60 年代学校变革的主导范式是依靠变革专家来改变地方学校和教师的行为，此种范式相信学校变革遵循如下过程，即细心诊断各种需要—提出变革规划—提供充足资源—合作解决问题—系统进行评价。此种信念的根本假设是将学校系统视为一个科层体制，认为学校变革可以通过集权化的决策过程，以自上而下的方式来实施。对于学校系统何以在 20 世纪 60 年代以后变得日益科层化，怀兹（Arthur Wise）曾做过系统的解释。他认为 20 世纪五六十年代由于美国联邦政府的一些立法和法院判决，地方学校被迫执行某些保护平等的创新措施，20 世纪 70 年代以后由于对效率的强调，联邦政府又通过一些评价措施促使地方学校达到某些标准，因此，随着美国联邦政府开始干

---

① BLASE J. The politics of life in schools: power, conflict, and cooperation ［M］. Newbury Park, CA: Sage, 1991: 11.

预地方教育事务，学校系统便走上了日益科层化的不归路。① 由于许多创新都伴随着宣传、在职培训、项目评价和其他公开活动，教师似乎受到了极大的控制，因而被认为是科层体制的职员，他们只不过是完成规定的任务。在此种科层化的假设下，地方学校的一举一动都被认为由联邦政府所预先设定，学校的教学实践也不过是忠实的执行过程，学校自身成了联邦政府和变革专家随意操纵的木偶。然而，此种由联邦政府和课程专家主导的学校变革并未能取得预期的结果，创新的失败使得人们不得不关注地方学校和教师的作用。

在认识复杂的社会现象时，人们倾向于使用某种隐喻。借助隐喻，可以使认识对象某个方面的特征彰显出来，从而更易于为人们所把握。同时，日常的、普遍的、世俗的事物借助隐喻可以被抬高到"神性"层面，神话和宗教的起源便是如此。在对于教育问题的认识上，人们也更多地借助于隐喻，如柏拉图的"洞穴中的囚徒"、夸美纽斯的"种子"，以及杜威的"生长"等。② 隐喻意味着在两种事物之间进行类比，但又不明确指出类比的所在。澳大利亚著名哲学家特贝恩（Colin Turbayne）也指出，隐喻是以 B 的视角来看待 A，并以 B 作为显微镜来更加细致地观察 A 的不同之处，因而 B 实际上成了我们看待 A 的过滤器，它过滤掉了 A 的某些部分而使我们感知其他部分。因此，我们必须认识到隐喻的局限性，它只是提供了认识事物的某种观点。20 世纪 60 年代，学校教育变革中通行的模式就是采用"扩散"和"推广"的隐喻，对于前者来说，创新观念就如同分子一样，在气体和液体之中扩散开来；对于后者来说，创新则不是一个自然的过程，而是需要精心筹划和逐步推行。此种隐喻认为，教育创新通常是研发者和变革推动者向地方学校散播创新观念种子的过程，并没有考虑地方这一土壤对"新种子"的接受程度。另一方面，对于地方学校的教师来说，他们

---

① HANSOT E. Book Review：Legislated learning：the bureaucratization of the American classroom by arthur wise ［J］. Educational Evaluation and Policy Analysis，1980，2（4）：93-95.

② 石中英 . 教育学的文化性格［M］. 太原：山西教育出版社，2005：172-181.

基于自己的日常教学实践形成了不同于改革专家的隐喻，将自己视为具有主动性和捍卫自己利益的行动者。学校教育创新的最终结果，是源自改革专家和学校教师在改革领域和课堂领域中的角力。在此过程中，权力关系是一个核心问题。

英国著名哲学家罗素（Bertrand Russell）在《权力论：新社会分析》中指出，"社会学科中的'权力'概念就如同物理学中的'能量'概念一样重要"①，并将权力界定为能够产生预期效果的能力。美国学者尼伯格（David Nyberg）则认为，在至少存在两个人的情况下，只要他们由于某种有目的的行动而发生关联，他们之间就存在权力关系。可见，权力至少必须满足两个条件：两个人和一个行动计划，而权力的三个基本要素具有社会、心理和工具的特征。②依照此种对于权力的界定，在学校变革领域，改革专家与学校教师便形成了某种权力关系。自上而下的教育变革之所以能够得以实现，不仅在于政府官员和改革专家对地方学校和教师施加了强大的力量，而且关键在于教师的同意（consent）。此种同意具有多种表现形式：由于面临制裁而保持默许，由于信息不全而表示遵从，由于随波逐流而盲目采纳，由于受到奖励而欣然接受，由于理性决策而全心投入。因此，教育创新成为一个"改革的竞技场"或"课堂的竞技场"，在这些领域，改革专家和学校教师凭借自己对创新的"隐喻"相互争夺对方的"同意"，双方角力的结果决定了教育创新的最终形态。

（二）教育创新的决策过程

人们普遍认为英美等西方国家的教育实行分权化管理，因而地方学校具有更大的自主权。在教科书的选择和学校日常事务的管理上，每个学校似乎都与众不同，自成一体。在此种地方学校自治的假设下，变革者进行

---

① RUSSELL B. Power：A New Social Analysis ［M］. London and New York：Routledge，2004：XXIV.

② NYBERG D. A Concept of Power for Education ［J］. Teachers College Record，1981，82（4）：535-551.

教育创新时，通常只关注创新本身的特征以及现行体制的完善性，未能给予其他相关问题应有的关注。因而创新最终可能遭到拒绝，并产生了意外结果。对此，一些西方学者开始质疑地方学校自治的传统假设。

韦兰（Sloan Wayland）指出，在教育系统中存在着四种结构：（1）正式组织，如教育部、教育厅和地方教育委员会等；（2）辅助结构（ancillary structure），如家长—教师协会、参与学校指导的地方心理健康组织等；（3）自治群体，主要是教育系统中的个人自发组织起来的非正式网络；（4）制度，即规定教育系统中各种关系和行为方式的准则或价值观。对于美国，虽然正式结构比较有限和相对弱小，但是辅助结构却相当强大，替代了其他许多国家正式结构所发挥的功能。[1] 在这些辅助组织中，出版社、考试机构和资格认证机构对全美中小学的课程和教师施加了强大的影响，使得表面上高度自治的学校也呈现了某种统一性。因此，对于学校教育的变革和创新，此种辅助结构也积极地介入其中，各种利益相关者在很大程度上影响了教育创新的决策。

教育创新的决策就是指学校教育的实践者决定是否发起或采纳某项创新的过程，亦即是否将某些教育创新作为一项政策议程的过程。实际上，某项教育创新的出台常常与权力的运作有关。对于教育创新来说，权力政治学的解释就是，它是各种利益集团出于赢得更大的利益或者维护既定利益而发起的。在多元主义政治学的视野中，教育创新的决策便是具有权力的群体或个人使其他人接受和采纳某种创新观念。对于教育创新的采纳过程，后文将具体阐述。此外，在对权力的界定上，美国政治学家巴克拉克（Peter Bachrach）和巴拉兹（Morton Baratz）提出了闻名学界的二元权力观，认为权力不仅包括能够使某人做他 / 她本不愿做的事情，而且也包括能够压制其他人做他们愿意做的事情，亦即"不决策"（non-

---

① WAYLAND S R. Structural features of American education as basic factors in innovation ［M］// MILES M. Innovation in education. New York：Teachers College Press. 1964：587-613.

decision）。①"不决策"乃是一种具有特殊作用的政治行动，它通过偏见的动员（mobilization of bias），操纵整个群体中占据优势的价值、信念、仪式及制度程序，而将实际的决策范围限定于一些对既得利益者"安全而无害"的议题上。换言之，对于影响既得利益分配的社会变革，掌权者可以凭借"不决策"的手段，不将它纳入正式的决策议程，从而将之化解和消除。

对于学校教育创新来说，也涉及既定利益的重新分配，某些新教育技术的采用、新课程的实施都会给某些利益集团带来丰厚的利润。在学校教育领域，为何做出某些教育创新决定而排斥其他教育创新，其背后也受到了权力的第二个维度的操纵。因此，面对处于萌芽之中的教育创新活动，当既得利益者意识到它们可能会威胁自己的利益时，就会通过各种手段将其扼杀，以维护社会的现状。由于此种权力运作，学校教育通常取向于保持稳定。齐格勒（Harmon Zeigler）和彼克（Wayne Peak）指出，对于学校维持现状存在三种解释：（1）"压力集团"迫使变革者返回原路使然；（2）学校趋向于再生产社会的价值体制所致；（3）学校的管理结构和招聘模式使成员内化了某些规范，从而限制了某些备选议程的合法性。②两人尤为推崇第三种解释，他们认为教师和校长一般在大学的教育学院中接受培训，而与其他学院相比，教育学院通常受到更多的外部调整，它们与教师资格认证机构、教育部（厅）、教师专业协会等具有稳定的相互联系。在教育学院中，显性和隐性的课程对于这些未来的教师和管理者的行为产生了决定性影响。此外，教师的职业社会化过程也增强了教师在职前教育中形成的偏见。通常，教师任教时间越长，他们就越不可能从事冒险行为，就越加循规蹈矩，因而教育的目标逐渐异化为控制学生行为以及维持权威和秩序。因此，"非决策"的政治视角的引入，可以使人们更加清晰地认识到那些未曾被提出便"胎死腹中"的

---

① BACHRACH P，BARATZ M S. Decisions and nondecisions：an analytical pramework［J］. The American Political Science Review，1963，57（3）：632-642.

② ZEIGLER H，PEAK W. The political functions of the educational system［J］. Sociology of Education，1970，43（2）：115-142.

教育创新方案。

综上所述，20世纪60年代的教育变革实际上认为学校处于真空之中，将学校变革背后的支配力量视为理所当然或不加考虑。20世纪70年代的批判使得人们开始超越功能主义的限定，进而考察"社会的需要"是如何渗透到课堂教学之中的，因而政治视角成为主要的研究范式。在政治视角下，研究的重点放在学校教育创新的背景上，着重考察权力/权威结构以及利益的分配。因此，学校教育系统成为一个"政治的竞技场"（political arena）①，而教育创新的发起和采纳只不过是抱有特定政治目的的利益相关者之间的博弈过程。

第三节　政治视角的评述

20世纪70年代，政治视角中的教育创新研究撑起激进批判和权力分析的大旗，对20世纪60年代秉持客观主义和乐观主义的教育创新大加鞭挞，以期实现研究范式的转型。诚然，20世纪60年代技术视角中的教育创新研究抽离了创新的具体历史背景，对创新持中立甚至积极的立场，因而在20世纪70年代急剧变化的社会条件下遭遇了失败，这也为当时处于焦虑之中的人们提供了借机抒发怨气的口实，使得批判主义盛极一时，政治视角也得以融入教育创新的研究之中，成为人们看待事物的主要范式。尽管政治视角使人们认识到了教育创新背后的社会力量和权力运作，然而20世纪70年代教育创新研究中的批判主义似乎"破"多于"立"，在否定一切、打倒一切的社会背景中，教育创新研究究竟该走向何方，批判理论家却未能指出明确的道路。

---

① MINTZBERG H. The organization as political arena［J］. 1985，22（2）：133-155.

一、批判教育主义之批判

批判的思想始于启蒙运动，乃是人类主体性张扬的标志。以三大批判理论闻名于世的德国古典哲学家康德（Immanuel Kant），在《纯粹理性批判》第一版序言中指出，批判乃是人类的判断力成熟的标志，是理性的职责和使命。凭借批判，人类不再被虚假的知识所蒙蔽，开始重新"认识自己"，并在理性的法庭上对一切事物（包括理性自身）进行审判。"通常，宗教凭借其神圣性，而立法凭借其权威，想要逃脱批判。但这样一来，它们就激起了对自身的正当的怀疑，并无法要求别人不加伪饰的敬重，理性只会把这种敬重给予那经受得住它的自由而公开的检验的事物。"①概言之，在康德看来，具有主体精神的人类必须肩负起理性批判的责任，既要对一切事物进行批判，又要对自己的理性进行批判。此种批判成为人类及其认识发展的主要动力。作为科学哲学中批判理性主义的代表人物，英国哲学家波普尔关于知识增长的四阶段图式（问题—尝试性解决—排除错误—新的问题）便展现了批判的重要作用。

20世纪60年代，由于民权运动和大觉醒运动而发展起来的声势浩大的社会变革，逐渐将文化反叛、学生运动推向高潮。在否定传统和现有社会秩序的时代氛围中，批判成为激进运动者所向披靡的一杆利器。批判虽然可以使人们认识教育创新背后的社会动因，然而，当为批判而批判时，此种思维方式就无助于教育创新的发展。在当时的社会背景下，"传统的教育内容可以批判，革新的教育内容也可以批判；传统的教育手段可以批判，先进的教育手段也可以批判；传统的教育方法可以批判，创新的教育方法也可以批判。既批判落后的教育，也批判先进的教育；既批判传统的教育，也批判改革的教育；既批判滞后的教育，也批判发展的教育。似乎，只要

---

① 康德.纯粹理性批判［M］.邓晓芒，译.北京：人民出版社，2017：2.

是教育，都需要批判；只要是教育，都可以批判"①。

　　批判乃是一种主体针对客体的反思和认识。作为客体的教育创新既包括教育制度、内容和方法，又包括学校的教育实践活动。批判的教育创新研究者通常来自学术界和政府部门，他们倾向于从自己特有的视角看待教育创新中的问题，缺乏对作为客体的批判对象的"同情"和理解，因而当教育创新遭遇挫折，他们自然会将批判的矛头直指创新的采纳者和实施者。此种自我中心主义的批判发展到极致便是杜撰出假想敌，从而否定一切、打倒一切。因此，对待批判，必须警惕自我中心主义和否定一切，必须对于自己的批判行为本身也进行批判性反思，唯有如此，才能积极地推进学术研究和教育实践的健康发展。

二、政治视角基本假设的反思

　　在政治视角中，行为者被视为具有自己特定利益的"政治人"。由于每个人对自己的利益追求不同，行动者在现实生活中经常会发生冲突，而解决冲突的有效办法便是协商和谈判。因此，对于教育创新来说，政治视角主要关注创新背后的动因（即为了谁的利益）、创新的阻力（即何种冲突），以及微观政治层面的教育决策过程（即通过协商和谈判）。

　　在政治视角中，教育创新的提出和决定不是一个毫无争议的理性决策过程，而是一个蕴含着激烈的权力斗争的过程。在教育创新形成的每个阶段，各种利益相关者都介入其中，试图通过各种手段，使教育创新的结构能够体现自己的利益。不管精英主义政治学还是多元主义政治学，其任务都在丁剖析教育创新决策过程的权力斗争。在精英主义的视野中，教育创新是由权力精英（政府首脑、商界领袖和学术权威）发起和实施的，其目的在于维护统治阶级的既得利益，而这也是一个控制与反控制的斗争过程。

①　刘永和．"批判教育主义"的批判［J］．上海教育科研，2005（12）：1.

而在多元主义政治学视野中，各种利益集团（如教师协会、大型企业和环保组织）通过权力双方的角力从而影响了创新的最终结果。因此，在政治视角中，冲突是经常性的，妥协是暂时的。然而，对于现实的教育活动来说，它们通常是按照习惯性的管理制度有序进行的，此种结构性规则对于微观的权力斗争产生了决定性影响，使得权力斗争的结果未必如政治学家所设想的那样。正如鲍德里奇（Joseph Baldridge）等人所言："我们最初的政治模式也许低估了管理模式中的管理常规。许多决策并不是在最激烈的政治争论中作出的，而是在组织中占支配地位的标准化常规管理程序之下形成的……政治模式忽视了决策过程的比较稳定持久的模型，并忽视了组织结构形成的方式和政治努力的渠道。"[①]

政治视角中的教育创新将变革者看作主动追求自己利益的行为人，从微观政治学的角度开启了研究教育创新动态过程的先例。20世纪60年代的教育创新研究将重点放在创新的特征和影响创新采纳的结构上，从本质上说是一种静态的研究视角，忽视了创新主体与具体环境之间的相互作用。在政治视角中，行为者所采取的行动来自与周围环境的互动，是一种权力和利益的交换活动。美国著名社会学家布劳（Peter Blau）在《社会生活中的交换与权力》中具体阐述了微观层面人际互动的动态过程。布劳认为，社会交换是一种以期待回报和换取回报为目的的行为，它能够为从事交换活动的行为者提供内在性报酬（寓于交换活动本身的回报，如恋爱、奉献等）或外在性报酬（实现其他目的的回报，如赢利、晋升等）。由于人类具有利他主义和利己主义的倾向，社会交换活动通常发生于行为者彼此展现出能够提供报酬之时，然而由于个人所拥有的稀缺资源和竞争能力不同，他们在交换关系处于不同的地位。由此形成的关系随着交往的密切而逐渐制度化，造成了权力的分化。而此种制度的稳定又得益于处于支配地位的行为者能够将其合法化，获得其他群体的认同。倘若其他群体对于分化的权力关系表示质疑，便出现了反抗行为，并最终形成新的关系。社会交换

---

① 布什. 当代西方教育管理模式［M］. 强海燕，主译. 南京：南京师范大学出版社，1998：134.

便是这样一个从平衡到不平衡再到新的平衡的动态发展过程，在这个过程中，充满了竞争、分化、整合和反抗，行为者之间的相互作用决定了系统的变革和稳定。^①教育创新活动也是这样一种社会交换行为，创新者通常为取得某种内在性报酬（如促进学生发展）或外在性报酬（如赢得声誉、获得资助）而发起创新，并在创新过程中打破原有的社会结构实现新的平衡。教育创新的采纳和制度化实际上是各种力量相互作用的结果，对此，博弈论（theory of game）也可以提供明晰的解释。在教育创新的提出和采纳过程中，行为者进行的协商和谈判便是他们之间相互博弈的过程，以求实现各方利益的最大化。概言之，分析性和解释性的政治视角的切入，可以使人们看到教育创新微观操作的动态过程，从而为全面剖析教育创新现象提供了不可替代的独特视角。

对于教育创新的上述论断，实际上将教育创新者视为追求自我利益的行为者，而此种观念源于经济学领域中的"理性人"假定。当人们日益认识到理性的局限性时，政治视角中的教育创新研究也显露出自身的不足。理性人的假定侧重于行为者对于外部环境的反应，因而在创新决策的过程中外部的利益集团被置于重要地位，认为他们的利益表达（articulation of interests）和权力斗争将直接决定教育创新的命运，在一定程度上忽视了学校或大学一级的决策。麦克森（Jacob Michaelsen）指出，在批判政治学的视角中，教育系统作为一种制度旨在压迫下层阶级，并确保社会中的不平等和种族主义得以长久，但是此种观念需要做出重大修正。首先，必须认识到在学校科层化的过程中，学校管理者和教师切实地维护了自己的利益。其次，必须认识到在学校的日常运作中，学校管理者和教师具有相对独立性，他们不能仅仅作为权力精英意志的反映或他们忠实的代理人。^②

尽管政治视角对教育创新的解释具有某些缺憾，但它确实提供了有力

① 布劳. 社会生活中的交换与权力［M］. 孙非，张黎勤，译. 北京：华夏出版社，1988：22，29.

② MICHAELSEN J B. Revision, bureaucracy and school reform：a critique of katz［J］. The School Review，1977，85（2）：229-246.

的解释框架。借助它，研究者可以纠正技术视角对教育创新的过分乐观和忽视背景因素的倾向，从而有效地考察教育创新的决策过程和外部影响。

第四节　中国教育改革的利益博弈

从政治视角来看，教育改革创新的过程不是单向的线性模式，而是各种利益相关者和社会力量博弈的过程。中国教育改革的复杂性、曲折性、长期性世所罕见。理念与利益、文件与文化、前台与后台、官方与民间、中央与地方、城市与农村之间的差异与矛盾是导致中国教育改革步履艰难的重要原因。[①]重视教育改革创新的政治维度，就是要从权力和利益的动态变化中，把握教育改革创新的运动规律，分析教育改革的"意外后果"、政策网络、动态调试以及科学化民主化。

一、教育改革的"意外后果"

有意图的社会行动会导致出乎行动者意料的后果，这是人类活动的独有特点。所谓"意外后果"，是指那些既非意图且非意料的后果，顾名思义，这些后果不是社会行动者在决策和执行时的主要目的，行动者在事前也并未获悉这些后果会产生。改革是目的性极强的行动，承载着政策制定者希望实现的战略目标，但由于改革者的有限理性、不同利益群体的冲突、社会问题的复杂性等，在朝着既定轨迹运行时，改革往往产生一些游离于

---

① 吴康宁.中国教育改革为什么会这么难[J].华东师范大学学报(教育科学版),2010,28(4):
10-19.

改革目标之外且影响改革前景、产生广泛社会影响的非意图后果。①意外后果并非只是带来负面影响。默顿认为，发现和解释社会活动的意外性后果是社会学知识的重要增长。吉登斯也曾指出，社会科学的一些最独特的任务，就体现在对行动的意外后果的研究中。②由于中国社会发展的不平衡不充分以及教育改革的复杂性，更需要关注不同利益群体博弈下的"意外后果"。

为了优化农村教育资源配置从而缩小城乡差距，从 20 世纪 90 年代末到 2012 年，中国开始对全国范围内的农村学校展开布局调整，针对部分地区规模小、师资力量薄弱、教学设施较为缺乏的农村学校进行撤销和兼并，即撤点并校政策。"撤点并校"的本来意图是要在人口变动背景下优化学校布局和教育资源配置，但实证分析发现，"撤并学校"没有显著降低财政预算教育支出在地方财政支出中的占比和生均经费，反而显著增加了教师资源的投入。"撤点并校"形成了规模更大的学校，大规模学校往往具有更强的争取资源的能力，因而会增加地方政府的教育资源投入。③同时，撤点并校也增加了入学成本和管理成本。学校布局的集中化也导致农村学生面临着环境变化、文化冲突和更多的安全隐患。大量学生数量庞大的"超级学校"，对学校的硬件设施和管理服务提出了更高的要求，最终影响学生的健康发展。④从 2006 年开始，国家开始注意到由学校撤并引发的诸多社会问题，并发布多项政策进行纠偏，提出按照实事求是、稳步推进、方便就学的原则，审慎地进行学校布局调整。布局调整政策开始更加强调科学化、

① 杨开峰，储梦然.改革的非意图后果：概念、诱因与调适［J］.中国行政管理，2023（1）：84-95.
② 刘玉能，杨维灵.社会行动的意外后果：一个理论简史［J］.浙江大学学报（人文社会科学版），2008（3）：42-48.
③ 孙志军，郑磊."撤点并校"是否减少了教育资源投入［J］.教育研究，2021，42（11）：119-131.
④ 郭炳序，叶春辉，陈伟玮，等.中国撤点并校政策的长期效应：基于对农村学生成年后收入影响的分析［J］.农业技术经济，2023（5）：113-128.

民主化与道义化，避免因布局调整引发新的矛盾。①

2020 年，中共中央国务院印发了《深化新时代教育评价改革总体方案》，着眼于破除教育领域中"五唯"的顽瘴痼疾。在评价维度从一到多的转变过程中，过去被忽视的或不可量化的评价指标也越来越多地被纳入了各类教育评价。然而，不少青年科技人员反映，"破五唯"似乎是越"破"越"唯"，而科研工作中的繁文缛节依然存在，如今"帽子"的花样和数量都比以前更多了，在职业晋升、组织团队、申请项目时会默认没有"帽子"就没有机会。② 在教育评价改革更加重视质量创新贡献的导向下，一些地方和学校尽管不再单纯计算国家级项目、省部级项目数量或者 SSCI\CSSCI 论文数量，但是将成果"质量"简化为国家级项目和顶刊论文数量，从而加剧了科研评价压力。在推进多元化评价的过程中，不同类别成果之间的可比性或等值性，成为保证评价公平性的关键因素。一些人员以多元评价为借口，以难度系数较低的成果获得更多利益，引发"劣币驱逐良币"的隐忧。这些"意外结果"并非政策设计者的初衷，但在实践中却影响教育评价改革的真正落实。

二、教育改革的政策网络

教育改革是在一定的权力关系和政策网络中发生的。新时代的教育治理问题呈现出多元化的发展态势，不再是政府部门大包大揽的单一化模式，而是包括政府部门、专家学者、公众媒体、非政府组织、利益集团等多主体参与和互动完成的治理模式。这种模式整合了宏观层面的政府权力关系和微观层面的个人理性选择，体现为一种政策网络。政策网络通常包括政

---

① 赵垣可，刘善槐.新中国 70 年基础教育学校布局调整政策的演变逻辑：基于 1949—2019 年国家政策文本的分析［J］.教育与经济，2019（4）：3-11.

② 崔雪芹、全国政协委员、中国科学院院士袁亚湘：切实减轻青年科技人员负担［N］.中国科学报，2024-03-05（1）.

策社群（表达中央和地方政府利益）、专业网络（表达专业人员利益）、府际网络（表达地方政府利益）、生产者网络（表达一线实践者利益）和议题网络（表达舆论和利益相关者利益）。[①]西方政策网络研究主要有基于资源依赖的政策网络、基于共同价值的政策网络和基于共享话语的政策网络三种研究路径。[②]

2001年教育部启动的基础教育课程改革之所以在前期推进困难，一个问题就在于它触犯了改革前的既得利益者（包括相关的考试机构人员、教研人员以及出版商）的利益，以及相当一部分人（包括地方教育行政部门领导、中小学校长、教师和家长）认为改革很难在近期给自己带来利益。正是来自相关利益人群的不满、抱怨以及各种形式的抵制与反抗，制约着基础教育课程改革的进程。[③]教育改革嵌套于社会改革中，两者是互为媒介、互动同构的有机整体。社会信任、社会合作、社会参与是影响教育改革的社会三要素，三者以社会合作为中心，共同为教育改革提供从心理到行动、从行动到制度化的社会基础。[④]在教育改革的政策网络中，要尊重所有利益相关者的合理诉求，寻求改革的最大公约数，只有实现价值认同、资源互补和话语共享，才能形成改革的合力。

从我国中小学生减负来看，尽管相关政策大量出台，但执行效果却差强人意，以至于各利益相关者在一定程度上产生了"政策免疫"。从利益相关者来看，学生及其家庭、教师及中小学校，以及校外教育培训机构等共同构成了中小学生减负的利益相关者矩阵，在各自寻求利益最大化的过程中，减负陷入了博弈困境。[⑤]在利益相关者的政策网络矩阵中，教育改革的

① 胡伟，石凯.理解公共政策："政策网络"的途径[J].上海交通大学学报（哲学社会科学版），2006（4）：17-24.
② 范世炜.试析西方政策网络理论的三种研究视角[J].政治学研究，2013（4）：87-100.
③ 吴康宁.中国教育改革为什么会这么难[J].华东师范大学学报（教育科学版），2010，28（4）：10-19.
④ 程红艳，杜佳慧，李伟.信任、合作与参与：教育改革的社会基础[J].教育研究，2023，44（1）：36-46.
⑤ 贾伟，邓建中，蔡其勇.利益相关者视域下我国中小学生减负的博弈困境及突破对策[J].中国电化教育，2021（9）：51-58.

成功推进需要从广度、强度、纯度和敏感度上掌握社会的民意基础。正如吴康宁教授所言，"赞同与否"是教育改革社会基础的"基本标识"，"多大比例的赞同"决定着教育改革社会基础的"广度"，"多大程度的赞同"影响到教育改革社会基础的"强度"，"为什么赞同"关系到教育改革社会基础的"纯度"，"谁赞同"则涉及教育改革社会基础中的"关键人群"。[①] 忽视教育改革的政策网络和社会基础，教育改革就可能在各种力量的拉扯中偏离预定轨道或者陷入停滞和僵局。

三、教育改革的相互调适

教育改革创新在基层的实施，是实践主体微观权力运作的过程，体现了政策执行者的自由裁量权。正如富兰所说，变革是一项旅程，而不是一张蓝图。课程实施是非线性的，充满着不确定性。政策执行者经常面对不可能完成的任务，政策的模糊性、资源的限制以及时间压力等会使政策执行者无法像预期的那样执行政策。有效的政策执行是多元行动者复杂互动的结果，涉及妥协、交易或联盟活动，政策的成功与失败通常取决于政策执行者的责任心和技巧。[②] 政策执行是政治性的，执行过程不仅产生胜利者和失败者，而且胜利和失败的代价开始得到体现。许多机构，甚至是机构内部的部门，可能继续为资源和执行活动的控制权而竞争，而且公共、私立和非营利性机构为争夺政府项目执行过程中的影响和资金，可能引发冲突。[③]

2007—2018 年，国家从"免费"师范生教育到"公费"师范生教育的政策调适，体现了改革的复杂性和曲折性。2007 年国务院首先在 6 所教育

① 吴康宁.赞同？反对？中立？:再论教育改革的社会基础[J].教育学报，2011，7（4）：4-10.

② 李玲，陈宣霖，蒋洋梅.教育政策执行研究的三种视角及其比较[J].外国教育研究，2018，45（12）：89-99.

③ 吴逊，饶墨化，豪利特，等.公共政策过程：制定、实施与管理[M].叶林，等译.上海：格致出版社，2015：115.

部直属师范大学开展师范生免费教育政策，实行在读免费、就业保障、简化读研。随后，师范生免费教育在全国 28 个省（区、市）师范院校中逐渐铺开，在改善和均衡薄弱地区师资配置、帮助寒门学子圆大学梦等方面取得了较为显著的效果。然而，免费师范生教育政策也带来"意外后果"：地方经费不能保证地方免费师范生政策的有效实施，"简化读研"降低了研究生培养的要求，"不准报考研究生"和强制服务制度也阻碍了免费师范生的发展。[①] 为此，2018 年国务院将师范生"免费教育"改为"公费教育"，以更加凸显教师职业的"公共性"。但是，在工具理性思维的支配下，政策实施过程中逐步公费师范生政策表现出片面强调增加入学机会、保障未来就业的工具目标，培养高校强化作为争取政策倾斜、经费资源投入的有利工具，政府部门居于理性"经济人"思维的利益博弈。[②] 教育政策的"意外后果"促进教育改革和创新不断做出调适。

　　2014 年开始，新高考改革选考科目从"3+3"到"3+1+2"的演进，体现了教育政策执行中的相互调适。[③] 新高考改革的选考科目在上海、浙江的试点中实行"3+3"的组合，以取消文理分科，充分尊重学生学习的选择权和自主性。但新高考改革试行之后，由于等级赋分和不同科目之间的等值性问题，一些考生在选考科目组合中采取投机主义行为，选择相对容易的学科，造成"物理弃考""化学弃考"，对我国高质量理工科教育产生不利影响。在后续的改革中，一些省份开始规定将"物理"和"历史"作为选择性必考科目，以保障必要的考生人数。此外，在一年多考、等级赋分、专业要求等方面，也针对改革中出现的问题进行动态调试，以保证高考的公平性、科学性和可行性。

①　沈红宇，蔡明山.公平价值的引领：从免费到公费的师范生教育［J］.大学教育科学，2019（2）：66–71.

②　吴东照，王运来，操太圣，等.师范生公费教育的政策创新与实践检视［J］.中国教育学刊，2019（11）：89–93.

③　刘海峰，唐本文，韦骅峰.十年新高考改革的试点推进与成效评价［J］.中国教育学刊，2023（12）：28–35.

四、教育改革的科学化民主化

教育改革的科学化民主化是专业力量和民众介入改革创新的过程。然而，科学化与民主化并不一定是相容的。决策民主性强调的是合民意性，而决策的科学性强调的是合规律性，有时候往往行政决策的民主化以失去决策的科学性为代价，或者是行政决策的科学化以失去决策的民主性为代价。[①] 换言之，科学的"理性"原则与民主的"多数决定"原则存在潜在的冲突，反映在公共决策中的核心冲突是科学知识与公众常识在提供信息上的地位不对等。[②] 从现实来看，在"政府—专家—公众代表"构成的决策机制中，由于决策主体从单一走向多元，政策责任被稀释和分化，"替罪羊策略""折中而非择优""限制政策议程""定制外部意见"等成为政府官员规避责任时经常使用的策略，致使决策科学化民主化成为官僚主义在政策失败时的保护伞。[③] 就教育决策的科学化而言，政府决策需求的紧迫程度、研究者和决策者在观点立场和话语体系上的差异、不同主体的思维局限等因素，都制约着教育研究推动政府决策的可行性和有效性。[④]

实现教育决策的科学化，必然需要专家的参与。专家是运用专业知识去影响决策的特殊的政策参与者。从 1985 年《中共中央关于教育体制改革的决定》中"专家尚未出现，但专业意见被征询"，到 2001 年基础教育课程改革中"课程专家"成为专有名词，再到 2010 年《国家中长期教育改革和发展规划纲要（2010—2020 年）》中"专家作用的发挥有了制度保障"，

---

① 李拓 . 论正确处理民主决策与科学决策的关系［J］. 北京行政学院学报，2012（1）：38-41.

② 王庆华，张海柱 . 决策科学化与公众参与：冲突与调和：知识视角的公共决策观念反思与重构［J］. 吉林大学社会科学学报，2013，53（3）：91-98.

③ 刘然 . 政策失灵与避责机制：决策科学化和民主化进程中的责任悖论［J］. 浙江社会科学，2020（11）：34-41.

④ 刘晶 . 教育研究推动政府决策的问题及路径［J］. 大学教育科学，2016（6）：35-40.

可以看出我国教育决策的科学化进程。[①]2010 年 11 月，国家教育咨询委员会正式成立，这是中国教育史上首次设立的专门对于教育重大改革发展政策进行调研、论证和评估的国家级咨询机构，表明我国政府对于建立健全教育决策咨询制度已有新的认识，建立健全教育决策咨询制度成为当前教育改革和发展的一个趋势。[②]2012 年，国家教育考试指导委员会正式成立，为推进教育考试评价制度改革提供专业指导。2010 年，国家基础教育课程教材专家咨询委员会成立，为基础教育课程教材重大决策提供咨询的高层次的专家咨询意见。当前，每一项重大教育决策或教育改革的出台，必然有专家的参与和论证，每项政策或改革的成效也通常需要第三方专业力量的科学评估。

推进教育决策民主化，需要确保大多数利益相关者的知情权、参与权，最终实现政策合法化。"政策合法化是一个吸收民众参与决策、加强政治沟通与协调的过程；也是一个决策选优，对决策方案不断修改、完善，对不良方案过滤、淘汰的过程。"[③]不少重大决策的失误是因为少数人的真知灼见没有得到尊重，有时候则是多数人的意见没有被采纳，少数人甚至一个人的意见占主导地位。避免这两种情况的办法是公开信息，让公众了解决策过程和决策理由，甚至邀请相关人员旁听，公众的事务让公众参加。[④]从《国家中长期教育改革和发展规划纲要（2010—2020 年）》公开征求意见，到《中华人民共和国学前教育法草案（征求意见稿）》《校外培训管理条例（征求意见稿）》等，但凡重大改革政策在正式出台之前，都要面向社会公众征求意见，以凝聚改革的最大共识。2011—2016 年，教育部连续 6年在工作要点中写明"修订《民办教育促进法》，开展民办学校分类管理"，几度曲折，经过多方博弈和利弊权衡，在中央深改组的顶层推动下，经过

---

① 郭华.专家如何能支持教育改革：基于深度访谈的实证研究报告［J］.教育研究与实验，2014（2）：1-10.

② 周洪宇.健全教育咨询制度 推进决策科学化民主化［J］.中国高等教育，2011（17）：31-33.

③ 陈振明.公共政策分析［M］.北京：中国人民大学出版社，2003：198.

④ 袁振国.教育决策的科学化和民主化是依法治教的关键［J］.中国教育学刊,2015(11):1-3.

三次审议，全国人大常委会才得以通过民办教育促进法修正案。[①] 每项教育改革和政策，只有公开透明，广泛征求社会各界意见，充分听取利益相关者的诉求，最大程度体现公平性原则，让各方利益在博弈中寻求最大公约数，才能获得更大的合法性。

---

① 阙明坤，费坚，徐军伟．教育政策制定的利益博弈与渐进调适：基于民办学校分类管理政策的分析［J］．中国教育学刊，2019（7）：1-7．

第六章
教育创新研究的人文视角

所谓教育，不过是人对人的主体间灵肉交流活动。

——雅斯贝尔斯

人不再生活在一个单纯的物理宇宙之中，而是生活在一个符号宇宙之中。

——卡西尔

20 世纪 70 年代对教育创新的反思使人们意识到教育变革背后的权力运作。进入 20 世纪 80 年代，由于国际社会经济政治背景的变化，社会科学和自然科学的研究范式都发生了转变，在一个推崇多元化和差异性的时代，人文因素得到了恢复和重建。在教育创新研究领域，人文因素体现在对学校教育的文化背景和制度环境，以及对学校教育过程的复杂性的考察上。正如豪斯所言，对教育组织的文化考察并不是一个新现象，而是随着对变革和创新的解释走向深入，文化视角显得日益重要。①而文化的概念与组织研究密切相关，在界定组织的概念中，"文化应该被看作是一个根本隐喻"②。面对学校组织和人的复杂性，教育变革的研究必须摒弃简单化的思维范式，将复杂性理论融入研究视角之中。

第一节　研究范式转换的社会背景

一、文化转向的内在逻辑

大凡脱胎换骨的社会变革必须触及文化内核，引发人们思维方式的蜕变，唯有如此，变革的效果才能持久，变革的目标才能实现。20 世纪六七十年代，西方教育创新研究依次经历了技术视角和政治视角。按照广义的文化概念，这两个时期的教育创新分别触及了物质技术层面和政治制

---

① HOUSE E R. Three perspectives on innovation: technological, political and cultural [M] // LEHMING R, KANE M. Improving school: using what we know. Beverly Hills: Sage Publications, Inc., 1981: 17-41.

② SMIRCICH L. Concepts of culture and organizational analysis [J]. Administrative Science Quarterly, 1983, 28 (3): 339-358.

度层面，然而它们都未能有效地解决创新的低效和无效问题。随着研究的深入，作为行为者思维方式和行为方式的文化精神层面日益受到关注。从技术视角到政治视角再到文化视角，研究者对教育创新的认识由表及里、由浅入深。此种视角转换符合人们认识的一般规律，也得到了许多社会变迁历史经验的佐证。著名文化学者庞朴通过对文化结构与近代中国的研究，认为整个中国近代文化经历了三个时期。鸦片战争之后，清政府认识到西方列强的坚船利炮之威力，承认器物上不如西方，因而开始了以洋务运动为代表的物质技术层面的变革。然而，甲午中日战争使得清政府再次颜面扫地，轰轰烈烈的洋务运动也未能富国强兵，有识之士认识到政治制度的缺陷，并发起了维新运动和政治革命。辛亥革命虽然实现了政治制度的革命，然而"中国固有的精神文明，其实并未为共和两字所埋没"（鲁迅：《坟·灯下漫笔》），一些先进的知识分子认识到，缺乏文化的彻底变革和思想启蒙是中国社会政治变革屡遭失败的根本原因，因而发起了新文化运动，期望开启民智。①

文化作为一种历史积淀，其稳定的内核是人们的日常行为模式和思维模式，此种模式已经成为一种集体无意识，持久地对人们的社会实践活动发生作用。由于人们对此种模式的非反思性和惰性，在一般情况下，人们不会质疑其合理性，而是不自觉地享受它带给自己的安全感。因此，在推行社会变革之时，人们的文化模式便成为最后需要攻破的堡垒。发端于20世纪60年代的教育变革和创新，在频频遭遇挫折之后，不得不将视角投向作为文化基因的教育实践者的思维方式和行为范式。文化研究在20世纪80年代的兴起，也与资本主义发展的内在矛盾有关。社会学家贝尔在《资本主义文化矛盾》中指出，现代资本主义发展至今已经形成了经济、政治和文化三个相互独立又相互矛盾的体系。在经济领域，生产者和经营者将追求利润和经济效益奉为圭臬，崇尚自由竞争，反对国家干预。在政治领域，从20世纪60年代开始，关注公平的社会工程使政府的干预能力急剧

---

① 顾明远.民族文化传统与教育现代化［M］.北京：北京师范大学出版社，1998：57，61.

膨胀，随着政府机构的科层化，它已经发展成为一个庞大的"利维坦"。在文化领域，自启蒙运动以来的"自我表达"和"自我满足"已经被经济领域的商品化和政府机构的科层化所侵蚀，文化产品已经丧失了其源自个人灵感的独特性，而沦落为程式化、标准化的商品，由此引发了人的空虚和认同危机。[①]此种状况的形成，就在于韦伯所说的经济冲动力和宗教冲动力之间的失衡，现时代的资本主义已经形成了经济冲动力的高度发展和宗教冲动力的急速衰落。20世纪80年代，在各方面危机加剧的情况下，人们对生活意义的追求愈加强烈，从而使文化凸显为一个重要议题。

二、全球化和商品社会的影响

从经济背景上来说，20世纪80年代以后，经济全球化的潮流势不可挡。经历了战后到20世纪70年代资本主义发展的黄金时期，西欧和日本在20世纪70年代末开始崛起，并对美国的全球经济霸权发起了挑战，因此国际竞争日趋激烈。同时，亚洲四小龙等新兴国家的兴起，为国际市场提供了大批廉价的劳动力。面对国内组织严密和士气高昂的工会运动，发达国家的企业开始移师海外，组建跨国公司。20世纪80年代以后，信息技术的迅速发展也对经济全球化起到了推波助澜的作用。随着电子商务和网络交易的迅猛发展，金融资本的"虚拟化"愈演愈烈，各国企业只需对散布于世界各地的股民负责即可，无需顾及高尚的道德追求。[②]20世纪90年代初，随着苏联的解体，资本主义经济的全球化进程进一步加快，在推崇自由市场和民主政治的呼声中，历史学家福山（Francis Fukuyama）提出"历史的终结"和"意识形态的终结"，指出自由经济将是人类社会的最

---

① 贝尔.资本主义文化矛盾［M］.赵一凡，蒲隆，任晓晋，译.北京：生活·读书·新知三联书店，1989：10，11，14.
② 史密斯.全球化与后现代教育学［M］.郭洋生，译.北京：教育科学出版社，2000：12，14.

终经济形态。在一切皆被商品化和市场化的经济全球化潮流下，文化的发展也难逃这样的命运。因此，随着资本主义社会对文化需求的增加，作为产品的文化也被打包成标准化的商品进入国际市场，形成了文化产业的全球化。而教育作为一种文化产品，也不得不纳入国家的全球化战略。一方面，教育作为一种工具，必须为提升全球经济竞争力发挥重大作用，因而20世纪80年代以来各国对教育质量的呼声一浪高过一浪；另一方面，教育作为一种商品，必须成为赢得国家经济政治利益的重要产业，特别是在传统的产业发展遭遇困境之时。这两方面的动力成为西方发达国家进行教育创新的内在原因。可以说，在全球化日益高涨的今天，各国对教育创新的需求从未像现在这样强烈。在美国，1983年《国家处于危机之中：教育改革势在必行》报告发布以来，大大小小的教育改革此起彼伏，其矛头均指向公立教育的质量问题。在经济竞争和市场逻辑的共同作用下，美国掀起了教育私有化浪潮。在教育私有化的进程中，各种教育创新举措相继涌现。20世纪90年代以后的特许学校（charter school）、教育券（education voucher）以及家庭学校教育运动，对传统的公立学校造成了重大挑战，并成为学校教育变革和创新研究的重要议题。

20世纪80年代以来，在以里根政府和撒切尔政府为代表的美英新自由主义模式下，市场逻辑和消费逻辑逐渐占据显赫位置。在消费社会中，人们对商品的实用性需求已经让位于符号性需求，其原因在于资本主义社会中人们对文化意义的需求日益强烈，但商品经济的逻辑却全面渗透到社会生活的各个层面。在一个经济主义和商品化笼罩一切的社会里，人们只能从对商品的占有中寻求些许意义。在此种消费逻辑下，资本主义"求新"的模式也映射到教育领域。在某种情况下，教育创新也展现了行为人的符号性追求，即不关注教育创新的实用价值，而只重视它的象征性层面。此种意义追求在全球化的助推下，日益强烈。全球化将世界各地的人们维系在一根纽带上，借助现代的信息通信手段，横亘在人们面前的时空距离顷刻间荡然无存。此种时空的压缩使得人们必须经常面对"他者"，正是在此种意义上，马克思主义文化批评家詹姆逊（Fredric Jameson）创造性地提出:"文化源自至少两个群体以上的关系,任何一个群体都不可能独自拥有一种文化:文化是一个群体接触并观察另一个群体时所发现的氛围,它是那个群体陌生歧义之处的外化。"①处于全球化背景中的每一方都要依靠另一方来限定自己。因此,他们必须对他者有更加准确的了解和把握,必须洞悉他者的文化背景,唯有如此,方能在人际互动中和以顾客为导向的商品经济中取得成功。实际上,20 世纪 80 年代西方企业文化研究的兴起,便是源于文化意识在经济社会生活中的强化。管理学家大内(William Ouchi)提出的"Z 理论",便展现了东方情感型文化(即信任、微妙性和人与人之间的亲密关系)对于企业成功的影响②,也为西方人揭开了"日本奇迹"之谜。随着企业界对于组织文化研究的深入,它也成为管理学和组织行为学等学科的研究热点,并用来支撑一切社会组织的文化。20 世纪 80 年代,人们把"组织文化"概念正式纳入教育研究领域,试图借用组织文化研究的一些观点来分析学校组织的特性等,从而掀起了学校组织文化研究的热潮。③因此,这一时期的教育创新研究也开始注重主体的价值观和信仰,强调培养组织成员的凝聚力和形成组织文化,文化视角成为研究者认识教育创新现象的重要范式。

三、后现代主义和复杂性理论的兴起

20 世纪 70 年代,由于国际社会经济政治诸多因素的影响,全球经济的生产方式发生了转型。曾给资本主义国家带来 20 年黄金时期的福特制(Fordism)面临着重大危机,经过调整的资本主义进入了新福特制(Neo-Fordism)和后福特制(Post-Fordism)时代。福特制是以泰勒的科学管理

---

① 詹姆逊.快感:文化与政治[M].王逢振,等译.北京:中国社会科学出版社,1998:420-421.
② 大内.Z 理论:美国企业界怎样迎接日本的挑战[M].孙耀君,等译.北京:中国社会科学出版社,1984:3.
③ 季诚钧,肖美良.中外学校组织文化研究之比较[J].教育研究,2006(3):83-87.

原理为基础的生产模式，它将标准化、自动化和流水线作业作为主要的生产方式，通过大规模生产和大规模消费的批量生产模式降低成本、赢得利润。20 世纪 70 年代以前，凯恩斯主义的有效需求调节和福利国家政策，以及布雷顿森林体系和关贸总协定为福特制生产方式创造了有利的外部环境，此种粗放型的经济模式也带来了资本主义的繁荣。[1] 然而，20 世纪 70 年代的石油危机以及凯恩斯主义和布雷顿森林体系的瓦解，使得福特制自身的缺陷显露出来。为缓解福特制的危机，资本主义国家通过两种方式来降低生产成本，即削减工人工资和提高生产效率，前者演变为资本主义国家的新自由主义经济政策，而后者则成为波及全球的后福特主义模式。新自由主义的经济政策实际上通过资方对劳方的攻击，削弱工人集体谈判的作用和福利，减少国家对经济生活的干预，这也成为新福特制所倡导的理念。后福特制则通过弹性专业化和精益生产的模式，剔除福特制的弊端，将垂直、僵化的等级结构转变为水平、灵活的弹性结构。它以顾客的多样化需求为生产导向，借助生产价值链中产品外包等形式，在全球经济中实现各自的比较优势。[2] 因此，从福特制到后福特制的转型，实现了从一种模式独步天下到各种部门优势互补，此种转变必将带来人们认识论的转型。20 世纪 80 年代末 90 年代初，随着东欧剧变和苏联解体，战后两个超级大国冷战的状态宣告结束，世界政治格局开始进入多极化时代。面对全球性问题，各国需要携手解决，对多元发展的重视也促进了后现代范式的到来。

20 世纪 80 年代以后，世界政治经济发展模式的转型彻底动摇了资本主义世界长期遵奉的统一性、同质性和一致性，多元和差异开始进入人们的视野，并成为文化思想领域的主要范式。由于人们对意义的寻求，解释学逐渐成为一门显学，并引领人文社会科学发生了范式的转换。作为现代

① 王蒲生，杨君游，李平，等. 产业哲学视野中全球生产方式的演化及其特征：从福特制、丰田制到温特制［J］. 科学技术与辩证法，2008，25（3）：96-101.
② 谢富胜，黄蕾. 福特主义、新福特主义和后福特主义：兼论当代发达资本主义国家生产方式的演变［J］. 教学与研究，2005（8）：36-42.

性源头的理性，经过了数百年的发展已经劣迹斑斑，在对某些社会现象的解释方面已显得力不从心。从科学哲学将历史和人文维度引入理论研究，到人文学者对人类生存状况进行批判性解释，现代性所构筑的理性大厦在内外夹击下突然坍塌，人类社会进入了一个无根基的后现代性时代。在否定普遍性和一致性的认识论下，人们将视角投向过去被遗忘和忽视的领域。在文化领域中，高雅文化和通俗文化之间的界限日渐模糊，过去脱离现实、自成一体的精英文化在后现代状况下已被抹平，因而文化的疆域被大大拓展。诚如文化批判家詹姆逊所言，"由于作为全自律空间或界的文化黯然失色，文化本身落入了尘世。不过，其结果倒并不是文化的全然消失，恰恰相反的是其惊人扩散。这种扩散的程度之泛滥使得文化与总的社会生活享有共同边界；如今，各个社会层面成了'文化移入'，在这个充满奇观、形象、或者蜃景的社会里，一切都终于成了文化的——上自上层建筑的各个平面，下至经济基础的各种机制"①。因此，文化已经不再局限于上流精英阶层，而是成为任何普通大众都触手可及的事物。当今的文化已经进入了一个"众神狂欢"的时代，各种真人秀综艺通过视觉文化进入公共领域，从而使普通大众的文化表现意识空前高涨。因此，在文化进入各个领域的时代，研究者对于各种事物的看法必然出现文化视角的转向，开始重视文化的差异以及文化学的研究方法。

20世纪80年代以来，经济生产中大规模复制模式开始衰落，随着政治、文化多元化趋势的加剧，人文社会科学迈向了"后"范式，出现了后现代主义、后结构主义、后马克思主义等思潮。与此同时，复杂性理论悄然兴起，并引发了科学领域中的范式革命。复杂性理论认为，"传统的经典科学排除随机性，制造决定论，认识不到偶然与必然的辩证关系，更无法认识世界的组织和自组织特征；看不到事物的辩证本性；将观察者从观察活动中排除出去，看不到科学的社会、文化、人类的特征。一句话，是简

---

① 詹明信.晚期资本主义的文化逻辑［M］.陈清侨，严锋，等译.2版.北京：生活·读书·新知三联书店，2013：312.

单化思想造成了现代科学的危机"①。因此，后现代主义和复杂性理论作为现代性反思这棵大树上的两个分枝，成为 20 世纪 90 年代以来认知领域的主要范式。后现代主义和复杂性理论的兴起从根本上说源于人文因素的恢复和重建，它为教育创新研究打开了新的局面，纠正了过去过分重视创新开发者的倾向，开始将创新的实施者作为具有差异性的主体。同时，在研究方法上，研究者也摒弃了过去以定量为基础的统计分析，而是重视以解释性和描述性为基础案例研究，力图揭示每个创新案例的独特之处，并为其他教育创新提供启发。总之，20 世纪 80 年代以后的教育创新研究，呈现出以文化意义理解为取向的特征，研究者通过案例研究追踪创新个体或组织的心路历程，以期在差异中发现某种启示。

第二节 人文视角的理论表征

教育创新的人文视角意味着在考察教育变革时，必须将具有主体性和价值追求的个人纳入其中，舍弃经济学和政治学视角中对个人的"理性人"假设，深入探究教育实践者的思维方式和行为方式。对于教育创新的此种考察，便是文化研究在教育领域的体现。由于文化与组织的天然联系，教育组织的特征必然对教育创新产生重要影响。然而，对于教育组织特征和变革过程的研究，又不能回避复杂性问题。

---

① 邹吉忠.反思现代性：后现代主义与复杂性理论［J］.江海学刊，2004（6）：31–37.

一、对教师文化的考察

教师文化是学校中的亚文化，是教师在教育教学活动中发展起来的价值观念和行为方式，主要包括教师的职业意识、角色认同、教育理念、价值取向、情绪以及行为反应等。[①]教师文化作为一种客观的存在，在很大程度上决定了教师在实践中的表现。20世纪80年代以后，随着文化研究的深入，教育创新研究也开始以文化的视角来看待创新实践，而作为创新最终体现者的教师也成了文化研究者关注的焦点。20世纪60年代的教育创新由于无视具体社会情景的制约而遭遇失败，而20世纪70年代的教育创新又过多地关注权力和政治斗争，在对教育创新的认识上未能"回到事物本身"（胡塞尔语）。文化视野中的教育创新关注的核心问题是意义的生成和理解，因而研究者开始探讨教师的文化模式对于教育创新的影响。对教师文化的研究，是教育创新研究走向成熟的标志，研究者不再将教师视为抽象的追求私利的经济人和政治人，而是从具体的历史和文化情景中来认识教师的行为。

然而，20世纪80年代以后的教育创新研究，在对教师文化的考察上大部分针对教师抵制变革的原因。此种状况反映了技术视角在20世纪80年代以后的研究中仍然挥之不去，研究者仍然是从政府官员和改革专家的立场出发，将教师视为变革的阻力，而不同之处在于教师深层次的思维方式和行为方式成为研究的重点。20世纪80年代以后，在人文社会学科研究从"宏大叙事"转变为小型叙事的背景下，过去由教师基于实践智慧而推行的创新案例更多地涌入研究者的视野，教育创新研究也开始更多地关注教师文化中的积极因素。概言之，20世纪80年代以后的教育创新研究，既探讨了教师文化的阻力，又探讨了教师文化的动力。

---

① 陈永明，等.教师教育研究［M］.上海：华东师范大学出版社，2003：248.

教师文化体现在教师的日常教育实践活动中。对于现实的教育活动来说，一方面，由于教育目标的模糊性和教育对象的复杂性，教师通常必须灵活地应对随时发生的各种情况，从而形成了教师的个人主义取向。另一方面，教师的教育活动又与学校其他教师的活动密切相关，因而又表现出一定的合作倾向。因此，加拿大著名学者哈格里夫斯（Andy Hargreaves）将教师文化分为个人主义和合作互动两类，并根据合作的规模和起源将后者分为派别主义文化、人为合作文化和自然合作文化。^①荷兰著名管理学大师霍夫斯塔德（Geert Hofstede）通过跨文化的比较研究，总结出了文化的五个维度：（1）权力距离；（2）个人主义与集体主义；（3）男性主义与女性主义；（4）不确定性规避；（5）长远规划与短期规划。^②教师文化对于教育创新的作用也是在这些维度上展开的。

（一）个人主义文化

学校教育创新的终极目的是改进课堂教学，促进学生发展。而真正将创新付诸实践的是具有自主性的任课教师，而教师文化的鲜明特征就是个人主义，20世纪六七十年代教育创新的失败被许多研究者归之于此种特征。对于教师来说，他们通常是在独立封闭的教室中从事教学活动，并且在与学生的互动中处于支配地位，此种不受外界干扰的心态久而久之便发展为教师的个人主义文化。因此，大部分教师都会极为维护自己的私人领地，并积极地争取个人的利益。对于学校教育创新来说，它可以分为组织创新和教学创新，前者发生于课堂之外，是教学系统的有效重组；而后者发生于课堂之内，是教育创新的核心。^③在任何一种情景中，教师都具有

---

① 邓涛，鲍传友.教师文化的重新理解与建构：哈格里夫斯的教师文化观述评［J］.外国教育研究，2005（8）：6-10.

② DWYER，S，MESAK H，HSU M. An exploratory examination of the influence of national culture on cross-national product diffusion［J］. Journal of International Marketing，2005，13（2）：1-28.

③ BROWN S，MCINTYRE D. Influences upon teachers' attitudes to different types of innovation［J］. Curriculum Inquiry，1982，12（1）：35-51.

一定的自主性，他们不断地改变甚至拒斥自上而下的创新。美国学者古德莱德和伯曼等人的研究也表明，教师不是被动地使用创新，而是非常积极地参与改造"凌空而降"的创新，在许多情况下，教师完全无视此种创新，依旧我行我素，种种行为使研发者惊愤不已。①可以说，教育创新的采纳和实施根本无法回避教师的个人主义文化的影响。

教师的个人主义文化也表现在他们对于学校既定秩序的有意识反抗，以获得"免除外界压制的自由"。坎珀尔（Barry Kanpol）教授从批判教育学的视角出发，提出了教师的制度政治抵制（institutional political resistance）和文化政治抵制（cultural political resistance）。②制度政治抵制是指教师有意违反学校的某些正式规则，如认为某些正式会议浪费时间而有意迟到，不采用官方的大纲而讲授实用的课程。文化政治抵制是指教师对学校教学编码和意义的批判性解读。作为知识的传授者和教学活动的主体，一旦教师对主导的意识形态（如个人主义、性别主义和种族主义）持否定态度，他们就会为学生提供某些课程材料，唤醒学生对自身地位的认识，促使他们努力改变现状，从而在教育教学活动中阻止此种意识形态的再生产。从此种意义上，教师对个人能动性的信念使他们有可能改变学校教育的现状，提出并实施教育创新。因此，阿罗诺维茨（Stanley Aronowitz）和吉鲁（Henry Giroux）称此种教师为"转化型知识分子"（transformative intellectual）。③

（二）性别文化

在当今的社会中，个人的性别社会化过程对于其行为方式有重大影

---

① COMMON D L. Teacher power and setting for innovation：a response to brown and McIntyre's "influences upon teachers' attitudes to different types of innovation"［J］. Curriculum Inquiry，1983，13（4）：435-446.

② KANPOL B. Institutional and cultural political resistance：necessary conditions for the transformative intellectual［J］. The Urban Review，1989，21（3）：163-179.

③ ARONOWITZ S, GIROUX H A. Education under siege［M］. Massachusetts：Bergin & Garvey Publishers, Inc.，1985：36.

响。在一个男权社会中，女孩子往往从小开始便要恭恭敬敬，温文尔雅，而男孩子则可以调皮捣蛋，恣意妄为。在这个过程中，社会的权力关系被个人所内化，并成为个人以后的行为准则。此种性别角色在教师专业中体现得尤为鲜明。长期以来，女性在成为母亲之后便要操持家务、教育子女，因而教育在历史上被视为女性的角色。此种状况在低年级阶段尤为突出，在幼儿园几乎是清一色的女教师，而在小学中，女教师也占据大多数。学校教师的性别角色对于教育创新的实施至关重要。男女教师的性别取向不同，他们对自身的定位也就不同，因而当男性管理者和教师从自己的性别角色出发提出和实施某项教育创新时，不一定"适应"女教师的角色期待。阿普尔曾指出，在小学阶段，教学工作的文化结构具有鲜明的性别特征，教学被视为女性的工作，因而不正视性别问题，就不可能进行教学改革。①

性别关系体现的是一种社会权力关系，在如今男性地位仍然占据优势的时代，重要的管理职位通常都由男性所把持，而女性则处于从属的地位。传统观念认为，男性以理性见长，而女性则重视情感。此种角色定位也体现在学校教师的文化结构中。在学校的等级结构中，女教师的机会和权力一般小于男教师，因而她们必须有策略地发表意见。当女教师看到有机会倡导关爱，或者改进自己的客观状况，就会倡导和实施某项变革。然而，男教师通常不会参与和支持此项变革，因为在他们看来，女教师几乎没有机会和权力推进变革，与之为伍对自己的职业生涯毫无帮助。②男教师通常会把时间和精力更好地用于对于自己有利的变革上。因此，在学校变革中，存在着性别文化的冲突。在通常情况下，教育创新的决定一般是由男性管理者做出的，然而其实施却有赖于为数众多的女教师，二者由于对性别角色定位的不同会出现一定的矛盾。因此，当教育变革"适应"女教师的角

① APPLE M W. Is change always good for teachers? Gender, class, and teaching in history ［M］// ORMAN K, GREENMAN N. Changing American education: recapturing the past or inventing the future?. Albany, NY: SUNY Press, 1994.

② HUBBARD L, DATNOW A. A gendered look at educational reform ［J］. Gender and Education, 2000, 12（1）: 115-129.

色定位时，就会得到她们的支持，反之，则会遭到抵制。

（三）权威文化

学校不同于一般的科层组织，它通常不是以强制性的权力，而是以人格化的权威来处理人际关系。教育乃是一种教师对学生身心发展施加影响的活动，学生之所以愿意接受教师的影响并认可师生之间的不平等关系，是因为他们对教师的知识和德行的信任，而这正是教师权威的主要来源。正如法国著名社会学家涂尔干所说，"催眠者的影响来源于他在特定环境中所拥有的权威。那么根据这样的对比，人们也可以说教育本质上也是一种权威"①。所谓教师权威，是指教师在教育教学活动中使学生信从的力量或影响力。加拿大著名学者克利夫顿（Rodney Clifton）和罗伯茨（Lance Roberts）将教师权威分为四种类型：传统权威、感召权威（charismatic authority）、法定权威、专业权威（expert authority）。其中，法定的权威与传统的权威源于教育制度，而感召的权威与专业的权威则源于教师的个人因素，教师权威是这四个层面相互作用的结果，其强弱因这四个层面的具体程度而异。② 概言之，教师权威的两个主要来源是个人素质和制度规定，其中，前者是教师权威的内核，而后者则是教师权威的外壳。

哈佛大学教授埃尔莫（Richard Elmore）认为，学校的教学活动是以师生互动为核心展开的，教师的权威也在此过程中形成。对于学生来说，教师的人格魅力和知识涵养是促使他们接受教师影响的主要原因，也是师生之间的不平等关系得以合法化的基础。③ 从此种意义上说，学校是一个文化组织，教师则从事道德领导，他们不是依靠自己的制度权威去获得学生对自己的认同，而是在师生互动中通过专业权威和感召力量使学生信服，从而维护学校的规范秩序。但当教师无法获得个人权威时，他们就不得不通

---

① 涂尔干. 道德教育［M］. 陈光金，沈杰，朱谐汉，译. 上海：上海人民出版社，2006：245.
② 吴康宁. 教育社会学［M］. 北京：人民教育出版社，1998：209.
③ ELMORE R F. Reform and the culture of authority in schools［J］. Educational Administration Quarterly，1987，23（4）：60−78.

过法定权威作用于学生，以维护自己的合法性。加利福尼亚大学伯克利分校名誉教授缪尔（William K. Muir）指出，教师在处理与学生的关系时通常会采用三种策略：强制、交换和权威。他认为信奉强制策略的教师通常会采用体罚和其他措施，这只会换来学生被动的顺从。采用交换策略的教师则通过奖励和安抚等手段，换得学生的服从，然而学习并不是它的核心。而权威作为控制的"道德化"，可以在教学活动中将学生的服从转变为一种责任。① 显然，权威能够有效地维持学校中以学习为核心的师生互动。因此，学校教育变革和创新必须关注教师的权威问题，并且不能偏离教师在师生互动中形成的个人权威和知识权威这一内核。

20 世纪 60 年代以后的教育变革遵从研究—开发—扩散的模式，教师被排斥在教什么和如何教的决策过程之外，成为一个被动的接受者。在此种情况下，教师的主要职责就是实施外部推行的新观念和新教材，他们的注意力也从师生活动转移到与成人之间的互动上。因此，在师生互动缺失的情况下，教师就无法通过人格权威和知识权威来维护学校的规范秩序。20 世纪 60 年代以后的教育变革过多地强调社会政治经济因素对教学的要求，使得学校成为一个科层机构和市场。在此种状况下，教师只能按照外部的法定权威行事，成为政府和市场的代理人。然而，学校组织的关键特征、其道德和文化维度、学校的政治秩序也只能在师生之间的道德和文化交往中得以建立和维持，因此，20 世纪 60 年代以后的许多教育创新虽然旨在针对学生的不同需要，但是由于教师个人权威和知识权威的丧失，未能实现预期的目的，反而巩固了工业化时代的标准化课堂教学活动。

（四）不确定性回避

现代学校教育的大规模复制逻辑确保了学生的批量生产，然而教师的能力和素质最初具有很大差异，为将此种差异对于学生成绩的影响降到最

---

① MUIR W K. Teachers' regulation of classrooms ［M］//KRIP D, JENSON D. School days, rule days: the legalization and regulation of education. Philadelphia: Falmer, 1986: 109-123.

低，就必须确定教学的标准。现代学校通过外部结构（如科目、课时等）和职业规范（如课堂秩序、授课规则等）限制了教师实践的可接受范围，并且通过此种规定，使教师和学校可以免除外界的干扰。通常，家长在将子女送到学校时，对学校采取信任的态度。同时，由于教育结果的长效性，学校不可能像私营部门那样及时得到关于质量的反馈信息，加之公立学校的经费和生源均有保障，学校逐渐成为僵化的科层组织，其成员在日常工作中也有"混日子"的倾向。学校组织的此种特征造成了教师的保守性和对变革的抵制。

教育创新必将带来不确定性，新的教育观念或技术常常会使教师多年来行之有效的实践方式变得一无是处，从而使教师产生认同危机和角色危机。英国学者古德森（Ivor Goodson）等人将教育变革给教师带来的此种情怀称之为"教师的乡愁"（nostalgia），即对传统实践方式的怀念和对新教育观念的抵制。然而，教师的乡愁见证了教师在变革过程中的经历，是教师在职业生涯中对变革意义的不断建构和重建。因此，学校教育变革的阻力既涉及生成又涉及消解，前者意指教师对职业使命和人生价值的建构、守护和重建，后者意指教师体能和热情的衰退。将变革的阻力理解为履行、恪守、捍卫个人的使命和记忆，可以使人们积极地看待教师为之奋斗的事业，而不是仅仅看到教师的反对。①

此外，对于教师回避不确定性、抵制变革的倾向，不应该仅从消极的方面来看待。社会变革专家马利斯（Peter Marris）认为，所有真正的变革都包含着损失、焦虑和争斗。这是一种不可避免的自然现象。受到变革威胁的共同体或机构通常会因面临的损失而排斥变革，趋于保守。实际上，在大部分变革中，都会出现此种情况。只要人们遭受损失（它们也可能期望变革），他们的内心就会矛盾重重。因此，一旦我们理解了他们对损失的焦虑，就会更加清楚他们为何顽强抵制。②佐治亚大学吉特林（Andrew Gitlin）教授认

① GOODSON I, MOORE S, HARGREAVES A. Teacher nostalgia and the sustainability of reform: the generation and degeneration of teachers' missions, memory and meaning [J]. Educational Administration Quarterly, 2006, 42 (1): 42-61.
② MARRIS P. Loss and change [M]. London: Routledge & Kegan Paul, 1986: 1.

为，以哈维洛克为代表的第一代学校变革研究者将教师视为变革的阻力，倡导通过外部专家的帮助实现学校变革。以萨拉森（Seymour Sarason）为代表的第二代学校变革研究者则将视角扩展至整个学校文化，倡导建立合作型文化以实现学校变革。然而二者都忽视了教师抵制行为中所包含的"洞见"（good sense）。依据威利斯（Paul Willis）的抵制理论，教师的抵制行为体现了他们对切身问题的明确认识。长期以来，教师对学校权威和工作负担的关注可以使变革者清醒认识到现有的制度制约，从而更好地实现学校创新。[①]富兰也指出："真正的变革，无论是不是预期的，都代表着个人和集体的一种重要经历，而这种经历具有冲突性和不确定性的特征。如果变革的目的实现了，它就能产生一种支配、成就和专业成长的感觉。源于不确定性的焦虑和支配感的喜悦，对教育变革的主观意义而言是至关重要的，因而对于变革的成功或失败也是至关重要的。"[②]

概言之，20世纪80年代以来，随着教育创新研究的深化，教师的实践方式、文化特征对创新的影响日益受到重视，研究者也逐步转变了对教师阻力的认识，从课堂教学微观互动的角度来探讨教师文化之于学校创新的作用。

二、教育创新的新制度主义解释

学校教育创新发生于特定的时空结构之中，依照法国社会学家布迪厄（Pierre Bourdieu）的"场域"理论，处于不同位置的学校获得了不同的权力/资本，由此形成的客观关系网络限定了学校教育创新的运作。由于社会的高度分化，作为社会子系统的学校组织具有相对自主的运作逻辑，不

---

①　GITLIN A，MARGONIS F. The political aspect of reform：teacher resistance as good sense ［J］. American Journal of Education，1995，103（4）：377-405.

②　富兰. 教育变革新意义［M］. 赵中建，陈霞，李敏，译. 北京：教育科学出版社，2005：32-33.

能化约为政治、经济和艺术等场域中的逻辑。①学校教育实际上是围绕知识的传递而形成的一组场域关系，政府、家长、企业界、大学、出版社等利益相关者共同介入了学校的组织场域。在组织域中，学校与其他实体之间的互动逐渐被制度化，由此形成的制度逻辑制约了学校的行为方式。

（一）教育创新中的趋同现象

20 世纪 80 年代新制度主义的兴起，与人们对文化意义的理解密切相关。20 世纪七八十年代的批判研究和文化研究，使人们认识到外部环境和价值规范对组织行为的影响，因而开始质疑科层组织的理性假设。在对组织行为的研究中，新制度主义者发现，组织的许多行为并不是为了提高运作效率，而是受到了外部的价值规范和观念体系的影响。新制度主义学派的创始人迈耶（John Meyer）指出，超越组织的具体任务和技术需要的价值规范，渗透、渗入组织内部的过程，便是组织的制度化（institutionalization）。因此，组织面对两种不同的环境：技术环境和制度环境。这两个环境对组织的要求并不一致。技术环境要求组织有效率，即按最大化原则组织生产。制度环境则要求组织要服从"合法性"机制，采用那些在制度环境下"广为接受"的组织形式和做法，而不管它们对组织内部运作是否有效率。②在新制度主义学派看来，对于学校这样的公共组织，它们更是受到了制度环境的影响。学校组织的合理性高度地依赖于制度化模式中公众对学校的信心，而这导致教育者在学校标准化的生产过程中，忽视教育活动的技术层面，从而使学校逐渐演化为一个精细的管理机构，并直接造成了教育组织的低效性。以至于有人认为，教育的生产组织技术从夸美纽斯发明班级授课制之后就没有多大的进步。③

新制度主义理论对于认识学校教育创新具有重要意义。作为一种变革

---

① 布迪厄，华康德.实践与反思：反思社会学导引［M］.李猛，李康，译.北京：中央编译出版社，1998：134.
② 周雪光.组织社会学十讲［M］.北京：社会科学文献出版社，2003：70，73，74.
③ 杜育红.论教育组织及其变革低效的制度根源［J］.北京师范大学学报（人文社会科学版），2002（1）：68–74.

过程，学校教育创新受到学校组织域中制度规范的制约。此种制度不仅构成了学校教育创新的内在背景，而且作为一种重要的力量渗透到教育创新的整个过程。斯坦福大学名誉教授斯科特（William R. Scott）指出："制度包括认知、规范和规制（regulative）三个方面的结构和活动，它们确保了社会行为的稳定和意义。通常，制度通过各种载体（文化、结构和惯例）在各个层面施加影响。"① 也就是说，制度的三个支柱是规制、规范和认知体系：其中，规制系统包括正式和非正式的规则；规范体系包括教育者信奉的价值观和态度；认知系统则是组织成员看待事物和解释世界的独特方式。处于制度环境中的组织必定在这三种因素的作用下，表现出某种一致性。新制度主义的代表人物迪马乔（Paul DiMaggio）和鲍威尔（Walter Powell）指出，在制度因素的作用下，组织趋同（isomorphism）的三种机制是强迫机制、模仿机制和规范机制。② 强迫机制是指借助正式和非正式规则，迫使组织成员就范。模仿机制是指，当某个组织在公众心目中成绩斐然和备受赞誉时，就会被其他组织有意识地仿效。此种模仿通过三种力量得以强化：（1）教育专家，他们积极地推广最新的教育理念；（2）学术会议，它们成为新观念的超级市场；（3）学校和学区管理者之间的相互交流。而规范机制则源于教育系统的专业化，在此过程中，作为"把门人"的大学和专业认证机构规定了学校中的价值观、规则和标准，并决定了职业的准入和实践者的行为模式。这三种机制的核心是维护组织的合法性，并使组织表现出某种一致性。学校教育创新的扩散从根本上也是一种组织趋同现象，它是新的理念和技术在三种机制的作用下逐步扩散的过程。

在此种理论视角下，教育创新研究将重点放在创新的制度背景上，着力考察制度的规制、规范和文化认知三个要素对教育创新的影响。学校教育组织处于特定的技术环境和制度环境中，为了确保自己的合法性，它们

① SCOTT W R.Institutions and organizations［M］. Thousand Oaks，CA：Sage，1995：33.

② DIMAGGIO P J，POWELL W W. The iron cage revisited：institutional isomorphism and collective rationality in organizational fields［J］. American Sociological Review，1983，48（2）：147−160.

会按照制度环境的要求采取行动。而就教育创新来说，学校组织之间的模仿和趋同在所难免。新制度主义学者迈耶和罗文（Brain Rowan）指出，率先进行创新的组织通常是为了提高组织效率，但是随着创新的扩散，当达到一定阈限之后，采纳创新就只是为组织提供某种合法性，而非提高效益。[①] 哥伦比亚大学商学院学者亚伯拉罕森（Eric Abrahamson）则指出，创新有时候会成为一种时尚，对组织产生负面影响：（1）盲目跟风，采纳无用的创新；（2）追求时尚，拒斥有用的创新；（3）注重形式，崇尚象征的创新。[②] 由于追求时尚，组织管理者常常"走马灯"似的从一个问题转移至另一个问题，使某些技术根本来不及用以解决问题。因此，教育创新的扩散过程常常伴随着行政的压力、模仿的倾向或制度的约束。教育创新的采纳很多时候并不是出于理性的选择，而是新制度主义所说的制度的规约。

（二）制度环境下教育创新的实现

新制度主义理论认为，组织变革受到了严格的制约，组织域一旦通过"结构化"得以确立，每个组织的行为都将趋于更大的一致性。作为一种公共选择产物的制度是集体行为的结果，因而单方面的或个人的变革很难奏效。[③] 学校所处的组织域一旦形成，结构化的力量就会使各个组织之间相互连通（connectedness）。因此，除非组织域的制度逻辑发生改变，否则任何学校变革总是会被迫返回老路。此外，制度具有自我"神化"的功能，使自己成为一种超自然的支配力量，免于外部的理性质疑和冲击。对于学校来说，它通过教师资格认定和课程标准设定等手段，可以使学校组织在"信任的逻辑"（logic of good faith）下免于外部的审查，从而维护了制度的稳定性。而对于受到制度逻辑支配的行为者，他们也会逐渐将制度视为一

---

① MEYER J W，ROWAN B. Institutionalized organizations：formal structure as myth and ceremony［J］. The American Journal of Sociology，1977，83（2）：340-363.

② ABRAHAMSON E. Managerial fads and fashions：the diffusion and rejection of innovations ［J］. Academy of Management Review，1991，16（3）：586-612.

③ 马健生. 论教育改革方案的可接受性与可行性：公共选择的观点［J］. 北京大学教育评论，2004（4）：108-111.

种"理所当然"之物，不会有意识地对其质疑和批判，因而很难纠正或改变制度逻辑。[①]处于组织域中的学校，在制度这一"铁笼"的规约下，必定会与其他学校趋于一致，而某些多样化的努力也只能发生在制度的真空中。

新制度主义理论着重探讨制约组织变革的力量，这有助于研究者更好地理解教育体制中趋同的原因，也可以更清楚地看到某些没有实质效果的变革。然而，教育系统中确实发生了变革，虽然此种变革并不像改革者期望的那样频繁和剧烈，但是变革却是不争的事实。加州大学河滨分校（UCR）荣誉教授汉森指出，当制度环境的期望与学校的现实做法之间产生差距时，学校就会发生变革。促使组织变革的三种力量是：（1）制度环境的渐变（shift）；（2）制度环境的规约（regression）；（3）制度环境的震荡（shock）。[②]对于制度环境的渐变来说，它通常发生于组织域中的某些组织对学校的期望或要求发生变化之时，如政府通过一项新的法令，增设一门新的考试科目。然而，由于整个制度逻辑尚未坍塌，此种变革一般是渐进的。加拿大约克大学著名学者奥利弗（Christine Oliver）指出，组织应对此种变革的五种策略是：（1）默许；（2）回避；（3）妥协；（4）拒绝；（5）糊弄（manipulate）。[③]因此，由于组织域中制度结构和规范力量的不同，各个组织通常会有不同的表现。对于学校教育创新来说，它也源于制度环境中的某些变革。如当政府部门推行新的课程大纲时，各个学校由于自身地位和力量的不同，会采取不同的应对策略，或者默许或者貌合神离。在此过程中，学校教育创新得到充分体现。

对于制度环境的规约来说，它通常发生于组织行为过于偏离制度规范之时。在此种情况下，组织的合法性受到质疑，环境的压力就迫使它们缩小差距，以达到规定的标准。通常情况下，此类组织包括两类：一类组织表现较差，未能达到制度的最低标准；另一类组织则超于常规，敢于采用

① 柯政.学校变革困难的新制度主义解释［J］.北京大学教育评论，2007（1）：42-54.

② HANSON M. Institutional theory and educational change ［J］. Educational Administration Quarterly，2001，37（5）：637-661.

③ OLIVER C. Strategic responses to institutional processes ［J］. Academy of Management Review，1991（16）：145-179.

非正统或非标准化的方式取得更好的成绩。对于这两类组织，制度规范通过两种力量维护制度逻辑：（1）强迫它们服从制度标准；（2）将偏离常规者的行为合法化，允许其他同类模仿它们的行为。在制度逻辑的作用下，表现较差和较优的组织都被迫回归（regression）本队，尽管对于后者来说可能会出现制度逻辑的变革。美国重建学校运动中便变现出了这两种取向。一方面，成绩较差的学校面临着人员重组，甚至关闭的威胁，因而这些学校通过各种创新手段提高学校成绩；另一方面，一些成绩较好的学校所采取的创新举措则被制度逻辑加以合法化，成为其他学校模仿的对象。

对于制度环境的剧变来说，它通常发生于组织不能通过渐进改变来适应外部环境的变化之时。一般而言，高度制度化和僵化的组织，更容易遭到环境的冲击。在教育领域中，许多影响深远的环境冲击也从根本上改变了学校的行为。这些变革的力量包括：（1）技术的转变，如信息通信技术；（2）法律的转变，如美国最高法院于 1954 年废除了对少数族裔的"分离但平等"教育；（3）公众意识的转变，如美国《国家处于危机之中：教育改革势在必行》报告发布之后的改变。总体而言，当教育系统面临强大的环境冲击时，原来使学校维持现状的制度化力量遭到削弱，从而发生了重大变革。美国 20 世纪 60 年代越战期间以及 20 世纪 90 年代中期的教育改革就体现了这一点。20 世纪 60 年代，在反对越战的社会背景中，人们对政府和社会丧失信任，原本笼罩在现代学校上的制度化力量开始坍塌，各种以创新、创造和自由的名义进行的变革蜂拥而至，如无围墙学校、校中校、灵活授课制、不分年级的学校等。然而，当 20 世纪 80 年代社会趋于稳定时，教育系统的组织域又重新制度化。随着对公立学校教育质量批评的加剧，20 世纪 90 年代又出现了解除管制（deregulation）和去制度化（deinstitutionalization）的强烈要求，此种环境又使美国出现了特许学校、家庭学校和教育管理公司（EMOs）等创新形式。概言之，尽管新制度主义极为重视组织趋同现象，似乎在制度逻辑的约束下，真正的学校教育创新不可能发生。然而在上述三种制度环境变化的情况下，学校完全有可能在与外部环境的相互作用中实现创新。

近年来组织理论的发展逐渐走向整合，研究者也认识到新制度主义过分重视制度环境的制约，而在很多情况下，传统的适应理论（adaption theory）和权变理论（contingency theory）对于组织变革仍具有重要意义。[①]就教育领域来说，伊利诺伊大学克雷茨（Matthew Kraatz）等人通过对美国文理学院的实证研究发现，许多文理学院为适应技术环境的需求，将课程进行职业化，此种变革与文理学院组织域的制度要求背道而驰。文理学院并没有模仿声誉卓著的同类院校而带来组织趋同，而是表现出了很大的异质性。此外，文理学院中违背制度合法性的变革也没有给自己带来负面影响。[②]因此，在面对组织神话之时，学校必然会考虑地方的情景和特征，在制度的"铁笼"中，具有自主精神的实践主体即便在违背制度合法性的情况下，也会破茧而出，实现学校组织的创新。

综上所述，新制度主义对非营利性组织趋同现象的研究，为学校教育创新研究提供了重要的视角，教育创新的扩散在很大程度上受到了三种趋同机制的影响。然而，传统的制度主义者的适应理论也是认识学校教育创新的一个重要视角。

三、对教育组织特征的分析

组织的视角是认识教育创新的一个重要维度。最初的创新研究将重点放在具有创新精神的个人身上，遵从单一的线性思维模式，认为"制度企业家"会引领组织实现创新。此种简单化的视角抽离了不同组织的独特属性，忽略了创新和创新者在不同组织中的差异。加拿大教育管理理论家格林菲尔德指出，组织变革理论通常将组织视为某种外在于人的客观存在，

① 斯科特，李国武.对组织社会学50年来发展的反思［J］.国外社会科学，2006（1）：7–14.
② KRAATZ M S, ZAJAC E J. Exploring the limits of the new institutionalism: the causes and consequences of illegitimate organizational change ［J］. American Sociological Review, 1996, 61（5）：812–836.

认为通过对组织目标和结构的改造，可以促进组织成员更好地发展。然而，组织是一种社会建构的存在，是个人所持有的目标和价值观的总和，所谓的普遍的组织形式也不过是一种文化的产物。^① 因此，组织并不是单一的、目标导向的实体，而是包含了多种目标和价值取向的复杂实体。组织结构对个人也不会具有一致的影响，而是取决于个人对它们的认识和对社会实体的界定。此种视角将组织与个人行动联系起来，摒弃了对组织的抽象研究。

有学者指出，农业领域中的技术创新研究不一定适应于医药领域中新药的扩散，组织特征的不同，将会导致创新的发起、采纳和实施有所不同。这迫使研究者将视角投向了具体的组织领域。因此，对教育组织特征的研究成为创新研究的重要议题。同时，由于组织特征的不同，案例研究方法被广为采用。

（一）作为科层组织的学校与教育创新

作为一个公共机构，教育组织是一个相对保守的组织。面对新科技的突飞猛进，教育领域中对新技术的采纳表现相对迟缓。美国宾夕法尼亚州立大学经济学系名誉教授费勒（Irwin Feller）对公共部门中技术扩散的主要障碍进行了分析，他认为：（1）不当的激励体制使组织成员抱有不求有功、但求无过的思想；（2）缺乏客观的绩效标准；（3）当选官员只关注任期内的政绩，目光短浅；（4）公务员体制不够灵活；（5）从基层做起的升迁历程；（6）预算不足或者受到限定；（7）政府并不关注绩效变革；（8）缺乏内部评价能力。^② 公立学校对待创新的态度与其他公共服务部门具有某种相似性。此外，美国学者平卡斯（John Pincus）也指出公立学校是一种自我增殖的科层组织，并认为它们（1）目标不明，缺乏共识；（2）技术不定，教法自由；

---

① GREENFIELD T B. Organizations as social inventions：rethinking assumptions about change [J]. The Journal of Applied Behavioral Science，1973，9（5）：551-574.

② FELLER I. Innovation process：a comparison in public schools and other public sector organizations [J]. Knowledge：Creation，Diffusion，Utilization，1982，4（2）：271-291.

（3）无意竞争，生源无忧；（4）影响多面，难以确定。因此，公立学校缺乏创新的激励因素，从而造成了公立学校创新的采纳相对迟缓。① 卡尔森根据学校的招生原则将学校组织分为"野生"和"圈养"（domesticated）两类。当学校的招生范围和学生来源比较明确时，学校一般是圈养的组织，可以避免环境的干扰和影响。而当家长有权为子女择校和实施新的教育经费分配方式时，学校就变成了"野生"组织，它们就必须为生存而斗争。② 因此，学校作为一种科层组织，在缺乏竞争和外部审查的情况下，它们的行为一般趋向于保守。此种组织特征也就较好地说明了为何军工企业和经济部门中创新不断，而学校教育创新却相对较少。可以说，外部环境的竞争和内部成员的积极性是促进创新的重要因素。

英国社会学家斯宾塞早就指出，国民教育体系作为一种社会公共机构具有自我保存的本能，这源于既得利益者出于自身目的对其进行的维护。作为一种植根于过去和现在的教育体制，任何变化都会威胁，甚至颠覆它们的利益，因而既得利益者大都反对变革。而另一方面，教育意味着变革，总是在使人们达到更高的目标，而非因循守旧。③ 因此，教育始终处于两种力量的张力之中，科层制的要求和教育内在的变革冲动常常发生冲突。尽管科层制的正式化结构不能对外部需要做出灵活的反应，然而，一旦此种组织做出教育创新的决定，创新的实施又很容易进行。皮尔斯（John L. Pierce）和戴贝克（Andre Delbecq）在大量文献综述的基础上发现，科层组织中的正式化与创新的发起成负相关，但与创新的采纳和实施成适度正相关。④

① PINCUS J. Incentives for innovation in the public schools［J］. Review of Educational Research，1974，44（1）：113-144.

② Carlson R O. Environmental constrains and organizational consequences：the public school and its clients［M］//BALDRIDGE J V，DEALTE. Managing Change in Educational Organizations. Berkeley，CA：McCutchan Publishing Corporation，1975：187-200.

③ 斯宾塞. 社会静力学［M］. 张雄武，译. 北京：商务印书馆，1996：162.

④ PIERCE J L，DELBECQ A L. Organizational structure，individual attitudes and innovation［J］. The Academy of Management Review，1977，2（1）：27-37.

（二）作为模糊（ambiguity）组织的学校与教育创新

学校组织的科层模式是建立在理性选择的基础之上的。20世纪70年代，随着诺贝尔经济学奖获得者西蒙提出有限理性理论，人们开始认识到组织决策和实施过程中的诸多不确定性。对于教育这个以人为主体和客体的实践活动，人自身的复杂性和不可预测性更是决定了科层模式不能有效地解释学校组织的某些行为。因此，20世纪70年代末以后关于组织模糊性的研究大部分来自学校教育领域。

英国学者贝尔（L. A. Bell）认为，传统的学校组织研究从目标、人事、技术等特征入手，将学校视为一个科层组织。然而，学校的目标并不明确，学校成员之间以及学校与外部环境的关系通常捉摸不定。因此，权变理论可以对学校组织的复杂过程做出解释。[①] 在美国学者科恩（Michael Cohen）等人看来，学校组织的特征是目标不明、技术不定、人员流动。因此，学校是一种无政府组织，其组织结构是由外部压力和组织自身的特性共同决定的。对学校来说，它存在于一个动荡的环境中，组织发展通常难以预测。[②] 因此，学校中的个人必须具有高度的适应性、创造性和灵活性，以应对瞬息万变的组织环境。由于学校组织的此种特性，它们常常不能依据明确的程序就某些问题达成共识。因此，学校组织通常是在模糊的条件下，将问题、备选方案和参与者联合起来，依照"垃圾桶"理论（garbage can theory）的决策模式决定对学校教育创新采纳与否。[③]

模糊理论强调了学校外部环境的易变性，以及学校目标和运作过程的不确定，极大地扩展了研究者的视野，使人们以动态的眼光来看待学校教

---

① BELL L A. The school as organization: a re-appraisal［J］. British Journal of Sociology of Education, 1980, 1（2）: 183-192.

② ELLSTROM P E. Four faces of educational organizations［J］. Higher Education, 1983, 12（2）: 231-241.

③ COHEN M D, MARCH J G, OLSEN J P. A garbage can model of organizational choice［J］. Administrative Science Quarterly, 1972, 17（1）: 1-25.

育中随机出现的事物。此外，此种模式对于认识学校教育创新的发起、采纳和实施具有重要意义，它使研究者在创新的每个阶段都能够考虑到各种备选方案，并将各种利益相关者之间的互动和斗争纳入其中，因而与政治模式具有某种天然的联系。然而，此种模式仍然主要是分析性和解释性的，而不是规范性的。总体而言，日常的学校教育实践仍具有某种稳定性和可预见性。在现实中，学校是在理性和无序的混合状态下运行的。

概言之，20 世纪 70 年代一般创新研究结果的不一致性迫使研究者将视角转向具体的组织领域，因而教育创新研究开始关注学校的组织特征，并着力考察学校组织特征与创新采纳和实施的关系。

四、复杂性理论的视角

传统的经典力学将世界视为一个巨大的"钟"，认为世间万物在自然规律的支配下会像钟表一样精确，牛顿的三大定律便是此种信念的理论表述。然而，世间万物的运动并非牛顿预言得那么精确，天气的变化、人的发展都呈现出了非线性的发展轨迹。英国科学哲学家波普尔曾以"云"与"钟"来比拟自然世界中物质存在状态的两极，前者是非常不规则、毫无秩序、难以预测的系统，后者是规则、有秩序的、高度可预测的系统，牛顿的范式实际上认为所有的云都是钟。

然而，现实的物质世界的存在方式兼具了云与钟的特征，即使再精确的事物也有不确定的因素，而再无序的事物也有可以预测的成分。世界物质实际上处于复杂的系统之中。气象学家洛伦兹（Hendrik Lorentz）所指出的"蝴蝶效应"（butterfly effect）便展现了天气变化对初始条件的敏感依赖。20 世纪 80 年代，随着复杂性理论在诸学科中的广泛应用，研究者也开始以此种视角看待学校变革。

（一）教育创新中复杂性的来源

复杂性是生命有机体与无机物相区别的重要特征，对于投掷出去的石头，我们可以相对准确地预测出它的抛物线，然而对于从手中放飞的小鸟，我们却难以计算它的运动轨迹。因此，复杂性是与简单性相对应的一个概念，而后者是近代自然科学创立以来人们普遍采用的思维方式。在奥卡姆剃刀"如无必要，勿增实体"的原则下，自然界乃至人类事物被还原为一种（或几种）简单的关系。然而，20 世纪 50 年代以来，由于系统论的发展，人们开始以整体的、联系的和开放的眼光来看待自然现象和人类社会的发展。复杂理论由此而生，它摒弃了线性的、简单的思维范式，强调人类认识和社会发展中的不确定性。

作为教育对象和教育主体的人，是一个复杂的个体。对于这一最高级的生命存在，人类至今也没有揭开自身的奥秘。认识自身面临的首要问题就是人类的复杂性问题，此种复杂性体现为人的生理复杂性、心理复杂性、工具复杂性和文化社会复杂性。[①]作为人的神经中枢的大脑皮层，具有极为复杂的结构和运作规律，对此，现代自然科学至今尚未有明确的发现。而人们的喜怒哀乐、知情意行等心理结构更是纷繁复杂，捉摸不透。作为人类自身器官延伸的人造工具，是人类创新性思想的外化和物化，也是人类认识世界和采取行动的主要依托。此种工具所具有的累积性特征，使其在当代呈现出极为复杂的特征（如互联网）。此外，人类是一种社会的存在，因而具体的文化—历史背景构成了人类行动的外部条件，而此种背景又是极为复杂的。

对于教育创新来说，作为创新主体的行动者由于经常处于变革的环境中，因而比一般人具有更大的复杂性。除了创新主体所具有的复杂性外，教育创新的客体也是一个极为复杂的系统。如前所述，教育创新的客体一般包括观念、制度和事物。与一般的认识对象不同，教育创新的客体不是

---

① 赵光武. 创新认识的复杂性分析［J］. 马克思主义研究，2006（4）：23–29.

既定的存在，而是处于生成之中，是新旧事物同时并存，并且向新事物转化的复合形态。对于这样的客体，自然包含了各种社会力量的介入，因而教育创新的客体也显得极为复杂。

（二）教育创新过程中复杂性的表现

传统的创新扩散模式以经典科学为理论假设，遵从研究—开发—扩散的线性模式。然而，在开放系统的视角下，学校教育创新从发起到扩散再到采纳无不处于不确定的环境中。此种不确定性不仅表现为创新环境的不可预测性，还表现为作为学校教育主体的人的复杂性。因此，在创新的生成和实施阶段，可能很小的因素都会导致学校教育创新表现出不同的形态和结构。学校教育是一个复杂的系统，而"复杂系统具有将秩序和混沌融入某种特殊的平衡的能力。它的平衡点——即常被称为混沌的边缘——便是一个系统中的各种因素从未真正静止在某一个状态中，但也没有动荡至解体的那个地方。混沌的边缘就是生命有足够的稳定性来支撑自己的存在，又有足够的创造性使自己名副其实为生命的那个地方"[1]。因而学校教育创新也正是诞生于复杂的边缘。

沙利文（Terence Sullivan）曾探讨了复杂系统理论、演化理论和混沌理论（chaos theory）在学校组织变革中的应用。[2] 他认为学校是在开放的网络空间长期不断演进的组织，此种演进包含不断调整和建构的过程，从而使学校内外环境的刺激保持协调。依据洛伦兹对混沌系统的界定，学校变革的过程展现了决定系统中可能出现的随机结果。在学校变革的决策阶段，最初会遇到不确定性的关键变化，随着个人和组织通过不断学习而获得信息，最终做出决定。而在执行过程中，采纳者的行为以创新本身为"混沌吸引子"（chaos attractor）而达到有序与无序的统一。人们对创新的

①　沃尔德罗．复杂：诞生与秩序与混沌边缘的科学［M］．陈玲，译．北京：生活·读书·新知三联书店，1997：5.

②　SULLIVAN T J. The viability of using various system theories to describe organizational change［J］. Journal of Educational Administration，2004，42（1）：43-54.

最初反应可能有所不同：接受、改变抑或拒绝所谓的创新方案。由于此种差异，创新的最初实施会出现混乱和无序。然而，随着理想方案的不断修正，创新最终会被整个学校组织所接受。此种创新作为以一种自我参照的沟通影响力，正如混沌吸引子一样引导着学校组织的行为。因此，教育研究者应该积极看待学校组织中的价值冲突，而混乱和无序正是创新的生成和实施的前兆。

葛斯顿（Robert Garmston）和韦尔曼（Bruce Wellman）指出，作为体现复杂性的新科学，量子力学、混沌理论、复杂理论和分型几何学使我们认识到，我们并不是生活在一个非此即彼（either/or）的世界中，而是正在迎接你中有我（both/and）的曙光。混沌和秩序是同一系统的两个方面，它们同时并存。学校如天气系统一样是一个非线性的系统，它会因自身不断受到的反馈而发生重大变化。由于极小的变化都会引起巨变，那么对于学校组织就可以通过有意识地改变输入，促使其发生转型。由于每个事物都影响或呈指数性地影响其他事物，那么能够产生蝴蝶效应的事物必定最具生成性和积极性。因此，教育研究者必须探寻混沌表象下面的秩序模式，并探究学校与环境互动的结构和方式。学校创新需要参与者通力合作，分享共同的目标和价值观，共同规划和解决问题，此种参与的倾向潜在地植根于人们对宇宙组织原则的认识变化中。①

可以说，20 世纪 80 年代兴起的复杂理论研究为学校变革和创新提供了新的认识路径，研究者开始从线性的封闭的思维模式转向非线性的动态的过程研究，并以开放系统的视角看待学校教育创新的复杂过程。

---

① GARMSTON R，WELLMAN B. Adaptive school in a quantum universe ［J］. Educational Leadership，1995，52（7）：6-12.

第三节　人文视角的评述

　　教育创新研究的人文视角是 20 世纪 80 年代以来，随着多元化趋势和文化研究的兴起而发展起来的一种研究视角。它赋予教育创新实践中的每个人以主体的地位，通过对个人或共享的文化、价值观的研究，深入理解教育创新中的非正式结构和活动。可以说，人文视角的兴起，为在教育创新实践和研究这座迷宫中走得太久而疲惫不堪的人们提供了很多启迪。20世纪五六十年代兴起的教育创新实践，在如火如荼的繁荣景象过后，似乎并没有给教育实践带来多大的改观。对于新的教育观念和技术，创新实施者对它们的反应并没有变革发起者所想象的那样热情。显然，许多教育变革都是创新开发者的一厢情愿。实际上，在他们的假设中，作为创新实施者的个人或组织都是可以操纵的对象。然而，人是一种追求意义的社会存在，他们的价值观、态度和信仰必定对个体行为产生重要影响。英国学者哈灵（Paul Harling）指出，"每个组织都有一个权威的、制度化的模式和官方的规范制度，以利于成功地实现组织的目标。然而，组织除了这些正规的方面以外，还有非正式的关系网络和非官方的规范，这些都是从正规结构中的个体和群体的相互作用和影响中产生的"[①]。因此，处在正式组织中的人们在遵从科层程序的同时，也必然具有某种无形的、不可化约的精神范式，而后者在 20 世纪 80 年代以后愈发重要。

---

① 布什 . 当代西方教育管理模式［M］. 强海燕，主译 . 南京：南京师范大学出版社，1998：199.

一、人文视角的特征

所谓人文视角乃是透过人的精神状态和价值追求来看待他们的实践活动。自现代哲学创立以来，在人们的认识领域中就形成了理性对非理性的僭越，个人的欲望和冲动经常处于一种被压抑的状态，个人逐渐沦为一种机械性的存在，文艺复兴时期所宣扬的对人的价值的尊重也湮没在理性膨胀之中。20 世纪下半期，随着自然科学和社会科学中认识论范式的转向，人的因素引起了研究者的广泛关注。20 世纪七八十年代开始的文化研究、新制度主义、组织理论和复杂理论，从根本上说，都与理论研究中"人的发现"有关。文化研究侧重于对组织中个人的认识方式和思维方式以及共同的价值规范的研究，这对于认识教育创新中组织的独特性具有重要意义。当前教育创新研究中许多案例都具有鲜明的学校文化特征，研究者对教育创新的研究也开始更多地剖析学校的文化传统或者"传奇"（saga）。新制度主义重视外部环境中的价值规范对于学校组织的渗透，着重研究在制度规范作用下的学校行为。而组织理论则将组织视为一种文化的存在，是个体价值观和信念的综合，处于此种结构中的教育创新必然具有某种独特的模式。复杂理论源于自然科学的研究，用以解释科学研究中的不确定性。可以说，自然科学和社会科学中的不确定性从根本上来源于人的主体性行为，正是由于人的作用，一切系统才变得极为复杂，不能简单地套用还原性的本质主义思维范式。概言之，20 世纪 80 年代以后兴起的这些研究，体现了教育创新的人文视角。

在人文视角下，教育创新的文化意义层面受到了高度重视。教育创新的目标提出是一个各方利益表达的过程，学校组织中的亚文化和个人的思维范式都对创新目标的提出产生了主要影响。此外，创新的目标通常不像理性主义模式所强调的那样明晰，而是充满了不确定性和模糊性（复杂理论和模糊组织理论）。教育创新的采纳决定又是一个组织成员进行文化理解和意义沟通的过程。研究者相信通过行为者建设性的交流，最终可以通过某项创新决议。而在此过程中，学校组织所处的制度环境将对采纳何种创新具有重要影响（制度理论）。在人文视角下，教育创新的实施引起了研究者的关注。传统的理性主义创新模式，将创新的实施视为一个自动的过程，无视实施者以及组织文化对于创新的改造和再发明。而人文视角下的教育创新的实施则包含了实施者对于创新的意义的理解，在很多情况下，此种理解并非规划者所设想的那样。正是由于组织文化的独特性，教育创新最终才呈现出不同的结果。

二、走向综合的研究视角

教育创新的人文视角从本质上是分析性和解释性的，它对于认识和理解教育创新中的复杂现象具有重要意义。然而，对于基层的教育实践者来说，它们更需要的是操作性知识，人文视角只使他们认识到更加繁杂的因素和更加多变的环境。对于学校这样一个模糊性组织，它可能面对着更多的创新尝试，各种创新有时关联甚至相互冲突。因此，学校组织比公司组织负载着更多的创新。教育改革专家泰亚克和库班回顾了美国 20 世纪百年的教育改革历程，他们发现改革中经常出现"意外结果"，其原因在于：一部分人怀揣问题寻求解决办法；另一部分人却手持解决办法等待问题出现，但改革的实施并未能顺利地实现问题与解决办法的匹配。[①] 面对这种情景，教育实践者需要具有一致性的创新认识。显然，人文视角中这种纷繁复杂的景象必须通过理性视角来加以结构化。

从实践层面上来说，20 世纪 80 年代以来，人文视角的发展也最终抵至技术视角。人文视角侧重于对独特文化的理解，因而可能会认为教育创新具有某种不可通约性，而相互独立的教育创新对于学校教育实践将没有

---

① TYACK D，CUBAN L. Tinkering toward utopia：a century of public school reform ［M］. Cambridge，MA：Harvard University Press，1995：55.

实质性的改变。创新的扩散，亦即不同学校之间的沟通和联合将最终推动教育创新的成功实施。因此，20世纪90年代以来，研究者越来越多地注意到整个学校、学区乃至全国的制度背景因素对于创新最终结果的影响。美英等国从20世纪90年代开始，发起了学校整体改革（whole-school reform）运动，与20世纪60年代联邦支持的改革不同，它们将重点放在变革的实施上。加拿大学者富兰称之为大规模改革的回归，并指出了三个层次的改革：（1）整个学校的改革；（2）整个学区的改革；（3）整个国家的改革。^① 从内在逻辑上看，学校的某项创新的成功实施取决于整个学校体制的变革，而学校体制的变革又依赖于学区制度的变革，以此类推，学区制度的变革又依赖于国家体系的变化。教育创新一般是处于基层的学校首先发起的，因此，为了突破制度的束缚，实施创新的学校必须进行联合。20世纪90年代以后，在学校教育创新过程中，更多的学校开始通过相互沟通形成共同的愿景，借助此种自发的大规模变革推进学校教育创新最终实现。

综上所述，技术视角、政治视角和人文视角对于认识教育创新都发挥了不可替代的作用。就教育创新的过程而言，各种视角在每个阶段的作用是不一样的。在创新的发起阶段，人文视角可以给予更多的解释。在这一阶段，学校处于一个开放的系统中，人文视角可以使研究者更好地认识不同实践者的价值取向和行为方式，将重点放在他们与环境的互动以及创新思想的形成上。由于每个人或学校的文化倾向不同，他们可能会提出不同的创新方案。在创新的采纳阶段，创新主体面对各种备选方案，这就需要采用政治视角来加以认识，明晰各种主体是如何通过争斗使组织采纳某项创新的。如果相互之间不能通过谈判达成妥协，就需要用技术视角的结构化模式来加以处理。在创新的实施阶段，技术视角将发挥重要作用，通过理性的规划，可以有效地提高创新的速度。虽然创新具有很大的灵活性，但也不可否认规划的必要性。在此种情景中，更多地依赖创新实施者的实

---

① FULLAN M. The return of large-scale reform［J］: Journal of Educational Change, 2000, 1（1）: 5-28.

践智慧，此种实践智慧就如同演员的即兴表演一样，是一种基于经验积累和理性思考而表现出的行为。在创新的制度化过程中，人文视角和技术视角都可以发挥主要作用。作为创新的最终阶段，制度化将意味着实践者内化新的观念，将之作为日常的行为方式，而一旦制度化得以实现，创新的一个周期也就宣告结束。概言之，不同视角在透视教育创新现象时，具有各自的优势，对于教育创新研究，应该形成综合的认识论模式。

第四节　中国教育改革的文化逻辑

顾明远先生曾说："教育有如一条大河，而文化就是河的源头和不断注入河中的活水，研究教育，不研究文化，就知道这条河的表面形态，摸不着它的本质特征。"[①] 真正的教育改革创新为何有时"比登月还难"，从根本上说就在于根深蒂固的文化—认知模式的制约。中国拥有五千多年的文明史，是世界上唯一没有中断、发展至今的文明。中华文明的思维方式和精神特质作为代代传承的文化基因，深深融入每个中国人的所思、所想和所行中。中国教育改革创新面临的难题和突破的路径，都需要从文化根源上去探寻。

一、教育改革的文化心态

"心态"是影响着个人、人类群体和各民族思想的全部舆论、习俗、传统、信仰和价值体系。"社会心态"是在一定时期内形成的整个社会或社

---

① 顾明远.中国教育的文化基础［M］.太原：山西教育出版社，2004：1.

会大多数成员共有的宏观的社会心理状态，也是一段时间内弥散在整个社会或社会群体类别中的宏观社会心境状态。作为大众心理的"风向标"，社会心态反映出社会转型、变迁中社会群体在价值取向、认知、需求、情绪、行为、意向等各方面的变化。① 然而，社会心态对社会现实的反映，未必是直接的映射，可能会存在"折射"，即人们如何认知和想象社会现实比现实本身更直接地决定了社会心态的特点。改革开放以来，正是社会想象方式的不断嬗变，带来了纷繁芜杂的社会心态表现，重塑社会想象方式是培育良好社会心态的关键切入点。② 在教育领域，这种文化心态类似于教育民俗或者教育文化，以有关教育的"深度假设、信念、常识与惯习"，影响人们的日常教育行为，甚至表现为"一定的集体意识和集体无意识"。③ 除了作为社会结构的文化心态之外，还有一种广泛存在于个体的心智结构。任何教育改革之所以艰难，其实不仅仅在于不同人群有既有心智结构的刻板、僵化、偏见与谬见，关键的是不同心智结构相互之间的不可调和，其外在表征即价值与立场之争，因而使得改革总是左右掣肘、进退失据。④

追求公平的社会心态制约教育改革创新。党的二十大报告提出要建设教育强国、科技强国、人才强国，统筹推进教育、科技、人才一体化发展。面对激烈的国际竞争，为解决"卡脖子"问题，加快拔尖创新人才培养已经成为重要的国家战略。但是受长期以来社会民众形成的将"平等"或"平均"（划一）等同于"公平"的认识，以及"不患寡而患不均"的传统思想的影响，在基础教育阶段推进英才教育或拔尖创新人才早期选拔与培养常常面临各种挑战。从社会心态来看，一些家长认为英才教育采用的重点班或者"开小灶"的培养方式违反了教育公平的原则。然而，他们没有认识到，学生的差异性必然要求教育的差异性，因材施教是教育的基本规

---

① 杨跃.论新时代教育公平的社会心态支持［J］.南京师大学报（社会科学版），2024（1）：67-78.

② 辛自强.社会想象的三大维度及嬗变［J］.人民论坛，2019（29）：61-63.

③ 周作宇.民间教育学：泛在的教育学形态［J］.教育研究，2021，42（3）：53-75.

④ 阎光才.文化、心智与教育：破解教育改革困境底层逻辑的文化社会学分析［J］.华东师范大学学报（教育科学版），2024，42（3）：38-50.

律，英才教育只是因材施教的一种表现形式，英才教育反映了教育的内在要求，是教育体系的有机构成部分，是提高教育质量、促进教育公平的重要手段，是实现人的充分发展、促进国家发展的重要手段。[①]2014 年开始的新一轮高考改革在增加学生的选择性、促进学生全面发展的同时也存在关于增加应试负担、功利化选科、公平性质疑以及影响人才培养质量的担忧。[②]社会民众对于考试内容的公平性、考试方式的公平性、招生录取方式的公平性都提出了质疑，使得新高考不得不基于现实困境做出适当调整。

教育功利化的社会心态干扰教育改革发展。2023 年，习近平总书记在中共中央政治局第五次集体学习时强调："要在全社会树立科学的人才观、成才观、教育观，加快扭转教育功利化倾向，形成健康的教育环境和生态。"中共中央国务院印发的《深化新时代教育评价改革总体方案》提出要着力破除"五唯"，树立正确的政绩观、教育观、成才观、人才观。这些观念就是教育改革创新面临的重要社会心态。具体而言，在政绩观上，各级党委政府的教育政绩观对地方教育生态建设具有根本作用。今天的教育之所以功利，从根本上说，是人们评价教育政绩的标准功利，不少地方功利到只看考试成绩，只看中考、高考成绩，甚至只看"重点率""本科率""北清率"。在教育观上，许多学校和教师只是单纯追求分数，只重视"育分"，不重视"育才"，更没有"育人"，偏离了立德树人根本任务和德智体美劳全面发展的目标。在成才观上，许多学校和家长将"题海战术"和"应试技能"发挥到极致，加剧学生的学业竞争和"内卷"，严重影响学生身心健康成长和可持续发展。在人才观上，尽管人们相信"三百六十行，行行出状元"，但现实中仍然存在不同形式的学历歧视、职业歧视，这反过来又加剧了教育的竞争压力。不改变这种社会心态和文化认知，建设教育强国的改革创新举措就很难真正落到实处。

①　褚宏启. 追求卓越：英才教育与国家发展：突破我国英才教育的认识误区与政策障碍［J］.教育研究，2012，33（11）：28-35.
②　钟秉林，王新凤.新高考的现实困境、理性遵循与策略选择［J］.教育学报，2019，15（5）：62-69.

二、教育改革的文化境脉

中国"深度复杂"的教育改革具有"实践感"的特有意味。这种"实践感"既不与国家教育改革的大政方针有意相悖，也不与整个教育改革进程人为相左；既不是纯主观主义的现象臆想，也不是纯客观主义的物理自然，而是纠缠着诸多复杂要义的"不是逻辑的逻辑"。① 在中国教育改革创新的"场域"中，由历史积淀和个人建构形成的"惯习"以及长期形成的"文化资本"等力量，制约着教育改革创新的成效。学校是一种文化组织，要改变学校必须首先理解学校文化，特别是学校活动的方方面面及其所处的环境，这些要素对于教育创新的成功实施会产生深刻影响。② 教育变革实践不是一种纯粹理性活动的过程，有其自身独特的逻辑。习性赋予教育实践以历史性，情境不断地改变着实践的意向，时间和空间的结构也与实践行为有内在关联。③ 教育改革创新的实践场景和文化境脉，以一种先在的结构化形态作用于教育改革创新活动，使教育改革创新呈现出不同的文化性格。

从文化视角来看，文化的深处未必是课程，但课程的深处一定是文化。④ 教育改革必须触及文化根基，才能进行彻底改革。在所有类别的教育改革当中，学校课程改革毫无疑问是"教育变革的核心"。2001 年的第八次和 2014 年的第九次基础教育课程改革，让中国的基础教育课程走上了现代化的道路。⑤ 但是，不管是"三维目标"还是"核心素养"，抑或教师

---

① 马维娜.实践感：中国教育改革的"深度复杂"［J］.探索与争鸣，2021（7）：144-153.
② WELCH M. A cultural perspective and the second wave of educational reform［J］. Journal of Learning Disabilities，1989，22（9）：537-540.
③ 石中英.论教育实践的逻辑［J］.教育研究，2006（1）：3-9.
④ 刘启迪.全面深化课程改革需要深度的文化自觉［J］.当代教育科学，2015（20）：16-18.
⑤ 余文森.指向中国式基础教育现代化的课程改革［J］.课程·教材·教法，2023，43（2）：4-8.

进修制度和基层教研制度，往往侧重于课程改革的技术层面。当下的课程改革需要回到课程改革作为文化变革实践这一继承性变革的视角，通过关注课程改革的文化处境、保持必要的文化张力和尊重教师的文化主体地位，将自上而下的专业化改革行动与自下而上的文化创造与革新相互联结，以突破课程改革作为教材改革实践的痼疾。[①] 在课程改革中，教师信念、价值观和思想的改变被认为是最难发生的，通常需要经历较长的实践。此外，教师面对变革时情感上的冲击和反应往往被改革推动者误解或轻视。一些教师尽管接受了新课程理念的专业培训和研修，但在日常教学中依然如故。著名教育变革研究者哈格里夫斯就指出，教师是否愿意支持变革，在很大程度上取决于变革情境是否具有包容性和支持性。[②] 国外的研究也表明，任何变革（不管是外加的还是内发的）得以成功的唯一条件就是参与改革的学校，能够创造出适宜变革生存与繁荣的生态环境。[③] 中国基础教育课程改革归根到底是一场教育观念和文化的变革。

教育改革创新受到特定文化情境的制约，移植其他文化情境中的理论，用于本土的教育创新可能会出现"水土不服"问题。美国马丁·特罗（Martin Trow）的高等教育大众化理论曾一度被作为中国高等教育大众化和普及化的重要依据，但事实上马丁·特罗的大众化理论是基于人口基数相对小的不同国家形成的理论，对于像中国这样人口基数大的国家，将这一理论作为高等教育大众化发展的指导理论，显然有较大的局限性。类似理论被误用的例子还有很多，例如民办高等教育理论、高等教育市场化理论、学分制改革等。之所以出现这样的误用，原因在于把中国高等教育与西方高等教育放在两个平行的时间段进行对比，忽视了中国高等教育自身

① 程良宏. 从教材改革到文化变革：基础教育课程改革的视域演进［J］. 教育发展研究，2015，33（2）：47-52.

② HARGREAVES A. Inclusive and exclusive educational change：emotional responses of teachers and implications for leadership［J］. School Leadership & Management，2004，24（3）：287-309.

③ 操太圣，卢乃桂. 抗拒与合作：课程改革情境下的教师改变［J］. 课程·教材·教法，2003（1）：71-75.

发展的阶段性与特殊性。^①这就涉及知识和理论的"跨情境效度"问题。知识的"跨情境效度"追问的是西方社会科学知识在中国情境下的效度问题，本质上是对社会科学知识性质的拷问。^②也就是说，产生于西方特殊文化语境的教育理论是否能够直接移植到中国教育文化背景中，并产生预期效果？但实际上，各国的"研究传统"最能反映也最适合于解释生成它的环境中所发生的现象和问题，而别样的环境中出现的哪怕是相似的现象和问题，它的解释效力也是受到影响的。^③中国教育改革创新必须是基于中国文化境脉，而且要适应中国文化境脉。

三、教育改革的文化创生

加拿大学者富兰曾言，"变革的过程是一场关于文化重建的比赛"。文化重建归根到底指向人心智模式的改变，而这正是难度最大、最深层的变革。^④在很大程度上，人们支持或抵触变革并不是由于他们对变革的理性认识，而更多的是他们与变革的情感联系，因而变革具有较强的"黏性"，而有效的领导者则通常具有适应变革黏性的"情境素养"。从现实的教育变革来看，大部分组织都非常重视技术和培训，但几乎不关注知识分享和创造。引领一种变革文化，不是将变革者置于一种不变的环境中，而是让变革者在变化的环境中，创建一种有利于学习和知识分享的新环境。如果人们不能够超越简单的信息和个体，转而关注学习、知识、判断、群体、组织和

① 邬大光.论我国高等教育学体系的特殊性[J].厦门大学学报(哲学社会科学版), 2020(5): 18-25.

② 郭忠华.社会科学知识坐标中的"本土化问题"[J].开放时代, 2020 (5): 101-120.

③ 吴黛舒."研究传统"与教育学的发展：德、美两国教育学"科学化"道路的差异和启示[J].教育理论与实践, 2004 (3): 1-4.

④ 金琦钦.当代西方学校系统变革理论：旨趣差异与变革共识[J].比较教育研究, 2022, 44 (2): 87-93.

制度的复杂性，预期的变革就不会发生或真正见效。①"新教育理念的真正实施必有赖于对传统经验的创造性转换。这种传统经验的创造性转换一方面来自于接触新的经验形态所带来的冲击与震撼；另一方面来自对自身经验传统的批判性反思与重建。"②对作为变革主体的教师而言，他们偏好适应性标准，根据个人经验对变革计划做出调整，使之更加适应教学现实，这是主动创新的标志，而非削弱变革有效性的证据。③

　　就中国来说，我们许多解决问题的方法，与其他社会很不一样。在方法的背后，是另一种文化难以理解的、更加根本的角度、信念、准则、价值、假设，是文化框架的差异。④近年来，对于我国学生在国际学生评估项目（PISA）测试中优异表现，国际教育界将我国教研体系誉为"中国教育的秘密武器"。中国教师经常有组织地进行专业的研讨与提高，是其他国家难以比拟的，例如学校有教研组、政府教育部门有教研室，这与以往许多地方的教师，需要个人应付多个课程和繁重课时，不可同日而语。同样，我们自己习以为常的，在别的国家却很难实现。⑤从文化的层面来考察我国的教研制度，我们就会发现，中华优秀传统文化和教育传统，孕育和滋养了教研制度的文化基因，特别重视向他人学习。《诗经》《论语》《学记》等教育典籍蕴含的切磋琢磨、择善而从、相观而善、见贤思齐等意涵，正是这个文化基因的具体体现。⑥中国的教研制度，实际上旨在通过教师共同体建设，实现教育创新的文化重建，它建构的是哈格里夫斯和富兰共同提出的教师"专业资本"。他们所说的"专业资本"是人力资本（个体知识技能）、社会资本（教师群体之间关系）和决策资本（专业决断）的集合体，

① FULLAN M. Leading in a culture of change（second edition）［M］. New Jersey：Jossey-Bass，2020：93.
② 王有升. 理念的力量：基于教育社会学的思考［M］. 北京：教育科学出版社，2007：140.
③ CUBAN L. How schools change reforms：redefining reform success and failure［J］. Teachers College Record，1998，99（3）：453-477.
④ 程介明. 教研：中国教育的宝藏［J］. 华东师范大学学报（教育科学版），2021，39（5）：1-11.
⑤ 程介明. 上海的 PISA 测试全球第一到底说明了什么［J］. 探索与争鸣，2014（1）：74-77.
⑥ 朱永新. 教研制度：强国建设的教育基石［J］. 教育研究，2024，45（1）：80-88.

他们主张通过培育教师之间的协作文化，提升教师的专业资本，增强集体能力建设，进而改善所有学校的教与学。① 从教育变革和创新的发生和实施来看，一线教育实践者在共同理念的框架下，借助专业共同体网络的互动生成，最终实现了教育改革的文化创生。

　　教育改革和政策的执行不是简单的从目标到结果的线性过程，而是执行者不断根据实际做出动态调试和变通的过程。因此，教育政策的基层变通执行并不是基层政府或教育政策执行组织的单方行为，而是一种以基层政府为主导、教育政策执行组织为主体的特定任务情境下的互动行为，是基层组织为共同政策目标的快速达成而结合地方性知识和自身实际并不断调适的结果。② 2022 年教育部开始实施"国家教育数字化战略行动"，以开辟教育发展新领域新赛道、塑造教育发展新动能新优势，加快建设教育强国。在基层的教育改革执行中，涌现出许多教育创新典型案例，如北京市朝阳区的智慧作业系统、天津市河北区的数字化高效课堂、内蒙古准格尔旗的农村小规模学校教师智慧研修、辽宁省沈阳市的校外培训行为信用管理、上海市闵行区的数字化教育督导评价、浙江省杭州市的全息育人场域、江西省抚州市的智能化教师评价、广东省深圳市的数字化学业质量评价、重庆市高新区的区域教育高质量发展"画像"等。③

　　基于地方实践和文化情境而创生的典型经验，是教育改革创新的重要构成和重要资源。在动态的文化创生中，教育改革创新不断演进，"貌离神合"的基层教育创新最终汇集成为教育改革的磅礴力量。

---

① 哈格里夫斯，富兰.专业资本：变革每所学校的教学［M］.高振宇，译.上海：华东师范大学出版社，2015：5.

② 苏泽.教育政策基层执行中的"调适式变通"：一个组织学解释：以 S 县义务教育均衡发展政策执行为例［J］.教育发展研究，2023，43（12）：57-65.

③ 中国教育报.实践案例简介之主题五：教育数字化建设案例［EB/OL］（2024-5-14）http：//www.jyb.cn/rmtxwwyyq/jyxx1306/202405/t20240514_2111194168.html.

第七章
教育创新的组成要素：静力学的视角

科学的态度是把还原论和整体论结合起来。

——许国志

理解的运动经常是从整体到部分，再从部分返回到整体。

——加达默尔

法国社会学家孔德（Auguste Comte）把社会学和物理学（特别是力学）相提并论，并把社会学划分为社会静力学和社会动力学。他指出，社会静力学是对社会的一种静态的研究，探究一般的社会关系、社会结构及其性质以及它们存在的条件。简单地说，就是研究社会的秩序。而社会动力学是对社会的一种动态研究，它探究社会的运动和发展的规律，研究社会的进步。二者是一个统一整体，社会静力学所研究的秩序必然通过社会动力学研究的进步表现出来，而进步又是秩序的渐进的发展。[①]此种视角对于认识社会现象具有重要作用。通常，研究者对于复杂现象的认识，首先会抽象地假定认识对象在平衡力的作用下处于静止状态，然而利用解剖学的原则对事物的各个组成部分及其关系进行分析，以获得一般的、整体的认识。在获得此种直观的认识之后，研究者再将之放回到原来的具体环境中，考察研究对象在外力作用下的动态过程。

从本体论上讲，教育创新乃是一种社会行动，即结构化的行动和行动的结构化的辩证统一。因此，对于教育创新的研究也可以利用社会静力学和社会动力学的原理。本章将对教育创新的组成要素进行分析，第八章将侧重于教育创新的动态过程分析。依据实践逻辑，教育创新必然涉及两个关键因素：行动者和社会结构，因而对教育创新活动的解剖学分析，就必须考察教育创新的主体及教育创新的制度环境。教育创新的过程从根本上说是一个传播学的问题。罗杰斯曾指出，创新的扩散包括四个主要因素：（1）一项创新；（2）通过特定的渠道传播；（3）经过一段时间；（4）发生在社会系统成员之间。[②]因此，对教育创新的组成要素的剖析，也将从这些层面展开。换言之，教育创新的组成要素就是要从创新的主体、客体以及时空结构三个方面来考察。

① 刘放桐，等.新编现代西方哲学［M］.北京：人民出版社，2000：11-12.
② 罗杰斯.创新的扩散［M］.辛欣，译.北京：中央编译出版社，2002：31.

第一节 教育创新的主体

对于教育创新而言，首先必须回答的问题就是"谁在进行创新"。20世纪后半期以来，主要发达国家的教育创新，通常先由教育科研机构研发出新的教育观念和实践，然后在政府的作用下引入地方学校，最后由学校将其实施。因此，人们对教育创新的主体存在多种认识，或者将科研机构和大学，或者将地方政府教育部门，或者将地方学校视为创新的主体。对教育创新主体认识的混乱，使教育创新在实践中面临重重困难。因此，必须澄清教育创新主体的问题。

在哲学中，主体指的是一种有着主观体验或者与其他实体（或客体）有关系的存在。由于主体指涉的是实施行为并为之负责的个人或实体，因而常常被当作是"人"的同义词，或者是人的意识。[①]因此，创新主体就是能够敏锐洞察问题所在，并积极地引入新的解决办法的个人或者组织。创新主体与一般的行为主体有所不同，他们必须具有能动性，即具有主动性、自主性与创造性；必须参与特定的创新活动之中；必须具有产生新成果的功能。[②]创新主体具有很强的目的性，创新成果实际上早已蕴藏在他们的头脑中，而整个创新活动也不过是他们凭借自己的能力依托外界的条件将目的逐步实现的过程。此外，创新主体始终以开放的态度关注外界环境的变化，并针对问题采取新的解决办法。

---

① 汪民安.文化研究关键词［M］.南京：江苏人民出版社，2007：500.

② 曹山河.论创新主体与客体［J］.湖南社会科学，2007（1）：11-13.

一、创新主体的演变

创新主体的研究源于技术创新。自 1912 年熊彼特系统论述创新问题以来，研究者对创新主体的认识大致经历了三个发展阶段，即熊彼特时期的将企业家作为唯一的创新主体，德鲁克时期的企业内部的多个主体，以及 20 世纪 90 年代以后的多个部门组成的创新主体网络。[①] 对于创新主体的看法，实际上在熊彼特的思想发展中就出现了变化。早期熊彼特将企业家视为创新的主体，而晚期熊彼特则将大型企业视为创新的主体。熊彼特的创新理论直接脱胎于西方的"个人主义创新文化"。熊彼特认为，企业家追求利润是资本主义经济发展的内在动力，在此过程中企业家不断地进行"破坏性创新"（disruptive innovation），引入新的技术，实现资本主义经济的量的扩张。随着资本主义经济进入质的纵深发展阶段，引领企业发展的英雄个人主义的创新已不多见，取而代之的是日常化、多个主体参与的创新模式。管理学大师德鲁克也指出，在后资本主义时代，由于知识已经成为社会的轴心，对知识的管理将成为企业成败的关键。随着劳动分工的细化，具有专业知识的技术人员将成为企业创新的主体。此种日常化、惯例化的创新实践拓宽了创新的主体，走向以专业技术人员为核心的多元创新主体模式。[②] 在后资本主义时代，"大多数成功的创新都十分平凡，不过利用变化而已"[③]。因此，创新并非是具有天赋能力的企业家所特有，而是成了一种平民化的变革行为。尽管如此，研究者对创新主体的认识仍囿于企业内部，是一种个体论的视角。20 世纪八九十年代，随着弗里曼等人提出国家创新系统理论，研究者开始认识到大学、科研机构和政府在企业创新中

① 张方华. 技术创新主体演进模式研究：社会资本观［J］. 江苏科技大学学报（社会科学版），2007（1）：32-37.

② 樊根耀. 论创新主体的历史变迁［J］. 西安电子科技大学学报（社会科学版），2000（1）：40-43.

③ 德鲁克. 创新与创业精神［M］. 张炜，译. 上海：上海人民出版社，2002：42.

的作用，从而形成了系统的创新主体网络观。

英国学者摩根（Geoff Mulgan）在论及社会创新时提出了"蜜蜂和大树"这一形象的比喻。他认为变革在于创新者和环境的互动，新的观念的推广必须得到广泛的支持，这包括其他人对它们的热情和认可，赞助者或政府的资金投入，以及消费者对它们的信念。因此，社会创新取决于"蜜蜂"和"大树"的联姻。蜜蜂是个人、小型的组织或群体，它们富有创意，灵活变通，行动迅速，能够广泛传播新理念。而大树则是大型的组织（政府、公司或大型非政府组织），它们的创新力较差，但却易于执行新理念，并使创新最终得以实现。二者互相依托，共同促成了社会的变革，正如组织内部的变革需要领导者和群体之间的合作一样。[①]蜜蜂和大树的隐喻形象地展示了创新主体之间的关系。

将创新主体视为一个由多个主体组成的关系网络，其内在逻辑实际上是从完整的社会过程的视角来考察创新。创新的组成要素在主体的创新行为中所起的作用和所处的地位，将会随着社会经济文化背景、创新规模和创新发生的部门、行业不同而不同，从而使创新主体表现出不同的行为特征。也许正是创新主体的此种不同行为表现，才容易使人们发生错觉，以至于片面地将创新主体等同于它的某个单一组成要素，如企业、大学或政府等。[②]创新并不是一个一次性的活动，在将新的观念和做法引入组织的过程中，采纳者通过"做中学"和"用中学"，不断地对其加以调整，最终实现某项创新。在创新的主体中，只重视开发者而忽视使用者，将无法实现真正的创新。另外，企业进行创新的过程并不是独立完成的，它们与科研机构、大学和地方政府之间的联系是其创新思想的主要来源。在美国加州的硅谷和波士顿的"128号公路"，企业创新正是得益于它们与其他创新主体的密切关系。将创新主体局限于企业，就会使它们陷入孤立的境地，不能通过建造良好的关系网络来促进企业的发展。因此，一方面，科研机构、

① 　MULGAN G. Social innovation：what it is，why it matters and how it can be accelerated［M］．Hampshire：Basingstock Press，2007：20.

② 　张钢．从创新主体到创新政策：一个基于全过程的观点［J］．自然辩证法通讯，1995（6）：27-34.

大学和政府不能代替企业进行创新，另一方面，企业的创新又离不开外部主体的支持，创新的主体实际上是以企业为核心的多元主体组合模式。一般创新主体的研究为认识教育创新的主体提供了重要的理论依据。

二、教育创新的多元主体

在教育创新研究中，创新主体研究的"缺位"造成了研究中的混乱和现实中的困境。20世纪60年代，轰轰烈烈的教育创新实际上是由政府部门依托科研机构和大学推行的。美国联邦政府建立的教育研发实验室，在全国的教育创新实践中充当了排头兵的作用，政府和民众都将创新的开发者视为创新的主体，几乎忽略了学校在创新过程中的作用。20世纪70年代，随着联邦政府一系列教育创新评价报告的发布，人们认识到科研机构推动的教育创新的低效甚至无效，开始将目光投向作为创新使用者的学校。学校在教育创新过程中的主体地位开始凸显，校长和教师的关键作用开始被重视。然而，由于20世纪70年代的批判思潮，学校对外界的干预保持十分警惕，将创新活动视为自己的事情，因而也未能有效地改变学校教育实践。20世纪80年代以后，随着系统论等思想的兴起，教育研究者开始考察教育主体的多种组成，将学校置于一个系统的网络中。欧美等国出现的大规模改革的回归，就是重视以学校为核心的多元创新主体的结果。

从历史发展的视角来看，教育创新主体的研究也经历了从单个主体到多元主体，再到学校组织网络的转变。早期的教育创新研究主要关注校长或地方教育官员对于学校教育创新的主导作用，将其视为引领学校变革的"企业家"。钱斯勒（Mark Chesler）等人也指出，在传统的教育创新扩散框架下，教师被视为追求自身利益的行动者，因而校长等管理者在促进教师采纳创新中发挥了关键作用。教师通常会在三种情况下发起和尝试课堂教学创新，即当他们认为：（1）新的实践有助于解决自己或学生的问题；（2）新的实践比较适应自己的教学风格，不需要太多的时间或精力投入；

（3）学校管理者支持新的教学实践。因此，钱斯勒认为"专业"取向的校长更容易激发教师的创新能力，而"行政"取向的校长则不会如此。因此，校长在协调学校教师的人际关系和营造鼓励创新的氛围中发挥了关键作用，最终引领学校实现创新。[①]

20世纪70年代，史密斯（Louis Smith）和基思（Pat Keith）对密苏里州密尔福德（Milford）学区肯辛顿（Kensington）小学的追踪研究，[②]就展示了学区督学、学区课程部主任和校长在学校教育创新中的关键作用。[③]然而，将学校教育创新的主体归于此类"制度企业家"，实际上忽视了学校系统的复杂性。对于此种研究视角的局限性，莱特霍尔（Frederick Lighthall）尖锐地指出，在学校组织中存在"n+1"种实在，每个成员对学校变革都有某种独特的认识（n），同时，学校组织具有某种客观性（1），它的实际状况不可化约为任何一个成员的认识。[④]此种多元主义的认识论使研究者认识到，学校教育变革是一个不同个体之间的交往过程，只有借助沟通才能扩大个人和群体之间的共性。因此，在教学和其他社会过程中，应该重视不同的实在观，并通过沟通扩大共识的范围。[⑤]

从根本上说，教育需要主体之间的交流，而不是观念的强加。对学校教育创新来说，研究者通常主要关注问题的解决办法，而对于问题的性质、构成和提出方式却避而不谈。实际上，问题的解决是一个社会过程，而非个人或心理的过程。此种社会过程使问题从懵懂的认识转变为有组织的行动，从私有领域进入公共领域。学校教育变革者通常以自己的解决办

---

① CHESLER M，SCHMUCK R，LIPPITT R. The principal's role in facilitating innovation ［J］. Theory into Practice，1963，2（5）：269-277.

② 史密斯等人的此项研究受到了美国国家教育研究所（NIE）的资助，并于1971年出版了《教育创新的剖析：对一所小学的组织分析》。随后他们又陆续出版了关于肯辛顿小学创新研究的三部曲，分别是1984年出版的《教育创新者：今昔对比》，1987年出版的《创新学校的命运：肯辛顿学校的历史与现状》和《学校教育中的创新与变革：历史、政治和动力》。

③ SMITH L M，KEITH P M. Anatomy of educational innovation：an organizational analysis of an elementary school ［M］. New York：John Wiley & Sons，Inc.，1971.

④⑤ LIGHTHALL F F. Multiple realities and organizational nonsolutions：an essay on anatomy of educational innovation ［J］. The School Review，1973，81（2）：255-293.

法激起教师和学生对问题的认识，从而采用自己的创新举措。此种解决办法极大地限制了问题的范围。学校教育创新中对临时系统和保护性亚文化（protected sub-culture）的依托旨在消除传统力量对创新的影响，从而推行创新者的解决办法。然而，学校作为一个社会系统，保护其中的某些部分免受其他部分的干扰，实际上忽视了系统内部强大和稳定的相互依赖关系。①因此，对学校教育创新主体的研究应该采用一般系统的理论，探讨系统成员之间的关系对于创新的影响。

20世纪80年代以来，研究者对于创新主体之间关系的认识逐步深化，开始以系统的、动态的眼光来看待学校教育创新。实施创新的学校通常与其他部门保持了密切的联系。在国内的学校教育创新中，充当急先锋的一般是试验学校或者（师范）大学的附属中小学，这些学校由于与创新观念的开发者保持了密切的联系，因而能够迅速实现教育创新。从一定程度上说，学校的社会资本是决定其实现创新的重要因素。著名华裔社会学家林南（Nan Lin）指出："社会资本可以操作化地定义为行动者在行动中获取和使用的嵌入在社会网络中的资源。这个概念有两个重要的组成部分：（1）它代表着嵌入在社会关系中而不是个人中的资源；（2）这些资源的获取和使用取决于行动者。"②从社会资本的角度来考虑教育创新的主体，可以更好地认识创新主体的相互作用以及社会结构对主体互动的影响。弗兰克（Kenneth Frank）等人以社会资本理论为依据，对美国3个州的6所学校采用计算机技术的创新进行了实证研究。③他们认为，对于学校这样的复杂组织，传统的创新扩散模式不能做出完美的解释，学校内部成员的社会资本对于创新的实施产生了重要影响。在这个过程中，社会资本主要体现在两个方面：组织成员通过非正式关系获得专门技术；学校中的技术专家对新

① LIGHTHALL F F. Multiple realities and organizational nonsolutions：an essay on anatomy of educational innovation ［J］. The School Review，1973，81（2）：255-293.

② 林南.社会资本：关于社会结构与行动的理论［M］.张磊，译.上海：上海人民出版社，2005：24.

③ FRANK K A，ZHAO Y，BORMAN K. Social capital and the diffusion of innovations within organizations：the case of computer technology in schools ［J］. Sociology of Education，2004，77（2）：148-171.

手施加社会压力。由于计算机技术具有很大的情景依赖性，一般的技术指导不能为创新实施者提供有效的帮助，因而实施者通过非正式组织获得的资源就至关重要。同时，在学校的组织结构中，专业技术人员会凭借自己在学校中的地位和声誉等社会资本，对其他尚未实施创新的人员施加压力，迫使他们与自己保持一致。因此，就学校教育创新的实施来说，学校教育创新的主体就不仅仅是校长等主要管理人员，其他技术人员对于创新的实施也发挥了主要作用。尽管此项研究仅仅关注了学校内部微观层面的社会资本，但是它也同样适用于学校系统之间的关系。在很多情况下，学校在本地区乃至全国教育系统中的地位和声誉将直接影响到教育创新的采纳和实施。他们或者更容易接受先进的教育理念，或者凭借自身的地位对其他学校施加社会压力。因此，应该以系统的眼光来看待学校教育创新的主体。

综上所述，教育创新主体从单个个人到组织的转变，不是贬低关键人物在创新过程中的引领作用，而是以系统论的视角来看待创新主体的实践场域，将组织中不可化约为个人的结构性特征作为影响创新实践的关键维度。叶澜教授在论述我国教育变革的主体时也指出："教育变革主体的构成具有复合性，可分为利益主体、决策主体和行为主体三大部分。每一部分内部的构成还有类型与层次的区别。三大部分主体之间存在着不可分割的关系，且在教育变革的不同阶段发生着转换。因而必须变教育变革单一主体观、模糊主体观为复合主体观，认清其复杂和动态变化的相互关系，强调不同主体的积极合力的形成，提高不同主体的责任意识与能力。"[①]

创新主体与创新实践活动的时空结构密切相关。作为一个开放系统的学校组织，其内部成员由于自身特征和所处地位的不同，在与外界的信息和能量的沟通中会有不同的表现。某些积极主动的成员善于捕捉外界信息，激发自己的灵感，形成具有创意的想法。但是，创意并不等于创新，创意的最终实现有赖于组织成员的认可和执行。在此过程中，组织的结构特征将发挥主导作用。从根本上说，个体论的创新主体观忽视了学校的系统特

---

① 叶澜. 当代中国教育变革的主体及其相互关系 [J]. 教育研究，2006（8）：3-9.

征，而由多种行动者结成的组织网络才是教育创新的真正主体（见图 3）。

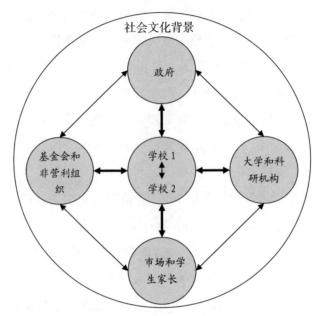

图 3　教育创新多元主体网络模型

第二节　教育创新的客体

依照教育创新的定义，教育创新的客体是新事物和原有组织结构，新事物实际上是作为产品的创新，[①]其客观实在性决定了创新主体对它们的态度和行动方式。对处于开放系统中的创新主体来说，作为产品的教育创新是一种信息源，是激发创新主体做出采纳决定或者进行自主创新的动力。以此种视角来审视教育创新，关键的问题就是创新主体对于创新的感知。美国学者罗杰斯曾对创新何以会扩散做过系统的研究，认为创新的属性在

---

①　本节所言的教育创新均指作为产品（结果）的教育创新。由于前文对教育组织的特征做过论述，此处只论及作为产品的创新自身的特征。

很大程度上决定了采纳的速度。

　　创新在组织中的扩散和采纳从根本上说是一个传播学的问题，具有主体性的组织成员对待创新产品的感知和态度将决定创新的最终命运。长期实践活动而形成的惯习使组织成员能够无意识地应对环境中的某些不确定性，但在一定程度上也造成了组织成员趋于保守的品性。面对创新带来的实践方式的变化，组织成员不得不做出适当的决策。可以说，组织成员的创新行为在很大程度上是由创新自身的特征所决定的。美国学者巴内特也指出，对新观念的接受不像人们有时认为的那样机缘巧合和不可预测，观念自身的特征是一个重要的决定因素。①

一、一般创新的属性

（一）创新的属性和特征

　　从理性主义的视角来看，创新自身的特征是促使组织成员做出创新决定的主要因素。罗杰斯指出，影响创新采纳速度的五个重要属性是：（1）相对优势，（2）相容性，（3）复杂性，（4）可试验性（trialability），（5）可观察性（observability）。② 创新的相对优势是其中最为重要的特征之一，即如果个人或者组织采纳某项创新会给自己带来经济收益，或提高自己的社会地位，此项创新便会快速得到扩散。此外，能够在短期内带来显著效益的增值性创新，显然比回报周期较长的预防性创新更容易得到扩散。对于创新的潜在采纳者来说，其自身的文化背景、价值观和实践方式从一定程度上决定了它们对于新事物的态度。如果创新产品能够适应个人或组织的原有心理模式或实践方式，就会得到认可和推广。因此，创新与组织特征的相

①　BARNETT H G. Innovation：the basis of cultural change ［M］. New York：McGraw-Hill Book Company Inc.，1953：313.

②　ROGERS E M. Diffusion of innovation ［M］. New York：The Free Press，1983：211.

容性是影响创新扩散的另一个重要属性。由于个体对创新产品的感知和把握决定了它们对待创新的态度，创新产品的复杂性、可试验性和可观察性也是影响创新扩散的三个主要属性。作为知识人的组织行动者，面对复杂性程度不同的创新，其理解和接受的能力也不一致。通常，程序简单、便于操作、效果显著的创新更容易为组织或个人所采纳。

萨尔特曼认为早期对创新特征的研究主要源于农业、医学和教育领域，后来的研究则来自消费品、政治参与和科学沟通等领域。因此，早期对创新特征的研究主要涉及成本（财政成本、社会成本）、收益、效率、风险和不确定性、可沟通性（结构的明确性）、相容性、复杂性和感知到的相对优势（可见性和示范性）。萨尔特曼进一步指出，创新研究的最新成果显示了影响创新采纳的主要特征：（1）终止性（terminality），即超过了某个具体的时间点，再采纳某项创新就会减少收益，降低功效，甚至无法实现。如果新学年开始没有实施新的课程，那么就只有等到下个学年；（2）可逆性（reversibility），即如果放弃创新，在多大程度上可以回到原来的状态；（3）投入度（commitment），即采纳者需要在态度和行为上做出多大变动；（4）公共性与私人性，即作为公共物品的创新通常不具有竞争性和排他性，因而更容易被其他成员所采纳；（5）"把门人"（gatekeeper）的多少，即在某个系统中采纳和实施创新时，必须通过多少主管人员的审批；（6）可调整性，即创新在多大程度上可以被不断修正；（7）引路能力（gateway ability），即采纳某项创新在多大程度上可以为采纳其他创新打开大门。[①] 萨尔特曼将创新的这些属性分为三类：（1）某些属性是创新的必要条件（如可沟通性、可分割性等），换言之，即使具备这些属性，也不能说某事物为创新；（2）某些属性是创新的充分且必要条件，它们内在于创新之中；（3）某些属性既非必要也非充分条件，它们只是促进或阻碍创新的实施。因此，在认识创新的属性上，应该从三个维度进行分类。[②]

---

① ZALTMAN G, LIN N. On the nature of innovation［J］. The American Behavioral Scientist, 1971, 14（5）: 651–673.

② ZALTMAN G, DUNCAN R, HOLBEK J. Innovation and organization［M］. New York: John Wiley & Sons, Inc., 1973: 46.

唐纳茨基（Louis Tornatzky）和克雷恩（Katherine Klein）对75篇关于创新的特征与其采纳和实施的关系的研究进行了元分析（meta-analysis），发现了这些研究中提到的最多的10类创新特征：（1）相容性，（2）相对优势，（3）复杂性，（4）成本，（5）可沟通性，（6）可分割性（divisibility），（7）营利性（profitability），（8）社会认同，（9）可尝试性，（10）可观察性。他们得出的结论是，相容性和相对优势与创新的采纳—实施成正相关，而复杂性则与其成负相关。[①]实际上，在对"相对优势"的界定中，这些研究具有大杂烩（hodge-podge）的倾向，它们常以营利性、效率、社会认同等来衡量相对优势。此外，可沟通性与可观察性，以及可分割性与可尝试性都具有某些重复的部分。

对于创新属性的界定纷繁复杂，此种界定虽然有助于人们看到创新的多个方面，但却因缺乏内在的逻辑而略显凌乱。作为产品的创新实际上是一种客观实在，对于其"物性"的认识可以借助英国哲学家洛克（John Locke）的理论。洛克根据物质对象与认识主体的关系，将它们的性质分为两类。大小、形状、运动、静止、数目、坚固性等是第一性（primary attribute）的质，不管物质对象如何变化，它们都是存在于对象中的，在对象中有与之相似的原型存在。与此不同的是，人们还具有颜色、声音、气味等观念，它们也是有关物质对象的，而它们没有与之相似的原型存在于物质对象之中。洛克认为，物质对象借其第一性的质在人心上产生色声味的能力，就叫作第二性（secondary attribute）的质。[②]也就是说，第一性是对象或物质的根本属性，不管是否被人们感觉到，它们都内在于物质之中；而第二性是被人们所感知的属性，它们会因人们感知的不同而不同。唐斯（George Downs）和莫尔依据洛克的物性论，对创新进行了分类。当界定创新的第一性时，便不能参照某个具体的组织。不管组织的规模、资

① TORNATZKY L G, KLEIN K J. Innovation characteristics and innovation adoption-implementation: a meta-analysis of findings [J]. IEEE Transactions on Engineering Management, 1982, 29（1）: 28-43.

② 李龙海, 薛文礼. 对约翰·洛克关于物质对象两种性质理论的再思考[J]. 河北大学学报（哲学社会科学版）, 1991（4）: 61-64.

金、复杂性、集中化程度等如何，他们在采纳某项创新上如果几乎没有什么差异，就可以判定这项创新具有某些第一性质。如果不同的组织对于某项创新具有不同的认识，就可以判定创新具有某些第二性质。唐斯和莫尔认为，成本是创新的第一性质，而相容性、相对优势等则属于创新的第二性质。[①]1979 年，唐斯和莫尔又将创新的属性进一步细化，提出了创新的关键组成要素，用公式表达如下：

$$I=\frac{B}{C} \times R \times D$$

其中，I 代表创新（innovation），B 代表收益（benefit），C 代表成本（cost），R 代表资源（resource），D 代表不确定因素带来的干扰（discounting factors）。[②] 对创新来说，它是一种趋利避害的人类本性，因而创新本身的成本和收益是创新发起者和实施者最为关心的事情，创新的收益有时并不一定表现在物质层面，创新带来的声誉也是一个重要方面。对于实施创新的组织来说，它们必须具有一定的资源，方能将创新付诸实践。同时，在创新的过程中，会面临许多不确定性和风险，这些因素将会改变甚至抵消所做的创新努力。因此，对于创新的认识，应该从这些因素进行考察，教育创新也不例外。

（二）创新的类别

由于个人感知这一维度的引入，创新研究开始考察创新的不同类别和属性，并探究它们与创新的关系。库伯（Juett Cooper）指出，以前的创新研究只从单一的维度探讨创新，将其作为产品或者过程，而创新应该从多维的角度加以研究。依照变革的对象和领域，创新可以分为技术创新和管理创新。依照变革的程度，创新可以分为激进创新和渐进创新。依照变革

---

① DOWNS J R, G W, MOHR L B. Conceptual issues in the study of innovation［J］. Administrative Science Quarterly, 1976, 21（4）: 700-714.

② DOWNS J R, G W, MOHR L B. Toward a theory of innovation［J］. Administration & Society, 1979, 10（4）: 379-408.

的重心，创新可以分为产品创新和过程创新（见图 4）。[①]

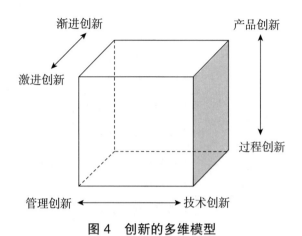

图 4 创新的多维模型

在对创新进行界定和分类的过程中，众多研究者从自己的视角出发，给出了自己的理论阐释。萨尔特曼对这些研究进行了总结，归纳了几种对于创新的分类研究（见表 6）。

表 6 创新的类型

依据	代表人物		分类	
可预测性	奈特	1. 程序化创新		
	赛尔特、马奇	2. 非程序化创新	（1）资源充裕的创新 （2）面临困境的创新	
关注的焦点	格劳斯曼	道尔顿等	1. 技术创新 2. 价值取向的创新 3. 结构（管理）创新	1. 目的性创新

---

① COOPER J R. A multidimensional approach to the adoption of innovation ［J］. Management Decision，1998，36（8）：493-502.

续表

依据	代表人物		分类	
关注的焦点	格劳斯曼	奈特	1.产品（服务）创新 2.生产过程创新 3.组织结构创新 4.人员创新	2.工具性创新
结构或效果	奈特		1.绩效的根本改变 2.结构的根本改变	
	哈维、米尔斯		1.大规模 2.小规模	
	诺曼		1.改进（细小变革）	
			2.转型（重大变革）	（1）系统转型 （2）独特转型 （3）边缘转型

资料来源：ZALTMAN G，DUNCAN R，HOLBEK J. Innovation and Organization［M］. New York：John Wiley & Sons，Inc.，1973：31.

创新的类型学研究凸显了创新在具体情景中的特征。对于具体的实践领域来说，创新的特征和属性从一定程度上决定了采纳者的态度和行为。创新研究结果有时出现的不一致现象，正是源于创新的不同特征和属性。创新研究的深化必须要考虑到创新的具体类型和特征。萨尔特曼尝试将这些特征进行综合，提出了如下模式（见图5）。

因此，对于创新而言，不存在放之四海而皆准的普遍法则，研究者和实践者必须明确区分所面对的创新类型，从变革的对象、程度和重心几个维度对其进行定位，然后才能找到适当的应对策略。对于教育创新来说，也是如此。当研究教育创新时，研究者必须明确此项创新是学校管理的创新，还是教育内容方法的创新，此项创新在多大程度上与原有实践有所不同，其目的是提高教学效率还是迫于外部的压力。只有进行明确区分，才能消除研究中的混乱，并能够对症下药。

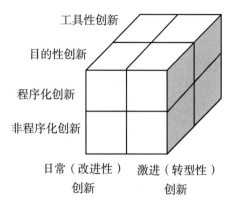

图 5　各种创新类型的组合

资料来源：ZALTMAN G，DUNCAN R，Holbek J. Innovation and Organization［M］.

New York：John Wiley & Sons，Inc.，1973：32.

二、教育创新的属性

（一）教育创新的类别

在教育创新中，对于创新特征的关注当首推卡尔森。他在《教育创新的采纳》中借用罗杰斯界定的创新的五种属性来考察采纳者对待六项教育创新的态度。[1] 但是，由于个人对创新的感知不同，这些采纳者对待创新的态度并不一致。因此，教育创新研究也应该从创新主体的感知出发，探讨具体的创新类型和特征。按照奈特对创新的分类，教育领域也存在程序化（日常）创新（programmed innovation）和非程序化（非日常化）创新（non-programmed innovation）。[2] 对于程序化创新，奈特举例阐释说，流行

① CARLSON R O. Adoption of educational innovation ［M］. Eugene：University of Oregon Press，1965：10.

② KNIGHT K E. A descriptive model of the intra-firm innovation process ［J］. The Journal of Business，1967，40（4）：478-496.

服饰的创新层出不穷，但生产制造模式却相对稳定。此种创新虽然创意频出，但是一经出现，组织就有一套明确的惯例和程序对其加以评价和实施。从根本上说，此类创新是对于原有产品和生产方式的细微改变，而不会破坏组织的原有结构。对于非程序化的创新，奈特将其分为资源充裕的创新（slack innovation）和面临困境的创新（distress innovation），二者的根本区别在于创新主体对于组织成败的不同认识，即前者对已有业绩颇为满意，而后者则感到挫败。充裕的资源使创新主体可以寻求带有不确定性和风险的活动，以期进一步提高组织效率。此外，此类组织可以对研发进行更多的投入，并通过对员工的再教育提高他们的知识和技能。但是，此类创新一般不会打破组织的内部结构和运作方式。资源的充裕性虽有利于组织的创新，但是它们之间的关系也并非呈现出线性的增长。诺丽亚（Nitin Nohria）指出，组织资源的充裕性和创新之间呈现出一种倒"U"形的关系。[①]而对于面临困境的创新来说，由于创新主体的处境不同，他们可能会选择不同于资源充裕型创新的方法。由于处境艰难，他们一般不会寻求不确定性和风险性较高的方法，而会试图从内部改变组织，通过管理者的更替和内部人员的重组实现突破。奈特指出，大部分创新研究来自技术变革领域，而对于面临困境的创新却少有问津，然而后者虽没有新技术那样耀眼，但也极为重要。[②]此外，程序化和非程序化的创新可以实现相互转化。程序化的创新或资源充裕的创新如果未能从组织内部实现变革，在快速变革的社会中可能就无法适应新的情况，并会转变为面临困境的创新。而面临困境的创新则会通过有效的重组而取得成功，转变为资源充裕的创新和程序化的创新。

在学校教育中，同时存在着程序化的创新和非程序化的创新。对于校长和教师来说，由于自身体验和经历的变化，他们会不断设想出新的管理

① NOHRIA N. Is slack good or bad for innovation？［J］. Academy of Management Journal，1996，39（5）：1245-1264.

② KNIGHT K E. A descriptive model of the intra-firm innovation process［J］.The Journal of Business，1967，40（4）：478-496.

方法和教学实践方式，然而此种富有创意的思想一经产生，就会应用到日常的教育实践活动中去，成为一种程序化的创新。此外，优质学校的创新便是一种资源充裕的创新，它们会在对已有成绩比较满意的情况下进一步提高学校的教学效果。对于美国来说，随着《不让一个孩子掉队法案》的颁布，某些在州和联邦实施的考试中未能达到标准的学校，不得不面临着重组甚至关闭的命运。此类学校的创新模式也成为研究者关注的热点。从罗杰斯对创新特征的界定来说，教育创新的相对优势不能从短期的成效中得到体现，因而创新的采纳在很大程度上是基于创新所能带来的社会声誉。学校教育创新效果的可观察性远非经济领域的创新那样显著。从萨尔特曼对创新属性的进一步界说来看，学校教育创新的周期性更为显著，学校工作安排的时间间隔在一定程度上决定了创新的采纳。此外，对于学校教育创新，必须区分创新的三个维度，考察创新是何种层面展开的。对此，库伯和奈特的创新类型为我们认识教育创新提供了有益的视角。

（二）教育创新的特征

综上所述，我们可以从几个关键维度来认识教育创新的属性。公立学校作为一种公共部门，在教育创新中面临的最大的问题就是创新的激励，亦即创新发起者和实施者对于创新的成本—收益的考虑。从这一角度来看，教育创新不同于其他部门（特别是经济部门）的创新，这在一定程度就是创新的公共性和私人性之别。奥尔森（Mancur Olsen）在《集体行动的逻辑》中指出："一个目标或意图对一个集团来说是公共的这一事实本身，就说明这个集团中没有人能够被排除在实现这一目标所带来的利益和满足之外。……组织的实质之一就是它提供了不可分的、普遍的利益。一般说来，提供公共或集体物品是组织的基本功能。"[①] 企业可以通过明确的成本—收益计算而进行创新，如果它们独立负担创新的成本，也就可以独自享有创新的收益，企业中的知识产权便是对创新的保护。创新会遵循收益递减原则，

① 奥尔森.集体行动的逻辑［M］.陈郁，郭宇峰，李崇新，译.上海：上海格致出版社，上海人民出版社，2014：12.

因而最早成功地实现创新的企业必定能够获得最大的利益。而对教育部门来说，如果学校依靠自己的力量，成功实施某项创新，并不能保证自己独占创新的收益，公共部门的"搭便车"现象并不少见。从整体来说，教育是一种具有正外部效应的准公共产品[①]，因而如果学校发起创新，将会是成本独自承担、收益大家均沾。因此，学校一般不会针对普遍存在的问题进行教育创新，我们常见的教育创新，如复式教学、代课教师制等，通常是某所学校针对特定情况发起的，并不具有普遍适应性，因而确保了学校的收益占有。概言之，学校教育创新的成本—收益关系更为复杂，在现实中存在两类创新：一类是政府资助的在实验学校发起的创新，此类创新旨在进行推广，成本—收益均归属政府；另一类是个别学校针对特定情况实施的创新，此类创新一般不具有普遍性，成本—收益在很大程度上归属学校。为确保学校教育创新的积极性，政府部门和学校可以采用奥尔森所说的有选择的激励（selective incentive），使实施教育创新的组织和个人能够在享有普遍利益的同时，获得额外的奖励。

迈尔斯也指出，教育创新的扩散可能会慢于工业、农业和医疗系统中的创新，其原因有以下几个方面：（1）缺乏有效的科学研究发现；（2）缺乏宣扬新教育理念的变革促进者；（3）缺乏采纳创新的经济激励，这是由于教育产品不能直接提供经济回报，教育实践者通常是根据资历和学历，而非净产量获得工资，此种实践的成效显然很难测量。此外，教师的专业信念也阻碍了有效的创新，他们通常认为学校受地方控制，教师是独立自主的专业人员，而教学只能通过直觉进行有效的测量和界定，所有这些都促成了一种防御性神话（protective myths）。如果考察教师的专业特征，就会发现教师的角色期待具有矛盾性，一方面教师信奉专业自治，另一方面他们又必须依赖法定的课本和教材。地方创新可能会由于教师的此种角色期待而受到限制，一方面，作为科层职员的教师几乎毫无权力发起教育系统的变革，但同时，由于他们信奉专业主义，他们又倾向于抵制外部的创

① 王善迈. 关于教育产业化的讨论 [J]. 北京师范大学学报（人文社会科学版），2000（1）：12–16.

新要求。此外，对教育结果的规范化，如实施州和国家考试，也阻碍了教育系统的变革，使教师很可能进行应试教育。①

　　在影响创新采纳和实施的诸多特征中，复杂性、不可分割性、不确定性更鲜明地体现在教育领域。如前章所述，教育组织具有很大的模糊性，它存在着目标不明、方法不定、参与灵活的特征。对教育史稍加考察，便可发现众多学者在教育目的的争论上可谓针锋相对，然而至今尚无定论。为达到某种教育目的而采用的教育手段，更是林林总总，不拘一格。就学校内部的管理来说，松散联合的结构更使得众多人士你方唱罢我登场，形成了流动性的操作运行模式。在此种组织背景中，教育创新的科学性就不能得到普遍认同，其成效的可观察性也不够显著。与此相比，企业中的技术创新之所以能够迅速地扩散和采纳，一个主要原因就在于它们有明确的事实作为依据，创新的信度、效度、普遍性和内在一致性都得到了证实。因此，在创新的效果不够明确的时候，人们就不会迅速地采纳和实施创新。另一方面，创新意味着对原有体制的改组，因而必然会带来一定的风险。真正的创新也必然在不确定的状况下进行。美国学者唐斯和莫尔指出，在创新过程中存在公正判决点（fair-trial point）和象征性采纳点（token-adoption point），而创新行为正是介于二者之间。② 公正判决点意味着，采纳者在使用创新达到某种程度之后，有足够的经验对创新的成本和收益进行准确评估。也就是说，采纳者此时可以对某项创新进行公正的审判。对于不同的创新来说，这个点可能有所不同，或者是尝试某种新药的患者人数，或者是播种新型种子的耕地数量。一旦超过了公正判决点，使用某项创新就不能再被看作是创新行为了。因此，并不是所有采纳新观点的行为都是创新，创新必定包含某种风险。而在创新的采纳中还会出现"象征性采纳点"，亦即某些组织，特别是大型组织，只是小规模地采用某项新的观

---

① MILES M B. Innovation in education：some generalizations ［M］//MILES M B.Innovation in education . New York：Teachers College Press，1964：631-662.

② DOWNS J R，MOHR L B. Toward a theory of innovation [J]. Administration & Society，1979，10（4）：379-408.

念，自身并没有涉足任何风险，也未能获得对成本收益的有用信息。此种行为常常是为了在不招致风险的情况下沽名钓誉。因此，象征性采纳并不是创新，经历风险的采纳才是创新。唐斯和莫尔的此种观点，将风险和对创新的认知作为创新的核心要素，从一定程度上区分了"真创新"和"伪创新"现象。对于教育创新来说，由于教育组织和人的复杂性，采纳者可能需要更长的时间才能对创新的成本和收益做出"公正判决"，而在此期间他们就要面对很多的风险。为了规避风险，他们有时会对新的观念进行象征性的采纳，这样既可以表现出创新的姿态，又可以赢得声誉，然而此种行为并非创新。就教育领域来说，真正的创新行为发生于采纳者抛弃对不确定的顾虑，甘愿冒着风险试验新的观念，直至对创新得出准确的判断。概言之，教育创新的不确定性和风险是其两个重要特征，它们对于创新的采纳和实施产生了重要影响。一方面，教育创新的不可观察性和复杂性阻碍它们的采纳和实施，另一方面，为规避此种不确定性，采纳者一般采取象征性的行为，尚未迈入真正的创新领域。

富兰也指出，在通常情况下，重大的教育创新都没有显著的相对优势，也不容易与采纳者目前的社会体系相融合，同时实施创新需要社会系统发生相应变革，因而过程相对复杂。此外，在实际情景中，它们也不具有可尝试性，而创新的结果也不能清晰地观察和测量。[①] 概言之，教育创新的成本—收益对于创新行为的激励程度较低，教育创新也大多指向具体、特殊的学校管理和教学问题。因此，教育创新的普遍性较差，这就需要教育创新在扩散和采纳的过程中不断进行调整。教育创新自身的科学性和可观察性通常不够明朗，影响了采纳者和实施者对于教育创新的态度和行为。对于政府主导的教育创新，采纳者一般不能对其有效性进行准确的判断，而是迫于外在制度规范而接受创新，以求得社会的认可和博得进步的声誉。因此，消除象征性的采纳，使教育实践者迈入具有风险的变革领域，是教育创新真正形成的必要条件。

---

① FULLAN M. Overview of the innovative process and user [J]. Interchange，1972，3（2-3）：1-46.

第三节　教育创新的时空结构

　　教育创新发生在特定的时空结构之中，然而此种时空结构并非相对封闭。吉登斯用时空延伸解释了在现代性条件下，社会关系脱离具体的互动环境并在更加广泛的时空范围内重新建构的特征。从传统社会到现代社会，首先是时间从空间中脱离出来，尔后是空间从场所中脱离出来。[①]此种时空的"抽离"使当下的具体互动情景受到作为历史积淀的结构性特征的影响，从而使社会活动表现出连续性和交互作用。对于当下互动情景的描述，海德格尔以此在的存在结构为出发点，将时间与存在联系起来，并通过此在的"烦忙"和"烦神"的活动整合了曾经、当下和将来三个时间维度。对于教育领域来说，"任何一个教育场所都包含着过去的经验和未来的预期，同时也包含着个人不断向上的生长"[②]。

一、教育创新的时间维度

（一）教育创新的 S 形扩散

　　作为过程的教育创新是以时间维度展开的。教育创新是一种创新主体将新的观念、做法引入教育实践的过程，其中必然涉及创新决策、创新的接受问题。创新决策过程是个体或其他决策单位从对创新的初步了解，到

---

① 吉登斯. 现代性的后果 [M]. 田禾，译. 南京：译林出版社，2000：15-16.
② 项贤明. 泛教育论 [M]. 太原：山西教育出版社，2004：349.

决定采纳或拒绝，再到新观念的实施，最终到对决策的确证。因此，创新决策过程包含五个步骤：（1）认知；（2）说服；（3）决策；（4）实施；（5）确证。[①] 教育创新也遵循着这样的过程：创新主体通过自身的沟通渠道接触到某些外部刺激（包括创新产品），在基于对外部创新产品的特征认识的基础上，做出采纳或拒绝的决定。一旦决定采纳，创新主体就要说服组织成员认同此种新的观念，尽管组织内部成员对待创新的态度可能不一致，但是接受创新的内部成员一旦超过了某个"关键多数"（critical majority），该组织就会决策采纳并实施此项创新。随着时间的推移，更多的成员将会接受此项创新，从而使创新得以制度化。而当创新成为组织的一种惯例，它的周期也走向了终结。罗杰斯在论述创新的周期时，提出了S形的增长曲线，即认为在创新初期，创新者提出了某种想法或做法，但是早期采纳的人数相对较少。随着创新效果的渐渐明晰，采纳的人逐步增多，并呈现出急剧上升的态势。然而，当越来越多的人采纳这项创新之后，创新也失去了其相对优势。与此同时，创新者会再次提出新的想法，从而引发新一轮的创新（见图6）。从组织内部采纳创新的人员来说，其接受创新的速度可能有所不同。依照其创新精神，可以分为创新者、早期采纳者、中期采纳者、晚期采纳者和落后者。

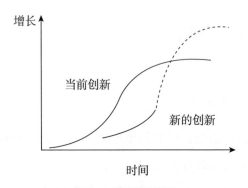

图 6　创新的周期

罗杰斯的创新扩散周期理论使研究者认识到创新的时间维度，然而现

---

① ROGERS E M. Diffusion of innovation ［M］. New York：The Free Press，1983：20.

实的扩散过程并不是按照罗杰斯所描述的路径逐步展开的。在很多情况下，落后者并不是没有认识到创新的相对优势，而是因为这些创新与自己的需求不相吻合。作为实践的教育创新，其时间具有不可逆性。布迪厄在论述实践的逻辑时指出："实践的时间结构，亦即节奏、速度，尤其是方向，构成了它的意义。……实践完全内在于持续时间，这不仅因为它在时间中展开，还因为它在策略上利用时间，特别是速度。"①身处实践之中的行动者并不是使自己适应他之所"见"，而是使自己适应他之所"预见"，亦即实践者对将来的关注。此种预见是行动者在自己和他人互动过程中对对方行为的总体把握和即时评价。篮球运动员为避开对方防守而做出的假动作，便展现了此种对他人预见的预见。而预见他人的预见，使实践者能够将自己与世界的将来融为一体，从而形成了实践的连续性。由于此种连续性而形成的实践的"紧迫性"是实践的一个基本特征，是一切实在实际居住的世界。从实践的运作逻辑来说，实践离不开所涉及的事物，它完全注重于现时，它不可能实时地反躬自身，对自己的行为进行反思。因此，在信息不完全和能力有限的情况下，实践者的行为不可能是完全理性的。概言之，教育创新的时间维度既包含作为时空延伸的时间对当下互动情景的影响，也包含教育创新过程的展开形式。对教育创新来说，由于时间的不可逆性而带来的紧张感，以及由于注重现时的非反思性而带来的有限理性，都对实践者的行为产生了重大影响。

（二）教育创新的时间绵延与中断

吉登斯在论述社会行动的时间维度时指出，可以在三个层面上理解时间。从日常经验的绵延上看，时间具有可逆性；从个体生命的跨度上看，时间具有不可逆；从制度的长时段上看，时间也具有可逆性。②此种三维的时间视角将教育创新实践的历时性和共时性结合起来，在把握当下互动

---

① 布迪厄.实践感［M］.蒋梓骅，译.南京：译林出版社，2003：126.
② 吉登斯.社会的构成：结构化理论纲要［M］.李康，李猛，译.北京：中国人民大学出版社，2016：33.

情景的同时关注制度化时间的影响。对于教育创新而言，首先要面对的就是改变日常教育实践，此种实践方式通过行动者在当下情景中的活动得到了再生产，从而实现了日常教育实践惯例在时间上的绵延。另外，教育创新过程实际上是创新主体在自身生命时间的不可逆性流动中，通过终止或暂时终止日常实践的绵延性再生产，而实现原有运作模式的重组和更新。而作为一种受到社会系统的结构性特征制约的创新实践活动，它是制度得以生成和再生产的中介。对于学校教育创新实践来说，由于日常教育实践和教育制度通过行动者的互动活动得以生成和再生产，从而达到时间上的绵延，因而学校教育创新的发起和制度化过程必须融合到时间的三个维度之中。

　　创新理论大师熊彼特在首次论述创新问题时，也是从时间维度切入的。他在考察资本主义经济周期时，发现了经济发展的三个"长波"，并将之归结为技术创新的贡献。而在这个过程中，技术创新导致经济的不均衡发展。这种思想在一定程度上体现了演化经济学的观点，而后者的理论来源便是达尔文的进化论思想。实际上，从历史的长河来看，人类社会始终处于时间绵延和暂时间断的过程中。在人类的本性中存在着两种生命，一是作为自然存在的动物的生命，二是作为自由存在的人的生命。正是由于人的生命的二重性，人类才既要遵循自然规律，又能超越自然限制，从而形成了人的保守性和冒险性。因此，从时间维度来看待人的活动，就会发现人类的制度化行为和创新行为交替进行，形成了所谓的间断平衡模式。实际上，法国著名人类学家塔尔德在论述创新和模仿时，也指出了人类行为在时间上的表现。因此，从时间维度来看待创新，它是一个中断平衡的过程。在熊彼特的经济学理论中，他实际上论述了两类行为，一是理性行为，二是创造性行为，创新的发生源于人们从理性行为转变为创造性行为，打破资本主义经济"循环流转"（circular flow）的均衡态势，实现内部的突变。[①] 格尔登（Barry A. Gold）通过对某公立小学 23 年的历史发展数据

---

① DAHMS H F. From creative action to the social rationalization of economy: Joseph A. Schumpeter's social theory [J]. Sociological Theory, 1995, 13 (1): 1–13.

的分析，发现学校变革中存在间断平衡的模式，即在长期的均衡或渐进变革之后伴随着短期的革命性变革，而后者通常是失败的创新所导致的。在平衡期，组织活动保持相对稳定，对组织的深层结构也是渐进调整，并不触动它的根基。通常，有助于维持平衡的因素包括认知结构、变革阻力、利益相关者的惰性、既得利益的维护。而在革命期，组织的深层机构将被摧毁，从而使得系统暂时处于无组织状态。而此时组织中出现的危机，会促使各种利益相关者对内部群体施加更大的压力，甚至会更换组织领导，最终带来组织的革命。此种间断平衡过程实际上是组织合法性的建构、衰退、丧失、重建和维护的过程。[①]因此，间断平衡模式是对教育创新的时间维度的一个描述，对于学校组织来说，创新通常发生于合法性产生中断之时，而此时的危机又会促使组织发生重大变革。随着新模式的建立，组织又开始了制度化的过程，直至再次发生危机。

二、教育创新的空间维度

（一）教育扩散的空间网络

从空间分布来说，教育创新的发起、采纳、扩散和制度化过程是一个逐步扩展的过程。在惯习和常规支配的日常教育实践中，如果要在它们编制的无边罗网中取得突破，必然是源于某个节点的松动。从空间学上说，处于教育实践的行动者由于所处位置的不同，其获得信息的渠道和速度可能也大不相同。因此，创新思想必定源于组织的社会空间系统中最为活跃和与外部联系最为密切的部分。此类社会行动者一旦形成某些创意，其能否实施以及能否被其他组织所效仿又立刻受到它们在社会空间中的位置的影响。不可否

---

① GOLD B A. Punctuated legitimacy：a theory of educational change［J］. Teachers College Record，1999，101（2）：192–219.

认，富有创意的人并不少见，然而由于社会空间内部的权力运作，并不是所有的创意都能付诸实施。在此过程中，富有创意的人对权威性资源和配置性资源的占用和支配，从很大程度上决定了创意的最终命运。

从教育创新的扩散来说，其空间特征更为显著。罗杰斯所说的创新扩散中的不同群体实际上也是创新在空间维度的展开。此种展开过程，正如石块投入平静湖水后展开的涟漪一样，波浪式地向外扩散（见图 7）。

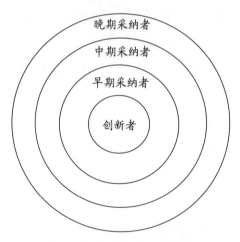

图 7　创新扩散的空间模型

创新扩散研究由于关注重心的不同而呈现出三种不同的发展取向，即顾客取向、地理取向和组织取向。顾客取向的扩散研究主要围绕个人采纳某项创新的过程，而地理取向的研究则关注创新在某些人群中传播的过程，组织取向的研究则试图将二者综合起来。①美国教育创新在各州的扩散研究大部分采用了地理中心的范式。因此，研究者一般认为临近州的政策创新对本州的政策变动会产生显著影响。20 世纪 90 年代，政策创新研究产生了分化，一类关注政策采纳的内部决定因素，另一类则关注地理位置因素。前者认为各州内部的经济政治结构对创新的采纳起着决定性作用，而后者则认为临近各州的政策创新将引发本州的创新采纳。沃克（Jack Walker）对创新在美国各州的扩散的研究，便展现了地理位置对创新采纳的重要作

---

① SAVAGE R L. Diffusion research traditions and the spread of policy innovation in a federal system［J］. Publius：The Journal of Federalism, 1985, 15（4）：1–27.

用。①依据莫尔的组织创新理论，创新与组织创新的动力以及克服阻力的资源成正相关，而与创新的阻力成负相关。②对于持政策创新的内部决定因素观点的人来说，组织内部创新的动力、阻力和资源显然适用于莫尔的理论。而对于持地理位置因素观点的人来说，临近地区的创新采纳显然成为自己的"实验室"，其采纳创新的成效也成了自己借以应对自身不确定性和阻力的一种资源，并且随着周边地区采纳创新的数量逐渐增多，本地区也产生了采纳创新的动力。③因此，对于创新来说，采纳主体的内部空间结构和外部空间联系极为重要。

明特拉姆（Michael Mintrom）以政策网络（policy network）来分析择校政策创新在美国各州的扩散。在他看来，组成政策网络的行动者群体对某些政策领域具有共同的兴趣，相互之间通过各种直接和间接的接触而联系起来。依据罗杰斯的理论，扩散是某项创新通过特定渠道在一段时间内传播至一个社会系统的成员之中。虽然，创新的沟通渠道很多，但是人际接触对于促进新观念的交流具有重要的作用。大部分潜在的采纳者并不是依赖大众传播渠道或科学研究的结果做出决定，而是依赖从对创新有深入了解或者能阐明创新的优劣的人那里获得的信息做出决定。因此，罗杰斯指出，扩散过程的核心是潜在的采纳者仿效此前采纳过创新的同辈群体，在此过程中与亲近的同辈群体的经验交流极为重要。外部的网络关系为政策企业家提供了创新的源泉，并使它们洞悉如何使其他地方的做法适应本地情况。此外，内部网络关系对于创新的采纳也极为重要。当政策创新开始进入审批议程时，人们关注的重心就从"新颖"转变为对创新在既定情境下的适切性和可行性。因此，在此阶段，政策企业家必须利用内部的网络关系。通常，如果政策企业家对内部网络空间中的权力关系和结构特征

① WALKER J L. The diffusion of innovations among the American States［J］. The American Political Science Review，1969，63（3）：880-899.

② MOHR L B. Determinants of innovation in organizations［J］. The American Political Science Review，1969，63（1）：111-126.

③ BERRY F S, Berry W D. State lottery adoptions as policy innovations：an event history analysis［J］. The American Political Science Review，1990，84（2）：395-415.

了解得越清楚，就越有可能通过某项政策创新。

创新实践的"空间"即其所发生的场所。依据吉登斯的理论，教育创新实践受制于当下的空间结构和作为制度环境的社会结构。空间包括身体空间、心理空间和社会空间，这三种空间之间具有内在的联系，经常是综合性地作为关键要素影响行为人的意图、感受与策略选择。[①] 社会学家格兰诺维特（Mark Granovetter）的嵌入（embeddedness）理论也是认识教育创新的空间维度的一个重要视角。格兰诺维特指出，主流经济学的基本假设将个人视为追求自我利益的经济人，呈现出个人"社会化不足"（undersocialized）的特征；而主流社会学则将个人视为不断内化外在规范和价值观的实体，从而表现出"社会化过度"（oversocialized）的特征。这两种倾向都忽视了个人与社会网络的互动，事实上，人的行为是嵌入社会结构之中的。[②] 此种嵌入分为关系嵌入和结构嵌入，前者即单个行动者嵌入与他人互动所形成的关系网络之中，当下人际关系网络中的各种规则性期望、对相互赞同的渴求、互惠性原则，都会对行为主体的经济决策与行为产生重要的影响。与此同时，行为主体所在的网络又是与其他社会网络相联系的，并构成了整个社会的网络结构。[③] 此种微观和中观层面的网络关系正是个人社会行动得以展开的空间维度。

从空间经济学上来说，创新具有集群现象。20 世纪 70 年代，随着产业结构调整以及凯恩斯主义经济干预的失败，各国产业政策的重心开始转向本地区中小型企业的发展，特别重视创新在提高竞争力方面的作用。20 世纪 80 年代，众多的学术研究都强调了地方或自下而上的创新活动。"第三意大利"（Third Italy）便显示了中小型企业之间的依赖关系对传统产业创新的巨大作用，此种模式在知名城市大型企业集团之外另辟蹊径。人们也逐渐认识到，创新不是一个线性过程，它包括生产者和应用者的亲密互

---

① 石中英. 论教育实践的逻辑［J］. 教育研究，2006（1）：3-9.

② GRANOVETTER M. Economic action and social structure：the problem of embeddedness［J］. The American Journal of Sociology，1985，91（3）：481-510.

③ 黄中伟，王宇露. 关于经济行为的社会嵌入理论研究述评［J］. 外国经济与管理，2007（12）：1-8.

动，而此种互动只有通过面对面的活动才能取得最佳成绩。20 世纪 90 年代，各国的公共政策开始正式采纳这些观点，以促进特定地区"产业集群"（industrial clusters）的发展。产业集群的概念显示创新不是一个孤立的过程，而是融入产业集群系统之中，此种产业集群就是一个浓缩的小型创新系统。①

如前文所述，熊彼特的创新思想可以分为两个时期：（1）青年熊彼特把技术看作外生的经济变量，并高度强调企业家个人的作用，认为小企业具有创新优势；（2）老年熊彼特认为技术来源于企业内部创新部分，是内生的，并认为完全竞争是与经济进步不相容的，而大企业是技术进步最有力的发动机。20 世纪 70 年代以来，现实的经济发展并不像熊彼特预言的那样。随着信息革命的推行，中小型企业大量涌现并成为创新的主力军。由中小型企业聚集而成的创新集群也引起了研究者的广泛关注，此种创新集群整合大型企业资源充足和中小型企业灵活变通的优势，促进了技术创新的发展。此种模式介于市场和科层制度之间，既保持了企业自主灵活的特征，又比市场更加稳定。因此，企业集群具有以下几个方面的创新优势：（1）知识的溢出效应，即新技术会被迅速地共享和仿效；（2）组织学习，可以使隐性知识在集群企业之间进行转移；（3）资源共享，即提供单个企业难以创建的基础设施；（4）专业分工，增强了各种产业之间的互补性；（5）信任增强，降低了彼此之间的交易成本。②

对于教育领域来说，也存在集群式创新的现象。学校教育中的集群现象亦即相互联系的学校及辅助机构在地理位置上的集中。学校教育创新集群一般出现在某些城市或者学区，这些学校在获得公共资源上存在竞争，但由于学校自身特征的不同，彼此之间可以在办学特色上形成某种互补。此外，单个学校创新的做法也会很快在集群中传播。教育领域中某项创新

① GODDARD J, Puukka J. The engagement of higher education institutions in regional development: an overview of the opportunities and challenges [J]. Higher Education Management and Policy, 2008, 20（2）: 3–33.

② 刘友金. 技术创新集群效应：国外相关的理论研究及其启示 [J]. 湘潭工学院学报（社会科学版），2002（1）: 1–4.

的出台通常得益于这些学校之间的合作与竞争。

（二）社会空间与教育创新

教育变革和创新发生于特定的空间之中，然而空间不是一种自然的存在，而是社会、政治、经济和历史的产物。贝克（Michael Baker）和富特（Martha Foote）通过对美国"铁锈地带"（rust belt）某中等城市中三所中学的研究，阐释了它们内部和相互之间在过去35年间的空间政治经济学。①他们指出，20世纪80年代之后，美国的学校教育中出现了空间的悖论，一方面，州、联邦政府和国际范围内的标准化改革运动，对学生成绩和教师工作提出了统一的要求；另一方面，市场竞争又使得城市地区的学校因经济和种族状况不同而产生了分化。此种转变乃是全球范围内资本主义政治经济中社会空间关系转型的一部分。美国城市学校在许多方面体现了空间和经济的转型，即从20世纪70年代的工业城市和福利国家，转变为20世纪八九十年代的信息化城市和竞争性国家。20世纪五六十年代，随着联邦政府在城市地区投资兴建公路，城市郊区招徕了众多的中上层白人，而大量的贫困和下层社会群体则被抛弃在城市中心。为鼓励中产阶级家庭继续居住在城市中心地区，美国创办了磁性学校（magnet school）。然而，城市学校之间不平等的社会空间关系由此形成。20世纪80年代，随着国际竞争的加剧，美国开始标准化改革，并引入了市场机制。公立学校和私立学校之间的区分开始变化，"失败"的学校和学区开始由私人企业接手。市场原则促进了选择和流动，从而使某些人可以克服空间的制约。《不让一个孩子掉队法案》便促进了特许学校和企业学校的发展，使它们可以伺机取代未能达到规定标准的公立学校。然而，此种新自由主义的空间重组反而加重了社会的两极化，造成了中心与边缘的新布局。

20世纪60年代以来的教育创新，也正是在社会空间重组的背景下

---

① BAKER M，FOOTE M. Changing spaces：urban school interrelationships and the impact of standards-based reform［J］. Educational Administration Quarterly，2006，42（1）：90-123.

进行的。许多教育创新活动，如校车接送（school busing）和取消分轨制（detracking），就体现了空间关系的变化。因此，对于教育创新，需要从此种社会地理学的视角进行考察。英国学者哈格里夫斯指出，空间是人类互动的背景和结果，而社会地理学是研究物理空间和人类对空间的建构、感知和表征的科学。他提出了社会地理学视角的七项原则 [①]：（1）空间是社会组织和社会存在的中心特征，而非附属特征。在古典社会理论中，研究者倾向于认为时间和历史优先于空间和地理。实际上，空间是他们内在的、不言而喻的立场假定，即从西方特别是欧美文化的立场看待问题。教育变革理论也更多地受到了英语国家和英美文化传统的支配。（2）空间不仅是一种物理现象，还是一种社会现象。空间既限制又促进了社会互动，是一种社会的产物，它源于有目的的社会实践。从此种意义上说，教育变革者可以建造自己的社会空间，而完全不受制于他人为自己建造的空间。（3）空间是人类互动的中介和结果。教育变革的社会意义从某种程度上受到了自己所处的空间的制约，但变革者又能通过有目的的集体努力改变空间的布局。（4）空间不仅具有物理和社会特征，还具有想象的特征。在人类的互动中，空间是记录下来的意象甚至是神话，它成了我们赖以生活的隐喻。英国的灯塔学校（beacon schools）就被决策者视为照亮前进方向的明灯。（5）空间、时间和此在是人类存在的核心。人们自己建构和占据某种社会空间，并界定了空间的社会和心理边界，而后者又反过来建构了人们的认同。如美国的磁石学校就提高了在校教师的地位，增强了他们的认同，使他们与其他教师进行"区隔"（distinction）。（6）社会空间的分布反映和强化了社会地位的分布。社会中的权力和文化关系实际上已经嵌入到个人生活的空间之中。如英美等国的市场竞争和家长择校等政策实际上造成了社会空间的"区隔"，一方是富裕阶层可以自由择校，而另一方的贫困阶层则处处受限。（7）在信息化时代，人们对社会空间的体验、感知和表征正在发生重大变化。随着电脑、网络的普及，学校教育的围墙正

① HARGREAVES A. Sustainability of educational change：the role of social geographies ［J］. Journal of Educational Change，2002，3（4）：189-214.

在坍塌，过去等级化的空间结构也被抹平，美国家庭学校的迅猛发展便是佐证。

综上所述，社会空间关系对于教育创新产生了重大影响。学校教育空间既是教育创新的中介，又是教育创新的结果。然而，教育空间又受到了社会空间中政治、经济和文化力量的影响。空间的建构方式决定了教育创新的存在方式。

第八章

教育创新的内在过程：动力学的视角

一切皆流，无物常驻。

——赫拉克利特

变革是一个过程，不是一个事件。

——富兰

英国著名哲学家怀特海指出，现实世界是一个"过程"，这个过程就是现实实有的"生成"变化。[①] 然而，近代以来，人们对事物的认识却受到了还原论和机械论的影响，在研究复杂现象时，倾向于将事物进行抽象和简化，剔除事物自身复杂的动态过程和相互联系。在此种认识论取向下，事物是作为"共相"而存在的，相互之间没有太大的差异，适应某人的观念也必将能够推及他人。因此，"大多数制度、大多数生活形式是被动的，它们承受来自其他事物的作用但不传递这种作用，它们只是人类修造的建筑物，而不是能动的过程"[②]。受此影响，创新研究者也认为，新的观念和实践具有普适性，创新的关键环节便是扩散和采纳。20 世纪 60 年代以来，随着系统论和复杂理论的兴起，怀特海的过程理论重新受到重视，并成为一种建设性的后现代主义，他的关系实在论和事件本体论为我们认识世界提供了重要的理论视角。[③] 随着认识论的转向，创新研究也开始关注实施者对于创新的反应，将创新视为动态的过程。

第一节　教育创新研究的过程转向

一、扩散研究及其批判

创新是引入新的观念、技术和产品的过程。从时序上说，它通常包括发起（initiation）、实施和整合（incorporation）三个阶段。"发起"是成功地将创新引入组织的过程，它主要包括界定问题、寻求解决办法、做出采

---

① 刘放桐，等.新编现代西方哲学［M］.北京：人民出版社，2000：230.

② 库利.社会过程［M］.洪小良，等译.北京：华夏出版社，2000：36.

③ 高运球.过程哲学：作为建设性的后现代主义［J］.求是学刊，2006（2）：49-53.

纳决定。"实施"是成功地改变组织成员的行为和态度，使其符合创新者的预期。"整合"则是成功地实现新行为的稳定化或惯例化，使其成为学校的日常活动。从发起、实施和整合的关系来看，前者依次是后者的必要条件。换言之，实施必须以发起为基础，而整合则又必须以发起和实施为前提；但反过来则不成立，即发起不一定会带来实施，更不一定会带来整合。①

　　早期的创新研究，仅仅孤立地研究创新的某个阶段（特别是创新的扩散），未能将创新视为一个系统的过程。研究者一般将创新的采纳作为分析的终点。他们只关心创新能否被决策者认可或采纳，而不关心它们能否最终实施。沃克在研究政策创新在各州的扩散时，就将重心放在采纳阶段。在研究中，他考察了州立法院对新项目和新政策的采纳，但对随后的实施问题避而不谈。其实，他在阐述俄克拉荷马州的情况时也指出，该州仿效其他州建立了民权委员会，然而委员会建立之后，州立法院仅为其划拨了2500美元的经费。② 显然，这个民权委员会的实际运作不在沃克的研究之列。在此期间，许多研究者开始关注有计划的变革过程（planned change），即通过创新观念的扩散，引发组织成员的行为变革。因此，创新扩散研究与有计划变革的研究实际上相互促进。正如贝克（Selwyn W. Becker）和韦斯勒（Thomas L. Whisler）所言，创新扩散研究在获得充分发展的时候，可以补充有计划变革的研究。③ 但是，二者都未能系统地考察创新的过程。

　　总体而言，20世纪50年代的创新研究从静态的角度出发，将创新视为一种结果或产品，主要考察个人或组织特征对创新扩散的影响。然而，仅仅关注创新的扩散，就会忽视更为重要的决策和实施问题。随着系统论的兴起，研究者开始从过程的视角来看待创新，将其视为包含一系列阶段并逐步展开的过程。随着研究视角的转向，众多学者开始对传统的创新研

①　GIACQUINTA J B. The process of organizational change in schools［J］. Review of Research in Education，1973（1）：178-208.

②　WALKER J L. The diffusion of innovations among the American States［J］. The American Political Science Review，1969，63（3）：880-899.

③　BECKER S W，WHISLER T L. The innovative organization：a selective view of current theory and research［J］. The Journal of Business，1967，40（4）：462-469.

究提出批判。格罗斯等人在评述创新实施的研究时指出，20 世纪 60 年代以前的创新研究主要关注创新的发起，忽视了创新的实施。20 世纪 60 年代以后创新实施的研究虽然不少，但它们通常将创新的实施视为一个"事件"（event）而非"过程"，没有看到各种因素的逐渐变化。这些研究几乎都将创新的外部条件视为稳定不变的常量，并将创新的实施视为各种独立因素的累加，而不是一个相互联系的复杂的动态过程。[①]1966 年，本尼斯也指出，"变革要素论（theories of change）的确不少，但是我们缺乏变革过程论（theories of changing）。究其原因，可能在于：（1）与变革现象本身有关。在变革过程中存在众多干扰变量，使得每次变革都与众不同。（2）与学术倾向有关，研究者通常只会探寻'是什么'（what is），而不去深究'如何做'（how to）。显然，变革过程论属于后者"[②]。

最初的教育创新研究也主要关注创新的扩散，将重点放在采纳的速度上。正如麦乔恩（V. McGeown）所言，仅仅关注采纳的数量和速度，就会忽视创新在层次、对象和过程上的差异，也就不能正确区分创新的正向功能和负向功能、个人收益和系统收益、显性结果和隐性结果、直接影响和间接影响。在实践中，创新具有很大的异质性，这对于创新的实施策略具有重大影响。[③]20 世纪 30 年代，学校创新研究的开创者默特，所采用的分析方法和解释模式就主要借鉴了农业社会学中的扩散研究，其根本假设是将学校创新等同于农业创新。此种观点已经受到了加拿大学者富兰和美国学者格罗斯等人的普遍批评。

富兰认为，农业社会学在研究创新扩散时，通常涉及具体的创新产品（如化肥），并且采纳者和实施者为同一个人（农民）。此外，创新的结果

---

① GROSS N，GIACQUINTA J，BERNSTEIN M. Implementing organizational innovations：a sociological analysis of planned educational change ［M］. New York：Basic Books，1971：31，32.

② QUINN R E. Toward a theory of changing：a means-ends models of the organizational improvement process ［J］. Human Relations，1978，31（5）：395-416.

③ MCGEOWN V. School innovativeness as process and product ［J］. British Educational Research Journal，1979，5（2）：221-235.

（粮食产量增加）既可以进行预测，又可以发现某种明确的因果关系。然而，在教育领域，此种方法却具有根本的缺陷。在某些情况下，学校采纳创新后并没有发生显著变化，也未能实现创新的预期目标。同时，扩散模式强调通过校外人员的研发，将创新传递给学校。此种模式具有相对普适性的假设，忽视了实施者的价值观和目标对于创新过程的直接影响。教育实践之所以重采纳而轻实施，其原因可能在于：（1）人们采纳教育创新的动机可能多种多样，不一定会考虑到创新的内在特质，有时会追求时尚和服从权威；（2）创新特征和决策类型的复杂性，使人们难以认清创新的结果；（3）当权威人物做出采纳决定或投入大量资源时，人们会趋向于为创新而创新，从而迷失了创新的终极目的。①

格罗斯等人指出，农业创新的扩散模式很难适用于学校和其他组织。农业创新的扩散模式假定，个人从认识问题到实施创新的任何阶段，都可以自主决定是否采纳或延续某项创新。如果采纳者对创新不感兴趣，就可以随意拒绝。如果对创新的效果做出负面评价，也可以随时中断。然而，此种假设并不适用于学校教育创新。通常，某些教育创新由上级部门提出，并要求教师坚决贯彻执行。此外，管理者采纳某项创新时，不一定考虑到它是否适用于学校或能否实施。简言之，罗杰斯的扩散模式主要关注个人如何采纳简单的技术创新，并假定个人无须他人的帮助，便可以小规模地尝试创新。该模式还假定，个人可以自主决定是否采纳创新，并且短期的试验足以得出有效的评价。然而，许多教育创新却不能小规模地尝试，而且如果教师不能与同事协作，就难以实施。此外，许多教育创新极为复杂，付诸实施绝非易事，并且需要多年的全面尝试才能做出适当的评价。②

---

①　FULLAN M. Overview of the innovative process and user［J］. Interchange，1972，3（2-3）：1-46.

②　GROSS N，GIACQUINTA J，BERNSTEIN M. Implementing organizational innovations：a sociological analysis of planned educational change［M］. New York：Basic Books，1971：21-22.

二、创新过程研究的表征

　　教育创新的过程研究主要表现为研究者不再囿于扩散和采纳研究，转而将实施纳入研究视野。1965 年，卡尔森在研究教育创新扩散时，便发现了发起与实施之间的脱节。他对某所采纳程序教学的学校进行了追踪研究，结果发现，程序教学在推行一年半之后便完全走样。采纳程序教学的初衷，是让学生自己决定学习进度。然而采纳之后，教师却未能贯彻这些重要原则。在教学实践中，学生仍处于相同的学习进度之中。教师有时会控制优等生和后进生对学习资源的使用，从而最大限度地缩小学生学习进度的差距。卡尔森指出，在实施程序教学的过程中，教师常常难以割舍自己作为学习指导者的传统角色，因而会想方设法改变教学方式，以恢复自己的权威。因此，程序教学的理念要想真正融入学校教学之中，就必须重新界定教师的角色和职能。①

　　1970 年，古德莱得等人对 26 个学区的 67 所学校进行了调查，深入研究教育改革对课堂教学到底产生了多大影响。结果发现，这些学校的课堂教学表现出惊人的相似，教育变革实际上功亏一篑。在探究变革失败的原因时，他们指出了实施者（教师）在创新过程中的重要作用。通常，教师只是接触到某些观念，然而在行动中并没有将其完全内化，因而教师的思与行之间存在差距。他们也指出，改变成人的行为是一项艰巨的任务。作为成人，教师的行为模式长期受到结构化学校教育的影响，并得到了体制的认可和保护。因此，听讲座、参与主题讨论、阅读实践手册或接受课程培训实际上并不能彻底改变教师的行为模式。教育创新的成功仰仗于它们触及现有的社会系统，向教师传授新的组织模式和角色。②

---

① CARLSON R O. Adoption of educational innovation［M］. Eugene：University of Oregon Press，1965：84.

② FULLAN M. Overview of the innovative process and user［J］. Interchange，1972，3（2-3）：1-46.

1971 年，史密斯等人对肯辛顿小学的创新案例进行了深度研究。肯辛顿小学采用全新的开放空间布局，为学生提供个性化和人性化的教学。学校建立后，地方学区任命了一名开拓创新的校长，并招聘了 18 教师和 5 名助教。然而，在第二学年开始时，仅有 8 名教师继续回校工作。时至期中，校长也另谋高就。肯辛顿学校创新的失败在于，变革者忽视了创新的实施者（学生、家长、教师和校长）在创新过程中的作用。尽管学校提出了创新方案，但是实施者（特别是教师和学生）不知道如何操作。此外，尽管学校就正式的教育目标达成了共识，但目标的作用却极为有限。只有将目标与手段结合起来，使实施者积极参与其中，教育目标才能最终实现。为达成这些目标，实施者需要学习新的角色，明确各种角色关系。正如史密斯和基思所说，教师遇到了如下困难：（1）难以协调师生之间的时间表；（2）难以协调合作教学的分工和协作；（3）难以应对意外情况，如大部分学生不能适应自主学习活动。因此，实现重大的教育变革至少需要三个基本条件：（1）组织机构和上级部门能够鼓励创新；（2）实施者能够接受变革；（3）实施者能够胜任新的角色。对于肯辛顿小学来说，创新方案并未考虑实施者的需要和角色，因而实施者在面对不确定性和意外结果时不知所措，致使变革最终失去了控制，学校又重归原来的系统结构。[①]

1971 年，格罗斯等人对某一所采纳开放课堂[②]（open classroom）的小学进行了研究。他们发现，此项创新成功启动 8 个月后，最初欣然接受创新的教师开始遭遇实施困境。究其原因，可能在于：教师未能认识到自己的新角色，未能获得必要的技能和教材；此项创新不适应学校的状况；教师在实施创新时遇到许多组织问题，而管理者又未能帮助他们解决，因而

---

① SMITH L M，KEITH P M. Anatomy of educational innovation：an organizational analysis of an elementary school［M］. New York：John Wiley & Sons，Inc.，1971：398.

② 开放课堂是美国 20 世纪 70 年代比较盛行的课堂设计模式，它强调以儿童为中心，在极端情况下，整个学校都不设置围墙。开放课堂的理念是，让一大群能力各异的学生在同一个大教室里听课，同时由几位教师负责监督指导。它最初源于一间屋子的校舍设计，但有时也会是 200 多名学生在同一个混龄和混年级的教室里学习。通常，师生会在新学年的前几周内，共同制定出开放课堂中的教学规则，然后再开始新的学习。

逐渐抵制创新。此外，此项创新由上级教育部门提出和采纳，并得到了联邦政府的资金支持，以一项既成事实引入学校。因此，学校的实施者在创新的酝酿、提出、决策和尝试中几乎完全被抛开。格罗斯等人的研究指出了教育创新中的意外情况，这对于认识学校变革过程极为重要。显然，成功地采纳一项变革并不一定会带来预期的改变。组织采纳创新之后，可能不予实施或者敷衍塞责。创新的扩散和采纳对于整个过程固然重要，但却只是组织变革的第一个阶段。创新启动之后，具体情况就不得而知，因而必须突出实施在创新过程中的重要地位。

费勒在评述公共部门的创新时指出，从 1975 年之后，公共部门创新的研究开始日益强调技术援助与技术创新的区分，并从关注采纳新技术转变为关注增强地方组织发现和解决问题的能力。对于后者而言，它不仅包括采纳新观念，也包括鼓励地方组织根据情景的变化，自觉调整自己的行为，以更加有效地完成任务。[①] 罗斯纳（J. David Roessner）在评述联邦政府对地方的技术援助时也指出："不管联邦政府机构的规定和政治气氛如何，都应该避免地方政府照搬特定的解决办法（如技术或系统等），而应该增强州和地方政府人员的分析和评判能力。"[②] 对于教育领域来说，这就需要增强地方学校的能力，使它们能够根据具体的需要，发现和采纳某些创新。霍利也指出，教育创新中的重要问题不在于创新不关注地方需要，而在于人们只重视创新的美好承诺，相信只要标新立异就能改进公共政策，而不追问创新的目的或政策失败的根源。从这种意义上说，变革越少越好。另外，创新成功的关键是教师愿意采用创新，并能够根据学生的需要和能力创造性地选择使用，因而培养适应性学校和适应性教师极为重要。[③]

① FELLER I. Innovation process: a comparison in public schools and other public sector organizations [J]. Knowledge: Creation, Diffusion, Utilization, 1982, 4 (2): 271–291.

② ROESSNER J D. Federal technology policy: innovation and problem-solving in state and local governments [J]. Policy Analysis, 1979, 5 (2): 180–200.

③ HAWLEY W D. Horses before Carts: developing adoptive schools and the limits of organization [J]. Policy Studies Journal, 1976, 4 (4): 335–347.

三、过程研究的两种范式

20 世纪 80 年代，教育创新研究经历了从结构到过程的转变。此前的研究将创新视为一个线性的过程，然而对于不同类型的创新，创新的阶段可能大不相同。佩尔兹（Donald Pelz）指出，对于可以复制而无须变动的简单创新来说，阶段的连续性相对明确；但对于本土生长或较为复杂的组织创新来说，阶段的顺序就似乎捉摸不定。可以说，创新越复杂，创新的过程就越无序。① 弗利（Ewan Ferlie）等人在阐述创新过程的后线性模式（postlinear model）时也指出，在早期的研究中，罗杰斯将创新过程分为五个阶段，即认知、说服、决策、实施、强化，而范德文（Van de Ven) 通过对创新生命历程的考察，强调了创新过程的无序、动态和流动。实际上，"创新过程并不是按照简单的线性模式展开的，而是在复杂的创新集群以及多样化活动中进行扩散"②。

爱德华兹（Tim Edwards）也指出，从 20 世纪 80 年代开始，创新研究的假设和方法逐渐发生了转变。互动过程（interactive process）视角逐渐兴起，取代了规范差异（normative-variance）的视角。学者们开始注意到，认识创新的正确方法是将其视为一个动态、持续的过程，而在此过程中行动和制度结构复杂地纠结在一起。③ 将教育创新视为一个过程，实际上兼顾了创新的各个组成要素，并将个体的主观能动性和组织的客观决定性统一起来，因而是认识教育创新过程的有效方法。互动过程理论展现了教

---

① PELZ D C. Innovation complexity and the sequence of innovating stages ［J］. Knowledge：Creation，Diffusion，Utilization，1985，6（3）：261-291.

② FERLIE E，FITZGERALD L，WOOD M，et al. The nonspread of innovations：the mediating role of professionals ［J］. Academy of Management Journal，2000，48（1）：117-134.

③ EDWARDS T. Innovation and organizational change：developments towards an interactive process perspective ［J］. Technology Analysis & Strategic Management，2000，12（4）：445-464.

育创新过程研究的两种范式，即个体主义和整体主义。总体而言，教育创新的成果最终体现为组织成员行为模式的改变，而此种改变又需要组织结构发生相应变化，二者是同一过程的两个方面。

　　大体而言，教育创新的研究通常将创新分为两个阶段，即发起阶段和实施阶段，创新过程的范式见表7。在教育创新的各个阶段都离不开个人（组织）与环境的交互作用。创新的发起源于个人或组织在特定环境中所遭受的冲击，使之形成解决问题或者改进实践的需求，并最终产生新的教育观念或者技术。在教育创新的扩散阶段，人际交往和沟通极为重要。正是借助多种沟通渠道，个人或组织才产生了模仿或超越的动机，以应对自身所面临的不确定性。在教育创新的采纳阶段，采纳决定的做出也源于互动。在组织环境中，采纳决定是多种力量综合作用的结果。对于同样的教育创新方案，不同的利益相关者有不同的认识，最终的决定体现了各方力量的相互妥协。在教育创新的实施阶段，采纳主体与环境不断地进行互动，并对原来的创新理念或者技术进行调整，使之适应具体的实施情况，实现教育创新的再创造。教育创新的制度化标志着一个创新周期的终结。在个人或组织采纳创新之后，经过在制度环境中不断地实践，新的理想或技术成为了实践者自身"惯习"的一部分，并逐渐将之内化为无意识的行为方式。

表7　创新过程的两种视角

萨尔特曼等人（1973）	罗杰斯（1983）	综述
I.发起阶段（个人层面） 认知—觉察 形成态度 决定采纳	I.发起阶段（组织层面） 设定议程 进行匹配 决定采纳	I.发起阶段（组织层面） 设定议程 进行匹配 决定采纳
II.实施阶段（组织层面） 初步实施 持续实施	II.实施阶段（组织层面） 重新界定/重新陈述 进行阐明 形成惯例	II.实施阶段（组织层面） 重新界定/重新陈述 进行验证 阐明/评价 形成惯例

第二节　教育创新过程的个体视角

自社会学创立以来，研究者在对社会和组织的看法上始终存在着方法论个人主义（methodological individualism）和整体主义（totalism）两种倾向，前者将社会或组织还原为个人，而后者则将之视为一种超越单个个体的客观实在。对于创新来说，它发生于特定的组织和制度背景之中，因而也要面对个体和组织的关系问题。个体和组织实际上是同一问题的两个层面，组织由个体组成，而个体又存在于组织之中。教育创新的原点，实际上是个体在组织和制度背景中的主动性活动。

从根本上说，创新是一个发现问题和解决问题的过程。然而与发明创造不同，创新主要关注人与人的关系，即个体如何在人际互动中形成新的观念，并将之引入学校组织中，实现结构重组，因而是一种获得他人承认的社会交往活动。而对于发明创造而言，它们只关心人与物的关系，即个体如何利用科学规律将自己的新想法变成现实，因而是一种对象性的社会改造活动。创新的内在逻辑是从具体上升到一般，而发明创造则是将一般变为具体。①此种区分使我们在认识创新的个体层面时，能够始终关注它的社会维度。因此，对于个体层面的教育创新，研究者需要考察个体是如何感知问题、提出解决办法，并使之为组织所采纳和实施。

个体层面的创新在很大程度上源于杜威的反思性思维方法。1910年，杜威在《我们如何思维》中提出了思维和行动的五个步骤：（1）感觉困难；（2）确定问题的所在；（3）提出可能的解决办法；（4）预测解决办法的功效；（5）进一步的观察和试验，直到最终接受或者拒绝解决办法，亦即得

---

① 计海庆.“创新”和“发明”的哲学分野：从熊彼特的创新理论说起［J］.理论界，2008（6）：105−107.

出对其信任与否的结论。[①]从此种逻辑来看，个体一旦接受或拒绝解决办法，其思维和行动过程便宣告结束。因此，对于创新研究来说，早期的研究者主要关注创新的采纳，而创新的采纳从某种程度上说乃是一种决策过程。1972年，德国慕尼黑大学的威特（Eberhard Witte）提出了决策过程的五阶段论：（1）认识到决策的问题；（2）收集必要的信息；（3）提出备选方案；（4）评价备选方案；（5）做出最终决定（选择）。[②]尽管决策阶段论对于认识个体层面的创新过程具有重要作用，但它们仍然只关注创新的采纳。实际上如前所述，个体在做出采纳决定之后，仍然要面对内化和制度化的问题，并且在继续实施创新的过程中，也会进行不断的调整。因此，个体层面的创新应该是一个完整的过程。

一、创新过程

（一）感知问题所在

著名教育家陶行知指出："要在'感觉困难'上边添一步：'行动'。因为惟其行动，到行不通的时候，方才觉得困难，困难而求解决，于是有新价值的产生。……行动是老子，思想是儿子，创造是孙子。"[③]陶行知认为，感觉问题关键的是手脑并用，在行动中思考，在思考中行动。中国传统的农耕方法之所以千百年来墨守成规，毫无创新，关键就在于在"劳力"的同时不去思考；另一方面，中国古代的文人墨客又整天高谈阔论，附庸风雅，不能用行动的经验来充实自己的头脑，因而也无创新之举。对于创新来说，个体必须首先具有明确的问题意识，善于发现期望与现实的差距，

---

① Dewey J. How we think［M］. New York：D. C. Health & Co. Publishers，1910：72.

② WITTEE. Field research on complex decision-making process-the phase theorem［J］. International Studies of Management & Organization，1972，2（2）：156-182.

③ 华中师范学院教育科学研究所. 陶行知全集：第二卷［M］. 长沙：湖南教育出版社，1985：612.

形成解决问题的动力和愿望。

　　著名管理学家马奇、西蒙和唐斯在考察组织决策时指出，当个人认识到组织的实际表现与预期标准产生差距时，就会努力寻找其他行动策略，从而最终采纳某项创新。如当公司的经济地位下滑时，他们就会开发新的产品，最终带来产品创新。另一方面，感知和认识某项创新，可以极大地改进组织的内部功能和外部关系，使决策者能够比照典型，寻找差距。如学校信息中心的人员仅凭校内用户的反馈，可能相信自己具有良好的业绩。但当外出参加研讨会议时，就可能发现新的设备或软件可以极大地改进自己的工作，从而改变对自己的期望，认识到某种差距。[①]因此，感知问题是创新过程中极为重要的一步，它使个体形成创新的动力和愿望。

（二）提出解决办法

　　在认识到问题之后，个人会根据自己的知识经验提出新方法，尝试解决问题。在此过程中，个人的素质极为重要。从本质上说，创新是一个智力问题。范德文也指出，一种创新便是一种新的想法。[②]在当今的知识经济和知识管理中，智力在创新中的作用日益凸显。在心理学中，智力一般被认为是一种信息加工能力，而心理学中对智力的界定主要有两种方法：（1）认知或心理测量的方法，将智力视为个人的特征；（2）情境主义的方法，将智力视为个人所在的文化和规范系统中的社会产物。美国著名认知心理学家斯腾伯格（Robert Sternberg）认为，智力是个人处理、解释、编码、操纵和获取信息的能力，它使个人掌握、储存和应用知识，以便在特定的领域和情境中，迅速成功地应对外部的挑战并解决问题。[③]斯腾伯格的智力理论实际上强调

① ZALTMAN G，DUNCAN R，HOLBEK J. Innovation and organization ［M］. New York：John Wiley & Sons，Inc.，1973：63.

② VAN DE VEN A H. Central problems in the management of innovation［J］. Management Science，1986，32（5）：590-607.

③ GLYNN M A. Innovative Genius：A framework for relating individual and organizational intelligences to innovation ［J］. Academy of Management Review，1996，21（4）：1081-1111.

了成分、经验和情景三个部分，因而被称为智力三元论，他试图从主体的内部世界、现实的外部世界以及联系内外世界的主体经验世界这三个方面来分析、描述智力。① 多元智能理论大师加德纳（Howard Gardner）也指出，智力是解决问题或创造产品的能力，在不同的文化背景中，人们对智力的侧重点不同。心理学有关智力的理论为研究者认识个人的创造力提供了重要的理论支撑。概言之，个人在面对困难时，会依据其智力提出新的解决办法，从而表现出创新能力。

伍德曼（Richard Woodman）等人依据创新的互动模式指出，个人的创新力受先前状况、认知风格、能力、人格、动机和知识的影响，这些个人因素与社会情景因素相互影响。② 就个体层面的创新来说，提出新的解决办法，就是个体调动自己各方面的能力，将之应用于特定的问题情景中，最终形成实体化的创新思想或行动。从知识论的角度讲，这也是一个知识创造的过程。在对知识的分类上，英国学者波兰尼提出的显性知识和缄默知识，使研究者看到了日常实践层面的个人知识。对于创新这种具有很大情景依赖性的活动，个人知识在形成创新思想的过程发挥了重要作用。然而，知识创造如何实现？日本学者野中郁次郎和竹内弘高给出了知识创造的四种模式：（1）社会化，实现隐性知识到隐性知识的转化，如师徒制；（2）外显化，实现隐性知识到显性知识的转化，如个人通过隐喻、类比和模型呈现出自己的隐性知识；（3）联合化，实现显性知识到显性知识的转化，如个人通过系统化和整体化的方法，将零散的显性知识组合起来；（4）内在化，实现显性知识到隐性知识的转化，如个人通过"做中学"，将显性知识变成自己的行为模式。他们指出，知识创造便是在这种模式形成的知识螺旋中展开的。

智力理论和知识创造理论为研究者认识个人创新提供了重要的理论视角。可以说，新的解决办法源于个体与特定环境的相互作用，是个人

---

① 黄希庭，郑涌. 心理学十五讲［M］. 北京：北京大学出版社，2005：341-342.
② WOODMAN R W, SAWYER J E, GRIFFIN R W. Toward a theory of organization creativity［J］. Academy of Management Review, 1993, 18（2）：293-321.

和社会文化的产物。然而，当个体面对某种问题时，他们可能有不同的解决办法，因而在众多备选方案中做出选择，就成为决定创新最终形态的重要一环。

（三）做出最终选择

在选择备选方案时，个人的价值观和倾向发挥了重要的筛选作用。陶行知在论述《创造的教育》时，曾以《红楼梦》中刘姥姥进大观园为例来加以说明。当时宝玉与众家姊妹们在河中行船，遭遇破残荷叶的羁绊，宝玉的解决办法是派人将其清理，而黛玉则以李商隐"留得残荷听雨声"的心态，将满池残叶视为动听的天然乐器。[①]可见，价值观的不同将决定个人所选择的解决办法的不同。

做出选择也是一个对创新做出初步评估的过程。西方经典著作中对理性人和经济人的假设，便说明了个人在做出选择时对利益得失的权衡。创新具有一定的风险，在给个人带来利益的同时也必然会造成一定的损失。尽管完全理性的决策模式已经遭到了西蒙等学者的批判，但是个人还是会寻求令人满意的解决办法。中国古代三十六计中的"李代桃僵"[②]也展现了个人的决策行为。

在学校教育情景中，做出选择不仅意味着创新研发者最终确定某种方案，而且包含了教师对创新方案的抉择。然而，创新过程的研究通常比较关注管理者的决策行为，忽视了教师的决策过程。多伊尔（Walter Doyle）和庞德（Gerald A. Ponder）专门研究了教师在创新过程中的决策行为，指出了教师决策的实践伦理（practicality ethic）。[③]他们认为，教师通常处于

---

① 华中师范学院教育科学研究所.陶行知全集：第二卷［M］.长沙：湖南教育出版社，1985：610-611.

② "李代桃僵"原指李树代替桃树而死。在军事谋略上，则指如果要暂时以某种损失、失利为代价才能最终取胜，指挥者就应当机立断，做出某些局部或暂时的牺牲，去保全或者争取全局的、整体性的胜利。中外理论家在对个人决策的论述上不谋而合。

③ DOYLE W，PONDER G A. The practicality ethic in teacher decision-making［J］. Interchange，1977-78，8（3）：1-12.

一个相对独立和自治的环境中，当决策者引入创新方案时，就会对教师的自治形成一种控制机制，使他们被动地应对学校的改进目标。在作为实施者的教师看来，这些创新方案通常是一种权力—强制型的策略。此种绕开教师的变革方案，实际上掩盖了教师的实践伦理。忽视教师的决策过程，就会采用自上而下的简单化变革策略。然而，创新的最终命运取决于教师的决策。通常，创新研究者和决策者对于教师具有三种形象假定，即理性的采纳者、顽固的阻挠者（stone-age obstructionist）、务实的怀疑者（pragmatic skeptics）。最初的教育创新将教师视为理性的采纳者，认为只要向他们提供大量确凿的事实，辅之以动听的说教，教师必将做出采纳决定。然而，事实并未如决策者所料。20 世纪 60 年代，变革者对教师开始持一种悲观的看法，认为他们是顽固的阻挠者，并制定出一些"防范教师"（teacher-proof）的课程。20 世纪 70 年代，研究者逐渐认识到此类课程也未尽如人意。他们发现，教师在创新方案的实施中功不可没，因而开始将教师视为务实的怀疑者。务实的怀疑精神注重个人主义、即时性（immediacy）和具体性，并成为教师实践伦理的组成部分。从务实的角度来看，教师的实践伦理体现在三个方面：（1）工具性，即变革方案的确能够帮助教师解决课堂中的具体问题；（2）一致性，即变革方案适应自己所在的情景；（3）成本，即变革方案对自己带来的成本—收益比较合理。教师对这些因素的考虑，决定了他们在创新过程中的决策行为。

（四）进行试验尝试

个人做出创新决策后，便要开始进行尝试。尝试创新方案的过程，就如同驾驶汽车行走于高速公路上一样，驾驶员需要不断地根据外部反馈的信息调整自己的动作，使汽车保持正确的方向。从此种意义上说，反馈机制在尝试创新的过程中发挥了重要作用。"'反馈'是控制论的一个范畴。……它是系统实现调整控制的内在机制，即系统内在运行过程中诸因素相互作用、相互制约的根本形式之一，是通过信息流的自我关联、自我作用而引导系统向某一方向变化的方式。"① 在创新过程的各个阶段，都存在反馈机制，其功能在于指导和控制实际的行为操作。它通常包括内部反馈和外部反馈。

创新不是一个一步到位的活动，而是存在许多反复。在尝试过程中，如果发现某些严重问题，就可能返回到以前的决策阶段。从决策到实施之间的反复程度，取决于决策所需的时间和资源、问题的类型以及变革的激进程度。通常，如果时间和资源非常有限，决策过程就会迅速完成。危机时期的决策和实施就是如此。另外，如果变革幅度较大，决策者就会首先进行初步实施，以确定是否会出现严重的问题。进行尝试的目的在于获取必要的反馈信息，以指导全面的实施和行为改变。此种反馈也可能促使决策者另辟蹊径。

在学校教育创新中，反馈机制也显著地影响创新的过程。在很多情况下，由于无视反馈机制的存在，教育创新才会遇到许多"意外结果"，甚至走向失败。格罗斯等人在研究某小学教育创新的失败时就指出，学校领导所采用的策略存在两个根本缺陷：（1）未能认识到教师在实施创新过程中可能遇到的问题。换言之，如果决策者在创新发起阶段，认识到潜在的实施问题，并提前做好准备，就会消除或至少降低新问题带来的影响。（2）未能建立和使用反馈机制去发现实施中面临的障碍。通常，即便决策者没有预见可能出现的问题，他们也可以通过反馈机制发现实施中的障碍，从而减少其负面影响。上述两种缺陷都是一种内部反馈，学校教育创新最终还要通过外部环境（如家长或其他组织）的反馈来进行调节。②

反馈的目的在于为决策者和实施者提供必要的信息，因而信息的明晰性极为重要。当决策者提出具体的创新方案时，他们也必须指明所针对的问题。在创新过程的每个阶段，问题的明确性是保证反馈有效性的必要条件。然而，创新实施中所面临的问题，并非一成不变。决策者和实施者最

---

① 姜涌.反馈机制的认识论含义［J］.山东师大学报（社会科学版），1993（6）：35-38.

② ZALTMAN G，DUNCAN R，HOLBEK J. Innovation and organization［M］. New York：John Wiley & Sons，Inc.，1973：75-78.

初确定的问题，很可能在实施过程中发生转移。在创新的实施中，每迈出一步都将改变问题情景，因而也就需要重新界定问题和调整行为方式。在学校教育创新中，最初针对教学内容实施的课程创新，在引入学校之后很可能因管理体制和师资配备的问题而发生转变。只有在后者得到有效解决的情况下，课程创新才能顺利实施。因此，在创新的过程中，步步相扣，只有迈出了第一步，才知道下一步该怎么走。此种情景也正验证了复杂性理论所说的"对初始条件的敏感依赖"，前一步的细微差别最终可能导致完全不同的创新模式。

（五）形成常规惯例

在创新的尝试和初步实施中，存在着明显的钟摆和震荡现象。随着创新的效果渐渐明晰，实施者就开始抛弃此前飘忽不定的心态，转而将创新视为一种信念，并通过日常化的操作使其成为一种理所当然（taken for granted）的行为模式。只有这样，个人的行为才能发生彻底的变化，而创新的一个周期也才宣告结束。

创新的实施和制度化过程是个人认同的重建过程。随着创新的引入，实施者必须改变原本行之有效的行为模式，从而引发了个人的认同危机。然而，当实施者逐渐接受创新之后，也就在实施过程中重建了个人认同。人们在长期的日常实践活动中形成的惯习和常规，是他们赖以形成自我认同的根基。随着创新的引入，原有实践方式的有效性受到了质疑，个体的自我认同也随之动摇，产生了埃里克森（Eric Erikson）所言的"同一性危机"（identity crisis），个体开始不断地追问"我是谁"。尽管创新不一定会完全推翻此前的自我认同，但是实施者必须调整原有的思维方式和行为方式，重新建构自己的身份认同。在此过程中，对原有实践方式涉入较深的实施者可能面临更大的困难。如前文所述，教师在教育变革中会表现出一定的教育乡愁，这在有经验的老教师身上尤为突出。在通常情况下，新教师和教育管理者之所以敢于冒险尝试创新，在很大程度上就缘于他们在学校场域中尚未形成固定的自我认同。一旦此种认同变得稳固起来，他们也就不再热衷于变革。这就是为何会出现"新官上任三把火"的现象。

那么，新的思维方式和行为方式如何能够被个体所认同和践行呢？通常，决策者会通过某种手段将创新加以神化和自然化，使实施者不再对其质疑，转而认同它的合法性。最初的创新决定可能出于某种利益的考虑，然而此种创新活动必然具有脆弱性和不稳定性。个人的利益可能随时会变，因而创新也会出现众多变数。为了贯彻创新的初衷，就必须使创新的实施从单纯的个人利益转变为共享的价值规范和制度。道格拉斯（Mary Douglas）便指出："制度不能建立在功利性或实用性的基础之上。恰恰相反，制度必须建立在人们都能接受的基本的理念规范之上，而这种理念规范常常是隐含在自然或超自然的世界中。……传统部落里的祭神，是借助宗教的方式把规则变成天然的、超自然的，超越了我们本身的东西，这种规则才能稳定存在。"[①]对于创新的实施来说，它也遵从道格拉斯所说的"制度思考"的逻辑。20世纪60年代，美国实施的补偿教育和校车接送等创新方案，就是将其自然化为人与人之间教育机会的平等，因而在美国这个以自由和平等原则立国的国度里，此类教育创新便获得了合法性，并在学校中得以实施。20世纪80年代以来，强调学校绩效的各项教育创新也是借助了制度逻辑的力量。因此，在教育创新的实施过程中，一方面，制度逻辑会使创新方案成为不受质疑和无意识的行为，使之成为个体行为模式的一部分；另一方面，创新也会在对原有制度"祛魅"的同时，借助新的超自然方式，将自身制度化。

二、总结

综上所述，从个体层面上说，创新过程是个人运用智力解决问题的过

---

① 周雪光.组织社会学十讲［M］.北京：社会科学文献出版社，2003：82.

程。因此，杜威提出的解决问题的五步法，展示了行动者在自身特征和外部环境的互动中如何创造性地解决问题。由于自身特征和外部环境的不同，作为组织成员的个人可能对组织面临的问题具有不同的感知和理解，由此形成的认知倾向决定了他们关注的组织领域。组织中的某个问题之所以能够被提出来，正是由于个人特征和组织环境的双重作用。一旦个人确定了某个问题，他们就试图通过各种渠道获取必要信息来加以解决。在信息收集的基础上，个人凭借某种灵感或推理，创造性地提出可能的解决方法。个人的创造力由此得以体现，然而此种创意还不能构成创新。个人在对各种备选方案进行评价之后，会选择一种可行性和可接受性较强的方案提请组织审议通过。在此过程中，个人又要凭借自身的威望和说服力，动员组织成员对此种方案表示认同。一旦此种方案得以通过，制度企业家就会将创新的方案转化为具体的行动，并积极寻求组织行为的改变，使之成为一种惯例和常规。

此种创新过程的个人模式事实上只是代表了某种"理想型"，现实的创新过程并非完全遵照这些步骤。就问题的发现来说，它并不一定出现在所有序列的前端，有时候解决方案也会引发问题。而个体对信息的收集在任何一个阶段都有所体现。因此，此种"阶段论"似乎并没有得到足够的经验验证。管理学大师明茨伯格（Henry Mintzberg）通过实证研究表明，人们通常是以"整体决策的模式"（total decision-making）来解决问题，而非将之作为按部就班的时序。①

对于教育创新来说，个体层面的视角主要关注校长和教师等关键人物在具体教育情景中如何形成创新思想并将其付诸实施。对于学校组织来说，松散联结的特征使学校实践者能够自由应对各种问题，并尝试提出富有创意的解决办法。但是，校长和教师在具体的日常实践中可能面对不同的问题，因而会形成不同的解决方案。由于学校的权威结构和组织模式，并非每个人提出的创新思想都能得到学校的认可和实施。学校教育创新的过程

---

① PELZ D C. Innovation complexity and the sequence of innovating stages［J］. Knowledge：Creation，Diffusion，Utilization，1985，6（3）：261-291.

更多时候是个体层面和组织层面的结合。

第三节 教育创新过程的组织视角

　　教育创新过程的组织视角将重点放在集体的行为方式上。尽管组织视角与个体视角颇为相似，但二者的侧重点有所不同。组织视角更强调个体之间的互动，以及创新过程的复杂性。著名群体动力学家勒温对组织变革过程的研究，为认识组织层面的创新过程提供了重要的支撑。他认为成功的组织变革应该遵循三个步骤：解冻（unfreezing）现状、移动（moving）到新状态、重新冻结（refreezing）新变革使之持久。通常，现状可以视为一种平衡状态，要打破这种平衡状态，必须克服个体阻力和群体的从众压力，因此解冻是必要的。促进原有群体解冻或融化的因素包括：（1）激发情感；（2）进行隔离或建立"文化孤岛"；（3）群体决策。组织一旦解冻之后，就可以通过人员培训和群体参与，使组织迈入新的状态。然而，变革要想获得成功，就需要重新冻结，使之长久维持，否则将是短命的。勒温指出，群体决策对于重新冻结也产生了重大影响。通常，参与群体决策的人员会更加自觉地捍卫组织的决定，并努力使新状态再次达到平衡。[①] 对于组织变革和创新来说，最大的困难就是克服从众的压力，使创新思想能够不断涌现，勒温提出的文化孤岛概念也常被用于组织创新。1964 年，迈尔斯提出的临时系统概念也借用了勒温的理论。在现实的教育创新中，之所以采用实验学校的方式也就在于为组织解冻提供契机。然而，组织层面的教育创新，不仅仅要面对发起中的困难，而且要面对采纳和实施中的难题。总体而言，组织层面的教育创新也可以分为发起、实施和制度化三个阶段。

---

① SMITH L M，KEITH P M. Anatomy of educational innovation：an organizational analysis of an elementary school［M］. New York：John Wiley & Sons，Inc.，1971：378.

一、创新过程

（一）设立创新议程

对于组织层面的教育创新来说，问题的发现远比个体层面的复杂。对于个人来说，发现问题和提出问题几乎是顺理成章的事情。然而，对于组织来说，问题的发现也是一个充满权力斗争的过程。在很多情况下，组织中的问题由来已久，但却不能提出相应的解决办法。

学校组织中的问题不会自然浮现出来，因而设立创新议程与公共部门提出政策问题颇为相似。在社会生活中，人们经常面对多种问题，但真正进入公众和决策者视野中的问题却为数不多。政策问题的发现和提出是一个蕴含权力斗争的过程。希尔加特纳（Stephen Hilgartner）和波斯科（Charles L. Bosk）从公共竞技场（public arena）的视角解释了社会问题的出现和消失。他们认为公共领域由于"承载力"（carrying capacity）有限，在一定时间内只能关注少数几个问题，因而社会问题通常会争夺公众和政府的注意。在此过程中，问题本身的新颖性和戏剧性将极大提高它们受到关注的程度。[①] 金登（John Kingdon）在论述问题流时指出，指标、焦点事件和危机可以使某些社会问题浮出水面。[②] 政治学家斯通（Deborah Stone）也指出，在政策问题的提出过程中，问题企业家（problem entrepreneur）会利用或者制造各种数字、符号和原因以凸显某个问题的迫切性，从而引起人们的关注。[③] 因此，问题的确定不是进行客观的陈述，而是一种解释和

---

① HILGARTNER S, BOSK C L. The rise and fall of social problems：a public arenas model［J］. American Journal of Sociology，1988，94（1）：53-78.

② KINGDON J W. Agendas，alternatives，and public polices［M］. New York：HarperCollins College Publishers，1995：93.

③ STONE D. Policy paradox：the art of political decision making［M］. New York：W. W. Norton & Company，1997：164.

建构的过程。①政治行动者通常借助权力机制，对特定事件进行人为的操纵，以提出某个政策问题。因此，在看似中立的创新问题提出过程中，实际上蕴含着内部权力的博弈。20 世纪 70 年代，政治视角的教育创新研究就警醒人们必须追问"问题是谁之问题""创新是谁之创新"。公共议程设置的研究为组织层面的教育创新研究提供了重要的理论启示。

除了政治维度外，创新问题的确定也体现了组织的智力水平。现代组织学研究倾向于将组织进行人格化，提出了组织智力、组织记忆和组织学习等概念。通常，在面对相同的外部环境时，某些学校可能表现得比较敏锐，能够迅速有效地制订和实施创新计划，使学校取得更大的发展；而某些学校则表现得比较迟钝，所采取的措施也常常使组织遭受挫败。因此，可以说某些组织比其他组织更加聪明。诚如前文对智力的界定，组织智力也是一种信息加工的能力，亦即组织能够从记忆中提取信息，灵活应对具体的情景变化。科恩（Wesley Cohen）和莱文瑟尔（Daniel Levinthal）指出，组织具有吸收力（absorptive capacity），它以组织原有的知识结构为基础，使组织能够在具体的情景下同化和运用新的知识。②组织的此种特征正如意大利著名幼儿教育家蒙台梭利（Maria Montessori）所说的儿童的吸收性心智，即儿童是通过对外部世界的吸收，建构自己的心理和精神胚胎的。同样，组织也通过对外界的吸收过程，积累和储存了一定的知识和经验，使组织能够应对未曾预料到的情况。

对于学校这样的知识组织来说，组织成员通过学习获得的经验，通常记录在组织记忆中。因此，组织学习和组织记忆对于组织的生存极为重要。美国组织理论家列维特（Babara Levitt）和马奇指出，组织学习是一种基于惯例、依赖历史和目标导向的活动，而组织记忆则是组织对历史经验的编码和存储。通常，组织首先要对历史经验进行解码，然后运用这些经验

① PORTZ J. Problem definitions and policy agendas：shaping the educational agenda in Boston［J］. Policy Studies Journal，1996，24（3）：371-386.

② COHEN W M，LEVINTHAL D A. Absorptive capacity：a new perspective on learning and innovation［J］. Administrative Science Quarterly，1990，35（1）：128-152.

指导自己的日常行为，并学习新的知识。①明茨伯格认为，组织记忆通常包含两类知识，软性知识（soft knowledge）和硬性知识（hard knowledge）。前者常见于人员和文件之中，一般通过在职培训、模仿、社会化和专业化等过程进行传递；后者则储存在组织的规则、政策、惯例、操作程序之中，一般不易变动。②对于教育组织来说，它们可以通过正式的政策、程序和惯例存储硬性知识，但由于教师的独立和自治以及师生的较大流动性，教育组织对软性知识的记忆较差。在教育创新的过程中，从问题发现到提上议程，都需要组织凭借记忆中的经验进行学习。

（二）进行组织决策

组织创新问题的界定涉及众多力量的斗争，而组织创新决定的做出也是一个权力斗争的过程。对此，仍然可以借用政治学中的决策理论进行认识。在决策过程中，问题一旦确定，便会有多种解决方案。确定备选方案的过程，如同生物学中的自然选择一样。金登指出，生物学家所言的"原汤"（primeval soup）是自由漂浮的许多粒子碰撞和集结而成，政策观念的形成也是如此。漂浮在"政策原汤"周围的许多观念要生存下来，就必须经受住某些标准的检验，即技术的可行性、价值观的可接受性以及对未来制约条件的预见性。③经过这些标准的筛选，一些显著的备选方案就可以漂浮到"政策原汤"的表面，等待决策者加以考虑。在此过程中，原有的观念将进行调整和组合，以新的形式出现。最终确定的政策方案可能是诸多建议的结合。因此，备选方案的确定是持有不同建议的政策行动者不断地进行协商和妥协，最终达成某种共识的过程。从此种意义上说，这是一个权力运作的过程。对于学校组织来说，面对同一个问题，不同的成员可能

---

① LEVITT B，MARCH J G. Organizational learning［J］. Annual Review of Sociology，1988（14）：319-340.

② MINTZBERG H. The manager's job：folklore and fact ［J］. Harvard Business Review，1975，53（4）：49-61.

③ KINGDON J W. Agendas，alternatives，and public polices ［M］. New York：Harper Collins College Publishers，1995：117.

会提出不同的解决方案。如当学校教育质量下降的时候，自由派可能会提出增加教育经费、提高教师待遇等创新措施，而保守派则可能认为应该实行市场化和私有化改革。创新方案的最终确定，必定满足某些标准，如方案的可接受性和可行性。[①] 此外，创新方案的通过还在于发起者能够把握时机，善于利用"政策窗口"。

政策窗口是政策倡议者提出自己推崇的解决方法，或者使公众关注某些问题的机会。政策倡导者通常手持解决办法等待在政府内外，静观政治动向的变化，伺机而动。政策窗口的开启有时可以预测，有时则难以把握。因此，政策企业家通常会精心准备自己的方案，以防机会稍纵即逝。在政策窗口开启之时，政策企业家（policy entrepreneur）会将问题流、政策流和政治流进行汇合，从而成功地通过某项政策。从根本上说，政策窗口开启是由于政治流的变动（如政府换届、民意转向）和紧迫问题的出现。如果能够将问题、建议和政治接受性结合起来，某些问题进入决策议程的机会就会大大增加。在学校教育创新过程中，某些创新方案的最终通过在很大程度上依赖于采纳的时机。20 世纪 60 年代，美国照顾弱势群体学生和促进学生自由发展的创新方案之所以能够通过，便得益于当时的时代氛围。20 世纪 80 年代以来的择校和教育券运动也是如此。

（三）推进创新实施

组织做出创新决定后，便开始在组织内部实施。由于组织中的个人具有不同的需求和倾向，最终采纳的创新可能不会代表所有人的利益。然而，创新的实施又需要所有成员的参与，因而在创新的实施过程中必然会出现妥协和变更，从而使最终实施的创新可能有违决策者的初衷。创新的再发明（reinvention）是实施过程中的必然现象。再发明是行为者在采纳和实施过程中对原初创新的改变。在实施过程中，一方面，最初采纳的创新可能用于其他地方；另一方面，不同的创新也可能用于同一问题。此外，创

---

① 马健生.论教育改革方案的可接受性与可行性：公共选择的观点［J］.北京大学教育评论，2004（4）：108-111.

新的预期或潜在效果也可能因再发明而改变。伯曼和麦克劳林指出，同一种创新通常在不同的学区，或同一所学校的不同班级中，有不同的实施。事先打包（packaged）的项目通常明确规定了教师和指导者所应遵循的程序，以防止创新因地而异。然而，这些项目通常并不能有效地实施。①

对于实施者来说，再发明的概念使他们认识到，某一个创新通常包含了多种成分，因而可以采纳其中某些成分而改变或抛弃其他成分。赖斯（Ronald Rice）和罗杰斯指出，实施者更有可能对创新进行再发明的情景是：（1）创新本身比较复杂，具有不可逆性，或者外部顾问没有积极参与创新过程；（2）创新具体实施过程中遇到了新的问题；（3）最初的创新面临一定的政治风险，或遇到了实施者的抵触；（4）实施者对自己所有权或身份地位的维护；（5）实施者对于创新缺乏深入了解；（6）组织的预算限制了创新的实施；（7）最初界定的创新问题过于宽泛，不适应具体情景中的问题；（8）创新各要素之间的联系比较松散，便于进行再发明。②

创新的实施过程包含着许多的再发明和再创造，环境的不确定性和创新方案的抽象性也为再发明提供了客观必要性。对于学校组织来说，由于创新目标和创新方案的模糊性，以及教育组织环境的复杂性，创新实施者会根据具体的情景灵活地对创新进行调整，实现创新的再发明。因此，创新的发起者和决策者不应该期许统一的创新实施模式，而是应该鼓励和支持创新与具体情景的相互适应。

（四）实现创新的制度化

制度化是创新过程的最后一个阶段，它将创新"嵌入"组织的日常实践和结构之中。一般来说，制度化是群体和组织的社会生活从特殊的、不固定的模式转变为普遍的、固定的模式。制度化是群体与组织发展和成熟

---

① BERMAN P MCLAUGHLIN M. Federal programs supporting educational change: volume Ⅲ［M］. Santa Monica: Rand Corporation, 1978: 37.

② RICE R E, ROGERS E M. Reinvention in the innovation process ［J］. Knowledge: Creation, Diffusion, Utilization, 1980, 1（4）: 499-514.

的过程，也是整个社会生活规范化、有序化的变迁过程。古德曼（Paul S. Goodman）等人认为制度化是一个涉及具体行为方式的过程。制度化行为是多个人在面对共同的刺激时所采取的稳定行为，通常作为一种社会事实存在。从本质上说，它是一种社会建构，并在组织成员之间进行代际传递。古德曼等人认为，制度化行为包括五个层面：认知、行动、偏好、规范和价值观。通常，人们在采取某种行为之前，可能会对其具有认识反应。采取此种行动带来的体验或奖惩，会影响人们对该行为的态度。随着更多的人采取此种行为，人们开始意识到他人的表现，从而逐步对行为的适当性形成共识。如果此种共识具有某种规范性，并反映了特定的价值观，那么组织成员之间就达成了某种价值共识。^①制度化包括两方面：一方面是社会规范的建构，并在人们的社会互动中逐渐走向正规化、合理化、系统化；另一方面是社会规范的内化，普遍被社会成员和组织所认同、接受和践行，两者缺一不可。制度是人们实践的产物。人们在实践中不断地生产和再生产规则和资源，并把它们在时空中深深地积淀下来，成为一种"制度化实践"。因此，制度化是被建构的结果，是人们创造的一种框架，一种模式，规则和资源构成其中的内容。^②教育创新在经过初步的实施之后，组织成员会将新的行为规范作为一种制度稳定下来，以实现组织变革的目的。

加拿大学者安德森（Stephen Anderson）和斯泰格鲍尔（Suzanne Stiegelbauer）指出，20世纪八九十年代关于学校变革制度化的研究显示，成功的实施并不能保证变革的延续。他们通过文献综述发现，制度化最有可能在如下条件下发生：（1）变革是为了解决具体问题而发起，而非官僚作风或投机行为；（2）变革考虑到了地方的迫切需要；（3）管理者对变革提供不断的支持、帮助、激励和压力；（4）管理者和教师在变革的动员和实施阶段，更多地参与到了规划、开发和完善活动中；（5）创新实施的效果可以进行展示和监视；（6）创新的实施在解决地方需求方面比较务实和

---

① BULLER P F，MCEVOY G M. Determinants of the institutionalization of planned organizational change［J］. Group & Organization Studies，1989，14（1）：33–50.

② 郭景萍. 情感是如何制度化的？［J］. 社会科学，2006（4）：143–149.

有效；（7）管理者和教师中的"关键多数"（critical mass）成为变革的实施者；（8）关键人物更替之后，仍能保持创新的连续性；（9）变革取代而非改良无效的实践；（10）变革完成了关键的组织阶段（资助常规化）和周期（预算和人员更替）；（11）变革带来了新的组织结构，并以此保证创新的延续；（12）变革获得了学校系统内外众多人士的支持。[①]

教育创新的制度化是所有变革努力中极为重要的一环，20世纪60年代的教育创新往往只关注创新的采纳，忽视了创新的实施和制度化，因而对于教育实践影响甚微。20世纪70年代以后，众多研究者开始关注教育创新的实施和制度化，教育创新的研究也逐步走向细化，许多深度描写的案例研究就是例证。

二、总结

学校是一个由众多利益相关者组成的正式组织。因此，学校教育创新应视为一种集体决策行为，必须关注组织层面的创新过程。达夫特（Richard Daft）将科恩和马奇的"垃圾桶"理论与韦克的"松散联结"的教育组织理论结合起来，分析了教育组织中的创新。[②] 垃圾桶理论旨在解释"有组织的无序"（organized anarchy）[③] 中的决策行为，其特征是取向的人为性、技术的不确定性和参与者的流动性。教育创新的过程是创新发起者将问题和方法（创新观念）与决策过程在适当的时机（垃圾桶）联系起来。

通常，某些紧迫的问题会促使组织寻找有效的解决办法，并将问题与

---

① ANDERSON S E, STIEGELBAUER S. Institutionalizaiton and renewal in a restructured secondary school［J］. School Organization, 1994, 14（3）：279-293.

② DAFT R L. The innovative organization：innovation adoption in school organization［M］. New York：Elsevier North-Holland, Inc., 1978：165-169.

③ COHEN M D, MARCH J G, OLSEN J P. A carbage can model of organizational choice［J］. Administrative Science Quarterly, 1972, 17（1）：1-25.

解决办法联结起来,做出创新的决定。然而,此种模式仅仅解释了创新采纳的过程。事实上,组织面临的许多问题并不一定会促使它们去寻找解决办法,因而组织处理的问题远远少于实际出现的问题。某些问题由于成员逐渐对其习以为常而不再过问,从而蛰伏于组织之中。而创新的产生通常得益于参与者关注某些对自己极为重要的具体问题,并不断地寻求解决办法,最终将其与问题联结起来,此种解决办法便是创新理念。参与者将问题与办法匹配起来之后,便将其作为改进组织成绩的机会推到决策议程上来。事实上,整个创新过程都以参与者为核心展开。参与者通常在观念、问题和创新选择之间建立关联,即提出想法,并将之与问题匹配,最终做出采纳决定。

对于组织来说,影响创新的因素并非浑然一体。通常,组织可以根据不同的任务,分为各种区域或领域。每个领域都有自己的目标、任务、观念、问题和参与者。作为一个松散联合的组织,这些领域之间彼此相对独立,每个领域旨在应对特定的环境或具体的任务。由于组织任务的不同,参与者会关注具体的组织领域,因而教师常将培养学生作为首要任务,而学校管理者则将视野限定在协调校内外的关系上。不同领域中的参与者通常只会推行自己领域的创新理念,而忽视其他类型的观念和问题。在组织的领域之中,由于专业化和分化的不同,各领域之间具有一定的渗透性。对于专业化程度较高的教师来说,他们一般会独立提出新的理念,并积极参与学校的管理,即"学而优则仕"。反之,科层化程度较高的学校,校长通常会干预教学领域的创新,即"仕而优则学"。因此,在教育组织中,权威人物的创新行为从某种程度上决定了组织的目标。

从组织视角来看,学校教育创新是一个发现问题、提出解决办法、进行决策和实施的过程。由于学校组织的松散联合和有组织的无序特征,学校教育创新通常展示了独特的过程,即不同组织领域的创新观念引领者,提出与自身利益密切相关的问题,并将之与解决办法一同推到组织的决策层面,通过与其他组织成员的互动,最终使创新观念得以采纳和实施。以此种视角看待教育创新的过程,可以使我们认识到问题、创新观念和创新主体之间结合的随机性，亦即科恩等人所说的"垃圾桶"模式。

综上所述，教育创新的过程可以用伯曼和麦克劳林的三阶段理论进行表述。他们将教育创新过程分为动员（mobilization）、实施和制度化三个阶段，并将各种因素关联起来（见图8）。①

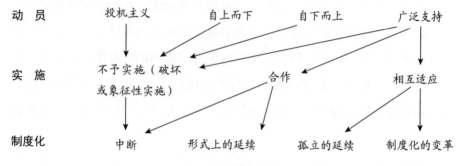

图8 创新过程路线

① BERMAN P，MCLAUGHLIN M. Federal programs supporting educational change：volume Ⅷ：implementing and sustaining innovation ［M］. Santa Monica：Rand Corporation，1978：17.

第九章
教育创新理论的中国语境

理论是实践的眼睛。

——邹韬奋

理解是在"汝"之中"我"的再发现。

——狄尔泰

英国著名比较教育学家霍尔斯（W. D. Halls）曾言，比较研究可能有两种目的：理论的和应用的。理论的目的首先在于阐述一种可接受的教育形态学，把它作为比较之基础。其次，这样一种形态学应当能使人们认识给定文化环境中教育现象得以自我表明的实际文化环境。① 研究西方教育创新理论的终极目的也在于认清中国的现实，为变革性实践提供理论参考，探寻中国教育创新的实现路径。因此，以西方教育创新理论观照中国现实，便是从跨文化的视角审视理论之于实践的意义。这一过程实际上涉及两个方面的文化建构：一方面，研究者从自己的理论基础和研究视角出发，梳理和建构西方教育创新理论；另一方面，研究者又依据此种认识，重新建构中国语境下的教育创新理论。后者对中国当前的教育实践尤为重要。借助对西方教育创新理论的深入分析和系统把握，我们可以重新看待中国的教育创新实践，从看似繁荣的变革实践中发现某些问题和挑战，形成认识中国教育创新的理论框架。

第一节　中国教育创新面临的挑战

2009 年，"钱学森之问"成为中国教育界有识之士关注的焦点，也成为中国教育事业发展的艰难命题。钱老的临终遗言"为什么我们的学校培养不出杰出人才"，迫使教育实践者深刻反思当前学校教育发展面临的严峻挑战。尽管改革开放以来，我国学校教育发展取得了很大成就，各类教育变革也如火如荼，但如果关注到具体的学校教育层面，情形可能不容乐观。现实的学校教育变革之难超出了我们的想象，有学者曾用新制度主义理论对此种现象进行解释，认为学校教育的制度逻辑决定了单方面的改变很难

---

① 赵中建，顾建民.比较教育的理论与方法：国外比较教育文选［M］.北京：人民教育出版社，1994：220.

成功。^①在教育变革和教育创新如日中天的时代，我国迫切需要理性思考变革和创新面临的挑战，以免在变革这片没有路标的海域中迷失方向。

一、教育创新的价值取向：时尚化和政治化的挑战

"从本质上说，人是一切社会关系的总和"，因而以人的发展为目的的学校教育也必然要考虑社会的需要。如何权衡社会发展和个体发展始终是各国教育目标中无法回避的问题。对于学校教育创新来说，我们似乎并没有过多考虑其目的和宗旨，而是想当然地认为创新必然是好的。反观几十年的教育发展，不难发现学校教育创新似乎并没有对学校教育实践产生深刻影响，而是如"时尚"一样转瞬即逝。看似轰轰烈烈的教育变革，实际上往往是雷声大雨点儿小。究其缘由，就在于某些学校教育创新并没有从促进学生发展的角度入手，而是将创新作为个人或学校获取声誉的工具和手段。因此，某些学校教育创新常常"破"大于"立"，未能对学生的发展产生有益的影响。显然，在学校教育创新的过程中，如何做到"不折腾"是所有教育实践者都必须面对的问题。

学校教育创新需要外部政治环境的支持，然而如果在创新的过程中套用政治的逻辑，必然会造成创新的"失真"。从价值取向的角度来说，某些教育实践者（特别是学校领导者）常常借用政治的思维来看待学校教育创新。在要不要创新、如何创新等问题上，他们不是根据自己的实际情况而决定的，而是屈从于教育体系中的"潜规则"。^②如果上级教育主管部门过于强调安全和稳定，地方学校即便有创新观念，也会望而却步。针对我国近几年的学校安全事故问题，某些学校只是简单地取消容易发生事故的课

---

① 柯政.学校变革困难的新制度主义解释［J］.北京大学教育评论，2007（1）：42-54.
② 2009 年 11 月 3 日央视报道了中小学教育的"八大潜规则"，称"其积弊之深令人震惊"。一是"免试就近入学"异化为"争相择校"；二是择校费"被自愿"；三是奥数改头换面；四是升学率还在争第一；五是"重点班"改名"创新班"；六是补习班挂名"家长委员会"；七是"你的学生我来教"；八是全日制培训班集体易地补课。

程或校外活动，而未能从学生身心发展的需要创造性设计新的教育模式。另一方面，在中央和地方大力倡导创新的背景下，某些学校即便是无"新"可创，也大动干戈地造出轰轰烈烈的创新案例来。显然，他们所考虑的只是个人的政治声誉和仕途前程。学校教育创新的政治化直接带来了"不创新"和"伪创新"。

面对时尚化和政治化的挑战，学校教育实践者在发起创新之前，必须明确创新的价值取向，必须着眼于学生发展这个根本宗旨，忽视这一宗旨的创新必将误入歧途。

二、教育创新的发展方略：优质学校与薄弱学校的不同进路

克里斯滕森（Clayton Christensen）在研究企业创新时指出，大企业尽管持续不断地进行创新，但最终也难免轰然倒塌的命运，在很多情况下，正是由于大企业持续不断的创新使得他们进入了"进则找死，退则等死"的窘境。[①]2008 年由美国次贷危机引发的全球金融海啸，便是此种创新的生动体现。如果当初几家大银行没有引入次贷政策，其命运也不至于如此。面对此种状况，小型企业的突破性创新则成了化解危机之道，此类创新在未成熟之前常常处于边缘，可能会受到大企业的忽视甚至鄙视，然而正是此类创新才后来居上。回顾创新发展的历程，人们通常只关注大型组织的持续性创新，而对小型组织的突破性创新则关注较少。

就学校教育来说，我们通常只关注那些条件较好的优质学校的创新，而对于处于边缘的薄弱学校的关注则较少。此种认识也直接导致了资源配置的不均衡，优质学校通常可以获得更多的资源和支持，而薄弱学校只能在夹缝中求得生存，以期有朝一日一鸣惊人之后得到人们的重视。因此，在学校教育创新的过程中，通常会形成两极分化，形成富者愈富的马太效

---

① 克里斯滕森.创新者的窘境［M］.吴潜龙，译.南京：江苏人民出版社，2001：10.

应。改革开放之后，我国的区域经济发展政策也带来了教育发展的不均衡，正如经济发展上受人瞩目的只是少数中心城市一样，学校教育发展中受人瞩目的也只是少数重点学校。因此，我国的学校教育创新在很大程度上只是优质学校的创新。进入 21 世纪以来，教育公平和均衡发展问题日益凸显，保障所有学生公平地接受优质教育成为教育发展的重点。教育优质均衡发展也促使我们将目标投向过去受到忽视的薄弱学校。因此，如何促进薄弱学校的创新也成为我们当前面临的一个重要挑战。

三、学校教育创新的文化依归：传统与现代的矛盾

通常，变革之所以艰辛就在于它触及了人们的文化认同和行为模式。可以说，历史和传统的包袱越是沉重的民族，变革和创新的难度越大。对于中国这样一个具有深厚文化底蕴和悠久历史的民族，每一次较大的社会变革都会触痛社会的神经，自清末以来的数次变革便说明这个问题。对于学校教育来说，创新是一次艰难的探险，它必然涉及原有教育观念、制度和技术的变革。尽管创新不是革命，但也必须妥善处理传统与现代的关系。对于创新来说，它是在原有基础上的改进，具有某种主观性和相对性。只要变革对于行为主体来说是新的，便可称之为创新。因此，传统的做法只要在适当的时候重新出现，也仍然可能成为一种创新。在创新过程中，传统与现代如此紧密地交织，致使人们在行动策略上陷入了两难。面对变革，他们已经无法对传统与现代做出明确的区分。中国经典文化近几年在某些地方悄然兴起，儿童读经运动也得到了不少人士的支持，甚至被称为教育创新。创新的此种特征，使人们对学校教育变革的悖论发出了感慨。显然，传统与现代的辩证关系是学校教育创新必须面对的重大问题。

处身全球化背景中的学校教育，在当代还必须面对国际化与民族化的挑战。自改革开放以来，我国以一种久违的情怀接受西方文化，在学校教

育领域也是如此。众多新的教育理念、制度和模式纷纷在中国上演，呈现出一派欣欣向荣的景象。然而，正如创新的时尚化带来的挑战一样，学校教育创新中引入西方模式也会遭遇同样的问题。在很多情况下，我国的学校教育创新并没有认真考虑引进模式的适切性，而只是充当西方模式的跑马场和试验田，以至于有学者向人们警示教育领域中的文化殖民现象。①

学校教育创新是将新的观念、制度和技术引入当下的教育实践，而此种新的事物既可能来源于传统，也可能来源于国外，正是此种纠结的关系，才使得学校教育创新在实施中面临诸多难题。在中国学术界，关于课程改革中的"钟王之争"也许就是传统与现代、民族与国际之间复杂关系的写照。②

第二节　中国教育创新的分析框架

马克思在《关于费尔巴哈的提纲》中曾言，"哲学家们只是用不同的方式解释世界，而问题在于改变世界"。因此，理论的价值主要表现在分析问题和解决问题上。研究教育创新理论旨在为研究者和实践者提供适当的分析框架，使他们可以找到解决问题的切入点，从而在对待教育创新时可以游刃有余。当前中国教育创新的困境从本质上说源于人们认识的局限，因而实践者迫切呼唤一种能够分析问题和解决问题的理论框架。作为一种变

---

① 项贤明.后殖民状况与比较教育学[J].北京师范大学学报(社会科学版), 1999(3): 5-13.

② 2001年新课程改革实施以后，面对现实中出现的问题，北京师范大学王策三教授在《北京大学教育评论》（2004年第3期）发表了一篇4万多字的长文《认真对待"轻视知识"的教育思潮》，华东师范大学的钟启泉教授随即做出回应，由此掀起一场众多学者参与的学术争论。总体而言，钟王之争经历了三次交锋，一是关于知识观的交锋，二是关于课程改革方向的交锋，三是关于课程改革理论基础的交锋。这些争论体现了传统与现代、民族与国家交织背景下进行教育变革的复杂性和艰巨性。

革性实践活动，教育创新包括理念、行动、资源和制度等关键要素，同时它有自身赖以存在的外部环境和内在发生机制，中国教育创新的分析框架便是在这些维度上建构的。

一、教育创新的核心要素

总体而言，教育创新是教育主体在特定的制度和资源环境中，采用新的教育理念改变自己教育教学行为模式的过程。因此，从系统论的角度来看，教育创新通常包括目标和价值系统的创新、教育教学业务系统的创新、学校办学资源的创新、学校教育制度和评价体系的创新等子系统。这些子系统都包含了理念、行动、资源和制度等关键要素，这些要素的变革直接决定了教育创新的最终成效。

（一）理念

在教育实践中，并不是每一种行为变化都是创新。通常，只有与众不同的变化才能称为创新，而创新的新颖性从根本上来自理念和认识层面的变化。作为一种有目的的变革活动，教育创新必然是在新的教育理念和价值目标指导下采取的行动。一切学校教育变革，如果不能打破既定的价值取向和思维模式，就不会对学校教育实践带来实质性影响。倡导了多年的素质教育之所以仍然困难重重，就在于学校教育实践者仍然遵循传统的思维模式，即便他们也做出了某些变化，但也只涉及具体的操作层面，未能对支配日常行为的理念表示质疑。对于教育变革的复杂性，利维（Amir Levy）曾对表层变革（first order）和深层变革（second order）做出了明确区分，前者意指具体操作的变革，后者则是思想观念的变革。通常，深层变革需要付出更大的努力，但也会带来更为持久的影响。① 斯拉文（Robert

---

① LEVY A. Second-order planned change：definition and conceptualization ［J］. Organizational Dynamics，1986，15（1）：5-20.

Slavin）也指出，要想使教育摆脱钟摆现象，切实提高学生的成绩，就必须首先改变创新选择、实施、评价和制度化背后的根本原则。[①]因此，在学校教育创新过程中，理念的变革常常会带来更为实质性的效果。当学校教育变革未能达成既定的目标时，人们便尤为关注行为模式背后的信念系统。

总体而言，目标和价值系统的创新在学校教育创新中具有先导性、根本性的作用。尽管思想观念的变革不一定会带来相应的行为变革，但行为的变革必然需要思想观念先行。作为一种有目的的活动，行动者必然赋予变革某种意义，此种意义决定了实践者采取的行动及其方式。另外，从整个学校教育创新来说，目标和价值系统是最深层、最根本的要素，它的变革决定着学校教育创新的最终效果。

（二）行动

创新不同于发明和创造，后者只是生成新的事物，不一定强调应用和推广，而对于前者来说，只有引起实践的改变，才能冠之以"创新"的头衔。美国著名学者圣吉也指出，当新的构想处于实验室阶段时，只能称之为发明，而当它们进入大规模应用阶段，并带来实效时，才转化为创新。此种区分也为我们认清学校教育领域中的"伪创新"现象提供了依据。实际上，某些学校教育创新只不过是变革者追求时尚或者谋求私利的工具，尽管他们有新的观念和构思，但是没有也不愿将其付诸实施，以改变学校的教育教学系统。行动之于创新的重要性使我们认识到在创新的发起和采纳之后，还有极为重要的实施和制度化阶段。回顾学校教育的变革历程，我们不难发现真正对教育教学活动产生影响的创新，必然需要实践者将其转化为自己的日常性活动。对于学校来说，最核心的活动是教育和教学，促进学生发展的创新观念只有在教育教学活动中加以实施才能对学生的身心发展最终产生影响。偏离了教育教学系统的创新，最终只能是水中花、镜中月。因此，在学校教育创新过程中，教育教学业务系统实际上是创新

---

① SLAVIN R E. PET and the pendulum：faddism in education and how to stop it ［J］. Phi Delta Kappan，1989，70（10）：752-758.

行为的落脚点，一项创新的最终成效取决于它对于学校教育教学实践的变革程度。

在学校教育创新过程中，行动实际上鲜明地体现了创新的实践性、灵活性和情景性。创新通常不是一步到位的，而是要根据具体的情景不断地进行调整，而调整的依据便是在行动中获得的反馈信息。通过不断调整，创新最终的形态可能与最初的观念相去甚远，此种多变性也决定了创新不可能严格遵从既定的模式，而需要在创新推进的过程中不断地进行再创造、再发明。因此，学校的教育教学业务系统的变革在创新过程中起到了基础性的作用，它决定了创新的最终形态和成效。此外，教育教学系统的创新是一个不断调试的过程，不管创新的理念多么完美，它都不能代替当下的教育教学变革活动，后者仍然需要进行不断的再创新，并根据反馈改变最初的创新观念。

（三）资源

学校教育创新需要获得资源的支持，而且其本身也是一个资源重新分配的过程。创新理论之所以源于经济学，在很大程度就在于创新需要考虑成本和收益问题。最初的创新研究总是从"经济人"的角度来看待创新，认为某项创新之所以被采纳就在于其收益超过了成本。这里的成本便是创新者需要提供的资源，没有这些资源，创新就无法进行。由于组织占有不同的资源，它们采取的创新就可能有不同的形式。对于资源充裕的组织，他们可以从事原创性、基础性的研究，以此促进自己的长远发展。对于资源短缺的组织，他们就可能从事实用性、时效性的研究，以此维持自己的生存。回顾大型企业和小型企业的创新，就可以发现其中的差别。对于学校教育来说同样如此，资源充足的优质学校通常可以大胆尝试最新的教育理念，同时由于资源的支撑，它们无须担心创新实施的成本。然而对于资源稀缺的薄弱学校，它们面临着生存的挑战，因而不会轻易采纳某种尚不成熟的创新。而且，如果它们采纳某种创新，则必须重新分配现有的稀缺资源，而每一次调整都会削弱某一个方面的资源支持。改革开放以来，优势学校的创新之所以受人关注，在很大程度源于它们具有的资源优势。然而，资源优势并不一定会带来学校的创新和发展。对于学校这样的公共部门，资源投入的效益通常偏低。因此，资源充裕的学校也可能不及面临困境的薄弱学校有急迫感，而由于资源紧缺而激发的生存挑战在很多情况下可以转为学校创新的动力。改革开放以来，某些薄弱学校成功转型的案例便说明了这一点。

总体而言，资源是学校教育创新实施的物质基础，其数量和分配方式直接决定着创新的形态和命运。因此，学校办学资源系统的变革在学校教育创新过程中极为重要。从根本上说，它追求的是资源配置的效率，即以最小的成本创造出最大的价值。但由于教育产出的迟效性，学校教育管理者通常很难判断资源配置创新的实效，因而学校办学资源系统的创新还需要领导者具有相当大的气魄和远见，对于资源紧缺的薄弱学校尤为如此。概言之，目前学校办学资源系统的创新既包括现有资源的优化配置，又包括具有战略眼光的资源投入。

（四）制度

人是一种制度化的存在，所有的学校教育活动都存在于一定的制度环境之中。一种创新能否获得组织的认同，首先就要看它是否与组织所处的制度环境相容。创新正如注入身体的疫苗一样，它增强组织"免疫力"的先决条件就是它与组织相适应。美国学者莱文（Arthur Levine）曾从制度化的角度分析了创新的四种命运，即创新的扩散、创新的楔入（enclaving）、创新的归顺（resocialization）、创新的终结。[①]这四种结果由强到弱依次体现了创新对原有组织的改变程度，其中一个重要的因素就是创新与原有制度的相容性。在学校教育创新中，新观念与学校制度是一个相互适应的过程。在此过程中，新事物不仅要适应学校的制度环境，而且学校的制度环境也要做出相应的调整。制度创新通常是学校教育变革成功

---

① LEVINE A. Why innovation fails［M］. Albany，NY：State University of New York Press，1980：156.

的保障，不同的制度安排在激发创新的动力、提高创新的效率等方面具有不同的作用。有经济学家用统计数据和计量模型，研究了我国农村集体公社制和家庭联产承包责任制两种制度安排下个人劳动生产率的差异，指出了制度变革的重大意义。对于学校教育来说，教育制度和评价制度的变革也将引发学校实践的变革。20 世纪 80 年代以来，校长责任制和素质教育的实施，便极大地激发了学校管理和课堂教学变革的活力。学生评价制度从终结性的一次评价转向形成性的经常性评价，也极大地缓解了学生应试的压力。

学校教育创新常常是"戴着镣铐跳舞"，作为"镣铐"的制度在某种程度上限定了学校教育创新的变革领域和行为方式，但又没有严格限定行动者的自由，而作为具有主体性的实践者，学校教育实践者仍可以打破"镣铐"。行动与结构的关系在吉登斯的结构化理论和马克思的实践论中得到了很好的阐释。在学校教育创新中，也同样存在结构化的行动和行动化的结构。因此，学校教育制度和评价系统的创新要考虑到结构的二元性，既要看到制度的约束性，又要看到它的生成性。概言之，学校教育制度和评价系统的创新一方面解除了原有体制对行为的束缚，使得行为变革成为可能，另一方面行动者采纳和实施创新的过程又伴随着新制度的生成，而新的行为模式一旦成为一种日常化的实践，便又开始以一种制度化的力量支配实践者的行动。

二、教育创新的内在机制

从动力学的视角来看，教育创新具有一定的内在机制。总体而言，教育创新经历了创新的发起、采纳、实施和制度化几个阶段。在每个阶段，由于变革重心的不同，实践者可能会关注不同的目标系统。创新的发起源

① LI T，ZHANG J. Returns to education under collective and household farming in China ［J］. Journal of Development Economics，1998，56（2）：307-335.

于学校教育实践者对某个问题的认识以及由此形成的价值追求，因而对于学校教育创新来说，首先面对的便是目标和价值的选择。然而，源于个体的创新思想不一定会为组织其他成员所接受，要使其得到学校组织成员的认可和支持，就必须形成共同的组织愿景。在此过程中，观念领导者（早期创新者）发挥了重要作用，他们通过学校的各种活动接触其他组织成员，向其传播新的理念，最终形成组织成员的共识。如果某种创新观念不能达成共识，此种创新就可能因缺乏支持而成为空谈或走向终结。

形成共同愿景的学校教育创新常常会激励组织成员努力使之为组织所采纳，成为某种合法化和正式化的变革议程。然而，对于学校组织来说，它们经常面对许多问题和备选方案，问题的识别和备选方案的选择涉及学校的微观政治权力。通过政治的博弈，某种创新观念最终被学校组织所采纳，成为正式的变革议程。获得组织合法性的学校教育创新便可以动用组织的资源和权力为其提供充足的保障。组织的制度支撑可以使处于学校教育系统中的创新获得某种保护，而不至于被边缘化和孤立化。学校教育创新的实施实际上是学校办学资源的整合、开发和发展。从控制论的角度来看，创新的实施是一个不断调试的过程。在此过程中，由于众多"意外事件"的出现，既定的学校变革议程可能需要不断地修正，而学校资源的分配也随之发生相应的变化。随着创新实施的推进，学校教育实践者逐步改变了自己的行为模式，并最终在课堂教学、班级建设和学校管理中采用新的模式。然而，此种行为模式还需要获得行动者的认同，才能成为一种制度化的实践。当一种创新经过持续的实施成为组织成员的惯例和日常化行为模式时，此种创新便走过了一个生命周期。

三、教育创新的环境条件

实现学校教育创新需要一定的条件保障。对于发生于学校之中的创新活动，需要学校为之创造必要的心理、制度和文化环境。同时，对于作为社会子系统的学校教育来说，创新活动还需要社会为之创造必要的政策环境和评价环境。

（一）内部环境条件

1.学校心理环境

从个体心理学的角度来看，由于人们的注意力有限，在同一时间他们不可能关注很多事情。因此，在长期的实践过程中，他们会形成一套行之有效的实践模式，并将之存储在自己的长时记忆中，从而在日常的实践活动中使之成为无意识的行动模式。由于个体行动的此种特征，他们通常会无意识地适应缓慢变化的环境，而不会试图改变自己的行为。只有在外部刺激足够大到触发个体的行动域时，个体才会审视和思考自己的惯习，并做出某种调整。因此，危机、不满、紧张或压力是激励人们采取行动的先决条件。对于学校教育创新来说，适度紧张的心理环境是激励个体做出行为变革的重要条件，这在薄弱学校表现得更为明显。薄弱学校通常面临着生存与发展的挑战，此种心理氛围激励学校成员必须做出行为改变，因而也就促进了学校教育创新。

尽管危机、紧张、压力等心理氛围可以激励学校成员的创新行为，但创新一旦发生，就需要为其提供充足的心理支持。通常，在学校教育中，创新者的"离经叛道"注定了他们只能是"孤独的异乡人"，而当创新的成效尚未显现出来时，他们在很多时候被认为是体制的捣乱者和破坏者。因此，学校教育创新者通常在孤立的环境中应对巨大的外部阻力，在很多情况下，创新的失败正是源于此种堂吉诃德式的斗争。面对此种状况，为学校教育创新者提供必要的心理支持就显得异常重要。对于行动者来说，创新会带来一定的风险，当此种风险威胁到自己的切身利益和安全时，他们便会望而却步。因此，当学校对于越轨者的惩罚力度较大时，学校教育创新的行为通常较少。对于学校这样的公共部门，管理者通常也抱有一种不求有功但求无过的心态，当学校的行政化取向更强时，此种心态也就更强，因而也就更不利于创新。因此，营造宽松的学校心理环境，使行动者敢于犯错误，是学校教育创新发展的重要条件。

概言之，一方面，学校心理环境要有一定的激励作用，以克服行动者的思维定式和从众行为。另一方面，学校心理环境又要相对宽松，使行动者敢于犯错误。此种学校心理环境的营造是学校教育创新发展的重要条件。

2. 学校制度环境

制度是学校教育实践者的行为规范，它们通过显性和隐性的形式规定了学校教育实践者的行动范围和行为模式。学校教育创新是一种行为变革活动，而行为的变革首先需要外部的显性和隐性制度规范发生变革。我国20世纪80年代以来的教育改革之所以先从教育体制入手，其考虑也正在于此。随着1985年教育体制改革的推行，学校获得了较大的办学自主权，体制的松绑也为学校教育创新创造了更大的空间。

新制度主义学者从规则、规范和文化认知三个方面分析了学校教育创新的趋同现象，这对于我们认识学校教育创新的制度环境具有重要意义。就学校教育创新来说，不仅需要在明确的制度规定上给学校松绑，更要从规范和文化认知方面为学校创造良好的制度环境。1985年以来，我国开始实行校长负责制，地方学校获得了很大的办学自主权。然而，人们对学校教育的社会期望仍然没有改变，因而当某些学校尝试性地推行新的教育理念时，便被许多人认为是"瞎折腾"，所谓"校将不校、师将不师"的论断油然而生。外部强大的文化规范常常迫使这些学校回归本位，延续原有的做法。另外，在学校教育创新过程中，如果教育实践者的文化认知没有发生改变，他们便会抵制学校教育创新。我国新课程改革在实践中推行的困难，在很大程度就在于教师的回避和抵触。

因此，为创造良好的学校制度环境，我们需要从三个方面入手。一是从外显的制度规则上放宽对学校的要求，扩大学校的办学自主权。二是通过头脑风暴和集体活动改变学校隐性的制度规范，使学校共同体形成新的文化期待，消除共同体的集体思维模式对于学校教育创新的限制和阻碍。三是通过教师专业发展改变教育实践者个人的文化认知，使他们能够不断地进行学习，养成敢于创新和善于创新的能力。

3. 学校文化环境

从现代组织社会学的观点来看，学校是一种文化的存在。在学校教育中，管理者不能按照科层制或公司制的模式进行管理，学校教育的目的不是推行某项行政命令或者追求企业业绩，而是在于改变学生的精神世界。因此，学校管理者就不能单凭外部手段来达成目标，而是需要与教师和学生进行心灵的沟通，从而在人际互动中影响对方的情感和态度。因此，在此种意义上，著名教育管理学家萨乔万尼（Thomas Sergiovanni）称学校领导是一种"道德领导"。[①] 学校组织的此种特征要求我们必须从文化维度上为学校教育创新创造良好的环境。

学校教育创新从根本上说是一种新的教育观念在学校成员之中扩散的过程，而实现扩散的首要条件就是成员之间的沟通和交流。然而，现实的学校教育文化在很大程度是一种相互隔离的手工作坊文化，教师的个人主义文化使他们不愿过多关注其他教育者提出的新观念。此种碎片化的文化使得某些教育创新不能得到足够的支持，成为一种部落化的单打独斗行为。学校教育创新的实现需要教育实践者的相互合作和交流。从形成创新的愿景到创新的采纳，再到创新的实施和制度化，在学校教育创新的每个阶段，都需要实践者之间的沟通。

因此，为实现学校教育创新，学校需要创造开放和合作的文化氛围，使学校实践者有机会进行相互交流，从而促进创新观念的产生、采纳和实施。具体来说，在学校管理活动中，学校领导者要善于通过民主协商处理各种问题，让教师和学生参与到学校事务之中，集思广益，形成更好的解决办法。在教师的日常工作中，则要通过各种研讨会和工作坊促进教师之间的交流，形成加拿大学者哈格里夫斯所言的"自然合作主义"文化。

---

① SERGIOVANNI T J. Moral leadership：getting to the heart of school improvement ［M］. John Wiley & Sons，Inc.，1996.

（二）外部环境条件

1. 政策机制

现代教育作为一项公共事业，对于国家的经济发展和社会进步具有基础性、先导性的作用。经济学家的研究也表明，学校教育的社会收益要大于个人收益。因此，第二次世界大战以后，世界各国政府都加强了对教育事务的干预。即便是对于美国这样的教育分权国家，1957年以后联邦政府也逐步加大对地方教育的干预。联邦政府通过政策法令和经费拨款极大地影响了地方学校的行为。美国的特许学校、教育券制、小班化等学校教育创新在很大程度上就是受到了外部政策的激发。

政策机制实际上是政府工具的选择和应用过程。美国学者胡德（Christopher Hood）曾将政府工具分为四类：（1）提供信息；（2）财政激励；（3）运用权威；（4）直接经营。不同的政治体制会选择不同的政府工具，但最终都是为了影响公民的行为。美国学者米特尼克（Barry Mitnick）则将政府工具分为两大类，即指令性调控和激励性调控。[①]总的来说，政府工具通常会采用胡萝卜加大棒的方式。就政策机制来说，学校教育创新需要处理好政府与学校的关系。政府与学校处于不平等的层级上，通常学校的行为要受到政府政策的影响。就我国的学校教育来说，改革开放以来政府利用政策工具对学校的行为产生了重大影响。首先，中央政府将基础教育的权力下放到地方，并要求地方政府负担教育经费。此种政策工具使财力薄弱的学校必须想方设法筹集基金，以维持自己的生存和发展。在此种背景下，某些学校开始实施代课教师制度以节约开支。此外，针对流动儿童和高中择校等问题，中央政府分别通过"两个为主"（以流入地政府为主、以公立学校为主）和"三限"政策（限分数、限人数、限钱数）对地方学校的行为加以规范，并促使它们做出变革和创新。

学校教育创新的政策机制主要关注政府与学校的关系问题。对于政府

---

① VAN VUGHT F A. Creating innovations in higher education ［J］. European Journal of Education，1989，24（3）：249-270.

来说，由于教育活动的公益性、基础性和先导性，它们越来越重视教育，并通过各种政府工具干预学校的发展。然而，政府工具是一把"双刃剑"，它既可以促进学校的创新，又可能限制学校的创新。每一种政府工具的效力都取决于具体的制度环境和面对的问题。对于学校教育创新来说，在创新的发起阶段，政府应该通过信息和财政手段为其提供必要的支持，我国的实验学校建设就是此种政府工具的体现。当某项创新的成效完全显现后，政府就可以通过指令性工具促使学校采纳此种创新。因此，政府工具的应用需要依据权变理论，针对不同的情况采用不同的策略，协调好政府与学校的关系，使政府成为学校教育的促进者、引导者和帮助者。

2. 评价机制

评价是一种反馈机制，其目的是通过对成败得失的回顾，调整目前的行动。因而评价具有某种导向性，它在很大程度上决定着实践者的行为模式。对于从事反思性实践的人们来说，他们会经常性地反思和评价自己的行为，以便及时做出调整。从控制论的角度来说，评价和反思是保障人们的行动达到既定目的的重要机制。外部的评价机制在很大程度上影响着变革主体所采取的行动。就学校教育来说，当实行一次性的终结性评价时，实践者通常不会关注考试以外的内容，他们所做的就是最大限度地提高最后的考试成绩。而当实行经常性的生成性评价时，实践者就会关注多方面的发展，并将工作重心放在日常的教育活动中。因而外部的评价机制的差异直接影响了行动者采取的行动策略。

学校教育创新是一种有目的的变革性实践活动，此种"目的"在很多情况下被实践者理解为最终的评价标准。如果最终的评价标准是考试成绩和升学率，那么学校教育创新就会以此为导向，重新安排学校课程，甚至取消与考试无关的科目。如果最终的评价标准是个人的综合素质和能力，那么学校教育创新就会重视经常性的教育活动。外部的评价机制不仅对创新行为起着引导作用，还会对某些越轨的创新起着制约作用。在学校教育中，不乏突破制度束缚的创新者，在某些情况下，当评价机制不能适应社会发展的需要时，学校教育创新者就会采取偏离评价目标的行为，然而如果评价机制的力量非常强大时，此种创新行为最终仍然会被驯服，遵循评价机制所期望的实践行为。

评价机制实际上充当了"把门人"的角色，它对实践者的各种行为进行区分，并将某些不合要求的行动排除在外，从而激励行动者做出符合预期的改变。学校教育创新的评价机制体现了外部社会对教育实践者的行为规约。总体而言，评价机制包含了政府评价、自我评价和第三方评价，为促进学校教育创新可以实行不同的评价模式，以评价模式的改变带动教育行为的改变，就学校教育创新的评价机制而言，必须首先明确评价的目的和价值取向，然后确定评价的主体和模式。评价机制的变革和发展可以解放学校教育的潜力，从而激励学校实践者进行教育创新。

第三节　中国教育创新的实现路径

对于中国教育实践者来说，一个普遍关切的问题就是如何实现创新。通常，分析教育创新和实现教育创新，可以从要素和过程两个方面入手。由于教育创新具有情境性，我们不可能找到放之四海而皆准的普遍法则，而只能根据对其他教育创新案例和自身情况的分析，发现某些启示，从而开拓出自身的创新道路。

一、认识和分析教育创新的构成要素

教育创新是一项变革性实践活动，它包括主体、客体和环境三个要素。因此，认识和分析教育创新就要从这三个方面入手。

（一）主体

1. 创新的多元主体

在当前中国的教育实践中，人们对创新的主体缺乏明确的认识，忽视了学校内部变革者的能动作用，其最终结果就是人们看不到学校教育创新的真实过程，学校变革的"黑箱"无人揭开。因此，虽然人们口口声声说要创新，但却找不到创新的主体，甚至有时候是"叶公好龙"。也正是由于人们对学校内部变革的忽视，才造成了当今教育创新研究的口号化和符号化。

学校教育创新的主体是由校长、教师和学生组成的学习共同体，它以学生的成长和发展为根本目的。首先对于校长来说，他们通常被视为学校教育创新的关键人物。政治学家李普斯基（Michael Lipsky）的"街头官僚"（street-level bureaucracy）理论同样适用于校长，由于处于行政管理体制的末梢，校长经常要面对教师和家长等客户，他们在这些事务中具有相当大的自主裁量权。① 此外，校长的领导风格也对学校教育创新产生了重大影响。霍德（Shirley Hord）等人提出了校长的三种形象，即应答者、管理者和首创者，具有不同管理风格的校长在干预学校事务上存在明显的差异，并直接影响学校的创新行为。② 因此，每一次学校变革实际上都有一个或几个核心人物，他们的首创精神和人格魅力吸引着组织成员参与其中，从而形成了一个致力于变革的共同体。在此过程中，校长扮演了观念领导者的角色。然而，面对强大的制度惯性，单凭校长一人之力实难撼动。在变革过程中，校长需要与其他行动者结成同盟，获得他们的支持和帮助，只有这样才能最终实现创新，正所谓"一个好汉三个帮"。因此，学校教育创新实际上是由学校成员组成的共同体推动的，外部的行动官员和学者只

① CROWSON R L，PORTER-GEHRIE C. The discretionary behavior of principals in large-city schools［J］. Educational Administration Quarterly，1980，16（1）：45-69.

② HORD S M，HALL G E. Three images：what principals do in curriculum implementation［J］. Curriculum Inquiry，1987，17（1）：55-89.

能作为变革的促进者，并不能替代学校的创新活动。

2. 创新主体的行动路径

（1）重视新观念的扩散和分享，组建变革共同体

在学校教育内部，新的观念通常源于具体的教育实践。因此，学校教育创新通常采用自下而上的方式。对于学校共同体来说，新的观念可能源于教师，也可能源于学校管理人员，正是这些群体边缘性的变革才最终演化为创新。因此，学校管理人员，特别是校长必须对学校内部细微的变革活动保持足够的敏感，能够给予变革者足够的支持，并善于发现这些变革对于学校发展的重要意义。在确定一项变革议程之后，教师或校长就要试图使之成为学校共同体的共同目标，并竭力组建自己的变革联盟。在当前中国的学校教育创新中，主要缺乏的是对新观念的发现和推广。在很多时候，由于教师的隔离主义文化，许多颇具新意的方法不为其他教师所熟知，而这些教师本身也缺乏对自身创新实践的反思能力，而且无意将其推广。在此种情况下，学校管理者对新观念的识别和捕捉能力就显得尤为重要。因此，对于学校管理者来说，在确立变革目标之后，就需要组建变革的共同体，形成攻破体制堡垒的中坚力量。

（2）积极利用变革促进者，打造变革的支持联盟

变革的动力可能源于内部，也可能来自外部。通常，如果能够实现内外夹击，坚固的体制堡垒就会不攻自破。也正是由于此种原因，学校内部的变革者才强调借力打力，积极寻求外部变革促进者的帮助。美国学者哈维洛克提出的关联理论也旨在强调外部变革者和内部变革者之间的联通。

从系统论的角度来看，作为社会子系统的学校必然会对其他系统做出应答。从根本上说，学校内部的创新是对外部环境做出的反应。外部环境的变化通常会激发学校成员改变自己的行动，从而会形成许多新的观念和做法。由于理论和实践的疏离，学校教育实践者通常不愿接受理论工作者的建议，或者认为他们的建议不切实际，因而学校教育的变革通常推行较慢。为增强创新主体的能力，必须加强研究者与实践者之间的沟通和联系，打造政治学家萨巴蒂亚所说的倡导支持联盟。一方面，理论研究者应该重

视新观念的转化和应用，针对学校教育实践者的实际需要设计相应的变革方案；另一方面，学校实践者应该保持足够的理论敏感性，善于吸收和借鉴理论研究者的成果。任何一次教育创新都需要志同道合的人们建立强大的变革共同体，这是创新的前提条件。

（二）客体

教育创新是将新的事物应用于教育情境的过程，因而实践者的客体既包括作为结果的创新，也包括创新的采纳者。对学校教育实践者来说，他们最为关心的便是创新的发现和应用，而学校采纳创新的速度在某种程度上体现了学校的创新力。

1. 创新的发现和应用

富有创意的观点和做法从何而来，是急于创新的实践者最为关切的问题。作为解决问题的办法，创新自身的特征决定了它们在具体情境中的应用性。按照罗杰斯的观点，创新自身的相对优势、相容性、复杂性、可观察性和可试验性在很大程度上决定了创新的采纳。因此，作为采纳对象的创新，必须满足某些条件才能被采纳主体所应用。就学校教育来说，创新来源于两个方面，即教育研究者和学校实践者。前者是创新的研究—开发—扩散模式的源头，也是学校实践者可以利用的重要外部资源。然而，他们提供的创新观念在很多时候并不能直接应用于学校教育实践，其抽象性与学校实践的复杂性并不能实现完美对接。另外，学校内部的创新源于教育工作者的实践智慧，此种创新虽然具有极强的实践性，但却由于其依赖于特殊的情景而难以大范围推广。此种特征决定了创新必须有实践应用取向，同时具有一定的灵活性和适应性。

对于学校实践者来说，创新的实现取决于他们对创新特征和自身实践的准确把握。作为客体的教育创新，必须具有某种相对优势，并与学校的组织结构相适应。通常，学校教育实践者会面对众多问题，同时也会有众多备选方案，然而选择何种创新方案在很大程度上取决于创新自身的特征。在同样条件下，能够有效地解决问题或者给自己带来利益的创新必然更受青睐。对于处于应试文化环境中的学校，必然会采用能够提高升学率的新方法。

作为一项社会实践活动，教育创新是针对具体问题的解决办法。因此，实践者首先必须要明确"问题是什么"，在现有手段不能解决问题的情况下，就要从自身经验和外部信息中搜寻各种解决办法，然后依据自身实际做出选择。因此，创新方案的发现和选择对于学校变革的最终实现至关重要。

2. 创新采纳者的影响

创新是将新事物引入原有组织的过程，因而作为创新接受者的个体或组织也是创新活动的客体。他们的特征也决定了创新的采纳速度。20 世纪六七十年代，西方学者就对影响创新采纳的个体变量和组织变量进行了实证研究，尽管最终的结果并不一致，但是他们都发现组织的创新行为明显受到了个体特征（年龄、工作经历、对待变革的态度）和组织变量（正式性、等级性、复杂性、规模）等因素的影响。

对于学校教育实践者来说，为了实现创新，就必须深入了解学校中的个人因素和组织因素，认识到各种因素对于创新的影响。当变革促进者能够根据学校成员和组织的需要而提供相应的解决办法，就必然会受到广泛的欢迎，创新也就更容易实现。因而成功的教育创新常常依赖于创新者对于采纳者特征的准确把握。

个人特征和组织结构对创新行为产生了显著影响，对于学校教育创新者来说，不仅要关注现有特征对创新的影响，还要通过结构变革使采纳者适应创新。创新和采纳者之间的相互适应是创新实现的必要条件。总体而言，创新既是一个将新事务引入原有结构的过程，同时又是对原有结构进行改造的过程。对于校长来说，首先需要了解学校工作者的个人特征和学校的组织结构，并根据这些特征寻找适当的创新方案，同时在引入创新的过程中又要对原有组织结构进行重建，使创新和结构能够相互适应。

（三）环境

教育创新发生于一定的环境之中，创新的发起、采纳和实施都受到了环境的影响。从范围上说，环境分为内部环境和外部环境；从类别上说，环境分为技术环境和制度环境。主体的创新行为通常是在环境的激发下而形成的。为实现教育创新，学校实践者必须关注校内环境和校外环境的变化，并根据外部的需求调整自己的行动。环境实际上是学校教育创新赖以存在的时空结构，如何利用现有环境以及如何创设新的环境是学校管理者最为关切的问题。

1.善于利用环境的变化

环境的变化通常为学校教育创新提供了契机。著名政治学家金登在论述多源流理论时就指出了"政策窗口"的关键作用，此种政策窗口便是外部环境变化带来的机会。对于学校教育管理者来说，个人或团体的力量很难撼动强大的制度惯习，只有在环境发生变化，原有结构进行调整之际，变革者才能更容易发起创新。"新官上任三把火"便说明了制度环境变化对于组织变革的影响。因此，对于学校教育实践者来说，需要对外部和内部环境的变化保持足够的敏感性，善于利用契机发起创新。

2.善于创设有利的环境

一方面，在社会处于平稳期时，生存的环境压力逐渐变小，实践者也开始沉溺于惯性的行为模式之中。因此，在此种环境中，有必要通过某种制度安排激发实践者的创新热情。公司或企业中创新不断涌现的原因就在于外部激烈的市场竞争，以及内部的各种激励制度。对于作为公共部门的学校教育，其组织结构特征使其免于残酷的市场竞争，从而成为"圈养"的机构。正如野生动物和家禽的区别一样，学校教育机构通常缺乏足够的创新热情。为激励学校进行创新，必须创设适度紧张的制度环境，使教育实践者不再消极被动地应对变化。

另一方面，创新通常是行动者在未知的领域中进行的探险，因而必然面临众多不确定性和风险，此种环境的压力有时会使行动者望而却步，对变革和创新产生恐惧心理。因此，在创设环境时，还必须考虑到创新给个人或团体带来的危害。进入21世纪以来，美国面对国际知识竞争的需要，发起了21世纪学校运动，着力培养学生的创新能力。另外，美国联邦政府颁布《不让一个孩子掉队法案》之后，加大对各地学校的惩罚力度，以期通过制度环境的激励促使各地提高教育质量。然而，此种强大的外部压力与学校培养学生的创新力产生了某种冲突。因此，过大的外部环境压力通常会使行动者畏首畏尾，对创新的风险极为担忧，从而影响到自己的创新行为。一个适度宽松的外部环境将会促进实践者的创新。

总体而言，良好的外部环境应该兼具激励和支持两方面的功能，一方面激发组织成员的创新行为，另一方面免除他们的后顾之忧。如何保持二者的张力是创新管理者必须面对的重要问题。此种挑战在教育领域表现得尤为强烈，作为一个受到保护的公共部门，学校在某种程度上可以免除市场竞争带来的压力。另外，由于教育成效的长期性、复杂性和模糊性，通常很难为某些创新行为提供长期有效的支持。这就要求创新管理者既不能急功近利，也不能放任自流，环境的创设必须适应当下的学校教育实践。

3. 克服环境的趋同压力

在创新过程中，变革者面临的最大挑战就是环境的趋同压力。此种趋同压力既表现为变革最终回到老路上，也表现为创新成为一种仿效他人的时尚。一方面，创新是在原有体制中植入新成分的过程，因而必然会受到各种惯习的影响，最终很有可能被同化或隔离。在创新过程中，变革者始终面对原有制度的趋同压力，他们的越轨行为在技术环境和制度环境的压力下常常被驯服。回顾中外学校教育发展的历程便可以发现，虽然大大小小的变革此起彼伏，但大浪淘沙之后，真正对实践产生长久影响的变革却微乎其微，由此可见创新面临的强大趋同压力。

另一方面，创新作为一个扩散过程，不可避免地存在对新观念的跟风和模仿。在某些情况下，变革者难以抗拒创新形成的制度环境压力，不能根据自身的实际情况做出创新采纳与否的决定，而是表现出追随和盲从的心态。此种制度环境不利于创新的真正实施。尽管创新是一个新观念逐步扩散的过程，但是此种新观念并不是一成不变的，而是一个不断建构的产物。在变革的背景下，从众的心态只能导致创新的异化，其结果也只能是千校一面、千人一面，违背了创新的本质。因此，克服制度环境的趋同压力，需要实践者真正根据自身情况灵活采用和调整新观念，最终形成与众不同的创新形态。

二、把握和理解教育创新的动态过程

对于教育实践者来说，他们极为关切如何进行创新以及创新是否有章可循。此种技术化和模式化的倾向决定了过程研究在教育创新理论中的重要地位。通常，面对具体的问题，实践者迫切需要有效的解决办法（创新）。因此，提出新的办法并最终解决问题的过程便成了研究者和实践者关注的焦点。一般来说，创新的过程包括发起、采纳、实施和制度化四个方面，但由于创新的灵活性和复杂性，实践者通常并不遵循固定的模式，这就需要人们基于实际情况做出调整。

（一）提出问题：究竟关注何种问题

所有的创新都始于问题，而对问题的敏感性和把握往往决定了创新的最终成效。著名科学家爱因斯坦在《物理学的进化》中曾言："提出一个问题往往比解决一个问题更重要，因为解决一个问题也许仅是一个数学上的或实验上的技能而已，而提出新的问题，新的可能性，从新的角度去看旧的问题，却需要有创造性的想象力，而且标志着科学的真正进步。"[①]在创新过程中，问题的发现和提出尤为重要。实际上，在此过程中存在两类创新，一是针对原有技术问题的创新，二是针对原有认识框架的创新，后者通常是更为根本性的变革。组织行为学家阿吉里斯（Chris Argyris）关于信奉理

---

① 爱因斯坦，英费尔德.物理学的进化［M］.周肇威，译.长沙：湖南教育出版社，1999，66-67.

论（espoused theories）和应用理论以及单环学习和双环学习的区分，也指出了认识范式的转变是较为困难但意义重大的变革。①

提出问题不仅是一个智力过程，还是一个政治过程。对于学校组织来说，其模糊性决定了组织成员在很多时候并不能形成一致的结论。面对变革者提出的众多问题，从学校组织层面来说，它不能同时关注所有的问题，而最终被学校组织识别并提上议程的只能是少数。因此，对于学校而言，提出何种问题和进行何种创新在很大程度上受到了学校内部和外部政治力量的影响。从外部政治力量来看，某个时期的政治动向和关键事件决定了创新问题的提出。就中国的现实来说，由于政府将均衡发展作为一项重要任务，因而针对农村留守儿童的各项教育创新便纷纷涌现。在学校事故频发的情况下，针对校园安全的创新也会应运而生。可见，问题的提出渗透着外部的政治力量。另外，对于学校内部而言，不同的成员拥有不同的政治、经济和文化资本，在学校内部的关系网络中，不同人提出的问题受到的关注可能有所不同。通常，居于权力核心的成员更有可能使自己的问题成为学校共同的问题。因此，在学校教育中，校长和骨干教师发起的创新会受到更多的关注。

总体而言，在学校教育创新中，问题的提出是一个智力与政治结合的过程。对于教育管理者来说，必须关注问题提出的心理层面和政治层面，创设有利于问题提出的心理环境和制度环境。在此过程中，学校管理者要重视组织成员对现行观念的质疑和批判，要营造民主沟通的良好氛围，激励组织成员进行发散思维，提出与众不同的问题。同时，学校管理者还要善于把握时机，在适当的政治氛围下提出某些问题。对于学校内部的创新来说，学校管理者应该关注处于失语状态的创新者，对他们的问题意识保持足够的敏感，让他们有充足的机会提出问题。

---

① 高章存.克瑞斯·阿吉瑞斯组织学习理论评述［J］.经济社会体制比较，2006（4）：129-133.

（二）解决问题：究竟选择何种方案

针对提出的问题，可能会有多种解决方案，而方案的最终确定将是一个价值选择的过程。在选择解决办法的过程中，创新者会有不同的考虑。从"经济人"的假设来说，他们最终选择的方案必须符合成本—效益的原则；从"政治人"的假设来说，他们最终选择的方案又体现了权力的博弈。

创新的目的在于更有效地达成既定目标，因而行动者必然会选择能够带来实效的解决方案。面对具体的问题，行动者在选择解决方案时必然会考虑新方案的代价和收益。对于得不偿失的方案，必然会遭到拒绝。然而，收益既包括物质收益还包括精神收益，对于学校这样的公共组织，行动者采用的方案有时更多的是为了满足精神需求（个人声誉或自我实现）。如果将学校创新者视为理性人，他们在选择具体方案时，必然会考虑罗杰斯所说的相对优势、相容性、复杂性、可操作性和可试验性。对于学校创新者来说，他们最为关注的便是解决方案的相对优势和相容性，前者解决可行性问题，后者解决可接受性问题。可行性和可接受性是选择任何一项变革方案必然要考虑的两个标准。对于学校实践者来说，在选择解决方案时首先必须考虑它们在促进学生发展方面的相对优势，偏离或违背这一根本宗旨必然会造成创新的异化。在学校教育实践中，许多伪创新的形成就在于创新者只关注了解决方案给自己带来的相对优势（经济利益和社会声誉），而将学生作为实现自己目的的手段。统合创新在各方面的相对优势，是创新管理者必须解决的重大问题。

对于学校组织来说，创新方案的最终确定还要受到政治力量的影响。按照政治学家金登的多源流理论，问题流和政策流是并行不悖的，也就是说针对同一问题可能有多种解决办法，而同一种解决办法也可以应对多种问题，二者并不存在简单的对应关系。在某些情况下，解决办法是先于问题而存在的，它之所以未被认识是因为时机尚未成熟。在外部形势发生变化的情况下，某些解决办法会突然涌现为创新方案。就学校教育来说，关注学生心理健康的教育方法可能长期存在，但是并未受到学校决策者的重视。当学校经历灾难（如地震）之后，此方面的教育方法便会受到重视，并最终成为学校的教育创新形式。此外，如同问题的提出一样，解决方案的确定也会受学校组织中权力关系网络的影响，而最终的解决方案实际上是各方利益的表达。

总体而言，学校教育创新者通常会面对多种解决办法，而最终的抉择既体现了经济原则，也显示了政治影响。对于学校管理者而言，他们必须关注提高学生成绩的有效方法。近几年，美欧等国掀起的有效学校运动便是试图寻找提高教育质量的各种方案，而这些方案最终会成为学校教育创新的重要来源。因此，对于我国教育研究者和实践者来说，必须关注具体的学校教育过程，围绕促进学生发展的目标积极探索有益的教育方法，以供创新者做出选择。同时，学校管理者还必须关注校内和校外形势的变化，善于把握时机，使某些教育方案被学校所采纳。

（三）关注实施：究竟如何推进创新

与创新的发起和采纳相比，创新的实施似乎很少引起人们的关注。作为一种维持变革的手段，实施通常是在默默无闻中进行的。对于好大喜功或争权夺利的人们来说，实施显然不如发起和采纳创新更能吸引眼球，而对于虚张声势的变革者来说，实施也不是他们的意图，他们所追求的是既要表现出创新的姿态，又要牢固坚持原有做法。因此，许多创新通常在实施阶段便胎死腹中，而所谓的创新最终往往成了闹剧。正是对于创新实效的关注，教育研究者和实践者才将目光投向了被忽视的实施领域。

究竟何为实施似乎是实践者普遍关切的问题。普勒斯曼（Jeffrey Pressman）和威尔达夫斯基（Aaron Wildavsky）把政策执行解释为"在目标的确立与适应于取得这些目标的行动之间的一种相互作用过程"①。在评价创新的实施时，也存在两个判断标准，即忠实性和变通性。由于创新是新

---

① 胡春梅.教育政策执行概念的分析［J］.辽宁教育研究，2005（1）：45-46.

观念的引入，因而所有的变革行为不能脱离根本宗旨，以免陷入相对主义的单打独斗。只有得到扩散的创新才具有更大的影响力。因此，创新的实施应该保证对创新方案的忠实性。另外，创新不是新观念的复制，而是需要实践者发挥创造性，使实施过程具有与众不同的特点。实际上，创新并不是一次性完成的，而是贯穿于发起、采纳和实施的过程中。因此，在实施过程，实践者应该根据自己的具体情况对创新方案进行灵活调整，实现创新的再发明和再创造。创新实施的忠实性和灵活性决定了实践者必须采用权变的法则，必须时时考虑创新观念与具体实践的结合。也正是由于创新实施的此种特征，在具体实践中才没有可以遵循的普遍模式。

对于实施者来说，为了推进创新，必须深刻领会创新观念的实质，并密切关注学校的现实需求。创新的观念可能来自内部，也可能来自外部，但不管这种来源是什么，创新的发起与实施都是在不同的环境中做出的。基于有限理性的假设，创新发起者不可能预测到实施过程中的每个细节，并且由于实践的不确定性，创新的实施也不存在线性的模式。在学校教育领域中，许多创新的观念具有很大的模糊性，因此尽管某些人提出了创新的观念，但是在实践中却缺乏可操作性，最终只能不了了之。在素质教育的创新观念提出之后，某些学校将其理解为单纯地开设体音美等课程，然而实质性的教学方式并没有改变，在此种情况下，尽管这些学校在实施新的观念，但是却没有创新可言，一切不过是新瓶装旧酒。由于创新的此种特征，学校教育实践者更需要深刻领会创新观念的实质，将其转变为切实可行的操作方式。此种转变过程鲜明地表现出实践者的创新性，在此过程中，实践者必然面对新的问题，因而需要不断调整已有的解决办法，同时创造有利于实施的环境条件。只有二者完美结合，创新的实施才能完成。

（四）形成惯习：究竟如何维持创新

付诸实施的创新显然比口头承诺的创新更具影响力，然而一项创新若要持久，还必须制度化。由于实施是一个相互适应的过程，创新方案和组织结构都处于不断调整中，此种变动性也就削减了创新的影响力。鉴于创新的目的在于改进实践，实践者就必须从制度上确保创新具有持久的效力。从一种新的行为方式转变为行动者稳定的行为模式，是创新形成的重要标志。正如个性经历了一个从不稳定到稳定的转变过程，创新的制度化也体现了组织个性的成熟。

按照心理学的观点，某些行为的养成源于不断的强化。通常，实践者会面临许多问题，在他们提出解决办法并付诸实施之后，自己的行为方式必然发生改变。然而，他们此时的行为方式还是尝试—错误的结果，看似行之有效的创新尚经不起时间的检验。随着创新的继续实施，行动者在尝试—评价—强化中逐渐形成了有效的解决办法，并作为新的成分融入实践者的行为结构之中。因此，对于个体而言，创新持久化的关键在于行动者使其成为自己的一种惯习，从而在日常实践中将其存储于潜意识之中。

从组织层面来看，组织行为模式的改变源于组织成员共同观念的转变。当一种新的行为模式成为组织成员的共识，组织便会表现出新的特征。因此，对于组织而言，创新持久化的关键在于使新的行为模式脱离单个人的特质，成为一种集体无意识。由于组织成员对待创新的态度存在差异，组织行为的改变必然首先源于部分成员。在实践中，创新的领头羊通常会剥离掉自己行为的个人特质，并将其泛化为共同的行为模式，从而实现组织创新的持久化。在此过程中，组织成员通常采用神秘化或超自然化的形式，消除人们对创新方案的质疑，使其成为组织的一种非人格化的制度。

对于学校管理者来说，为了实现创新的持久化，首先必须建立有效的反馈机制，对个体的行为改变进行强化，使其成为个体习惯性的行为模式。其次，管理者还要通过显性制度和隐性制度，使个别创新者的行为模式上升为组织共同的价值观，从而引导其他组织成员做出改变，并将此种观念视为理所当然之物。具体而言，学校管理者需要加强学校成员对自己的创新行为和组织规范的认同，一方面要鼓励实践者将自己的创新行为转变为反思性话语，通过各种研讨会将其表述出来。在转化和表述的过程中，创新者会加深对自己行为的认识，并获得自我价值的实现，这将进一步增强创新者的自我认同。另一方面，在此过程中，其他成员也会接触到创新者的观念，经过成员之间的互动，某种创新观念会逐渐成为所有成员共同的价值趋向，并以制度化的形式延续下去。

三、总结

对于中国语境中的教育创新，研究者和实践者应该明确创新的特征、要素和过程，把握创新的基本内涵，识别和抵制亲创新和伪创新现象，真正从促进学生发展这一根本宗旨开展教育创新。在推进教育创新的过程中，研究者和实践者应该明确作为一种变革性实践的教育创新的关键要素，从各个方面创设条件促进创新。同时，应该遵照教育创新的一般过程，灵活地做出调整。创新的过程在理论上可以分为发起、采纳、实施和制度化，然而实践中并不存在线性的推进模式，在任何阶段都会出现反复，但实践者必须抓住新观念与具体实践相结合这一根本要求，唯有如此才能最终实现创新。

结　语

穷则变，变则通，通则久。

——《周易·系辞下》

一旦新的思维方式得以确立，旧的问题就会消失。

——维特根斯坦

教育创新是一个普遍性、一般性的概念，它涵盖了众多教育实践领域。因此，提及教育创新，研究者和实践者必然会询问此处的"教育"意指何种层次和方面的教育，此处的"创新"又意指何种类型和程度的创新。作为一般理论的教育创新，它统摄了各种层面和类型的创新活动。同时，创新又是一个具有主观性和相对性的实践活动，不同的人对于创新有不同的理解，这就决定了创新理论的多种表现形态和相互之间的差异性。无怪乎加拿大学者沃尔夫（Richard Wolfe）在评述组织创新研究时指出，在组织创新文献中，一个始终存在的问题就是研究结果的不一致性。[①] 正如比较教育研究的异质性一样，教育创新目前仍是一个多学科介入的研究领域。组织行为学、组织心理学、组织社会学、管理学和政治学的研究者从自身的理论视角出发，对教育领域的变革和创新进行解读，形成了流派纷呈的理论视角。因此，从纷繁复杂的理论流派中，梳理出教育创新的一般理论实在是一个艰苦的任务。本研究试图通过系统总结众多学者对教育创新的理论研究，形成对教育创新理论比较系统的认识。

借用布迪厄在谈论实践时的一句话，我们也可以说"谈论创新不是一件容易的事情"。这对于以"成人"为目的的教育活动来说，尤为如此。人的发展和教育活动的复杂性，决定了教育创新的多样性和灵活性。同时，对于作为特殊公共部门的教育来说，其创新模式和途径也迥异于企业创新。然而，教育创新也遵从布迪厄所说的"场域逻辑"。如前所述，与创新教育不同，教育创新不直接关涉人的生成和发展，但其出发点和归宿也不可能偏离"成人"的目标。教育创新的任务在于清除阻碍个人全面自由发展的观念、制度和技术的束缚，实现人的解放和创新才能的释放。因此，可以说，人的发展是教育，也是教育创新的"场域逻辑"。德国哲学家哈贝马斯曾指出："人类历史的前进与发展，首先取决于解放的兴趣，而解放的兴趣本身又决定于指导人们获取共识和拥有控制自然界的技术力量的兴趣。"[②] 因

---

①　WOLFE R A. Organizational innovation：review，critique and suggested research directions ［J］. Journal of Management Studies，1994，31（3）：405–431.

②　哈贝马斯. 认识与兴趣［M］. 郭官义，李黎，译. 上海：学林出版社，1999：译者前注13.

此，研究者和实践者在对待教育创新时，应该以解放的兴趣为导向，同时关注具体层面的实践和技术问题。

一、教育创新的基本问题

（一）从改革到创新：公共部门的理性化

一般来说，教育创新就是在教育系统的某个层面引入新的事物。因此，新事物是进行创新的先决条件。不管是观念、制度还是技术，它们的突出特点都是"新颖性"，即对于即将引入此种事物的个人或组织来说，它们都是未曾有过的。显然，教育创新具有一定的主观性。因此，判定教育创新的标准也并非一成不变，而是需要考虑创新的不同层面和不同主体。富兰论述教育变革时，从国家、地区和学校三个层面做了比较，指出了学校变革的重要性和大规模教育改革的回归。

在日常生活和学术研究中，人们对于创新和改革有混用的倾向，这一方面由于二者确实很难区分，另一方面也由于人们常采用简单化的思维模式。黎成魁虽然从变革的规模上，对改革和创新做了区分，指出改革一般是大规模的变革，而创新则是小规模的变革。然而，对于教育系统来说，创新仍然可以应用于宏观层面，通常所说的教育政策创新便是佐证。因此，变革的规模虽然是区分二者的一个比较方便的维度，但还不能从根本上解决问题。

按照维特根斯坦"意义即用法"的语言游戏理论，我们有必要将改革和创新置于各自原初的语言游戏规则之中来加以区分。在古今中外的日常语言和学术理论中，改革更多是一个政治学范畴，必然涉及各种利益相关者之间的权力斗争和博弈。而创新则更多是一个技术学和经济学的范畴，它展示了人类不断地适应外部环境的方式。创新在近代的兴起和涌现在很大程度上源于韦伯所说的现代社会的理性化。

改革和创新都是人类应对外界环境变化的方式，二者的实现需要借助一定的权威。按照韦伯对权威的分类，改革显然受制于传统型权威或魅力型权威（charismatic authority），即凭借惯例、规则或个人魅力推行变革。而创新则受制于法理型权威，即凭借创新本身的成效加以推行。因此，创新具有鲜明的理性成分。20 世纪以来，创新已经从最初的技术和经济领域蔓延到所有的社会领域，由此形成了社会创新和公共管理创新。可以说，社会理性化的程度越大，创新的作用就越凸显。这里的区分无意对改革和创新清楚地划定界限，而只是为了指明创新和改革各自遵从的内在逻辑。创新显然是一种基于实践的理性逻辑，而改革则是一种基于政策的政治逻辑。这并不是说改革缺乏理性，而只是指明了改革不可或缺的一个重要层面。概言之，改革更强调的是从外部推行，而创新更强调的是从内部启动。就引发教育变革的方式而言，创新更像是打入体制内部的"特洛伊木马"。

（二）从改革到创新：场域逻辑的交叉

如前文所说，改革和创新难以截然分开。实际上，随着社会的理性化和经济的社会化，二者日渐融合，并不断转化。一方面，随着改革日益剔除人格化的影响，转而遵奉比较稳定的规则和法规，变革主体就会以理性的态度应对国家和社会中的问题，由此形成的新观念和新做法更加具有创新的特征。另一方面，随着技术和经济在现代社会中作用日益凸显，国家开始介入到它们的发展中，并通过政治力量推进技术和经济变革活动，由此形成的变革实践也更多地体现了改革的特征。因此，我们没必要纠缠改革和创新的概念区分，而是要更深入地探究创新的存在形式和表现形态。

在当今社会中，似乎任何人都可以声称自己的做法为"创新实践"。当创新进入社会公共部门，后者的场域逻辑很有可能支配前者的行为。"场域"是布迪厄社会学的一个重要概念工具，他认为艺术、宗教、经济等场域都遵从各自的逻辑，即审美、虔信和利润，此种逻辑便是各个场域的支配法则。因此，源于技术和经济领域的创新，一旦进入公共部门便会失去原有的逻辑控制，转而受制于后者的场域逻辑。显然，技术和经济部门追求的是效率，而公共部门追求的是合法性，当创新被作为公共部门追求合法性的一种手段时，便会偏离创新的初衷。公共组织中的所谓"创新"实际上并不是为了提高自身效率，而是为了获得合法性。这也就不难看出公共部门的创新活动为何总是一拥而上，缺乏对创新的理性分析。尽管如此，公共部门还是有可能实现真正的创新，这是因为公共部门的理性化正逐渐加深。

就当前中国的学术研究和社会实践来说，创新研究主要集中于技术创新和制度创新。随着中国教育改革的深入，创新问题也引起了研究者和决策者的关注。在中国教育界，我国学校教育创新研究以及地方教育制度创新评选具有重大影响，它们分别以学校和地方作为创新的分析单位，关注自下而上的教育变革过程。其中，前者借助强大的科研团队，引导参与课题的全国中小学项目校，对学校发展进行反思，总结自身的创新经验，通过学校之间的交流，推动创新的扩散和学校质量的提升。

二、教育创新的理论基础

从创新理论的渊源来说，创新主要是个人或组织基于日常实践活动，对外部环境做出的反应。熊彼特在论述创新理论时，便将企业家及企业作为经济创新的分析单位。在现代教育制度中，学校是教育活动的主要场所，因而学校也成为教育创新的主要分析单位。教育创新理论天然地与学校发展、学校改进等理论密切相关。教育创新的最终目的也是提高学校教育的质量和效率，确保所有学生都能够得到优质高效的教育。同时，教育创新的决策和采纳又是一个充满政治斗争的过程。总体而言，教育创新的理论主要来源于教育改革、教育变革、学校发展和学校改进等相关理论（见图 9 ）。

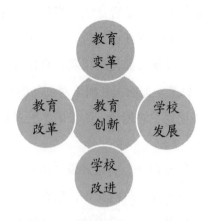

图9　教育创新理论的来源

（一）教育改革理论

　　如前所述，教育改革与教育创新的关系极为密切，在某种情况下可以互用。教育改革主要从宏观和政治维度为教育创新提供理论基础。教育作为一个公共部门，其变革和创新必然受制于公共决策的逻辑。在教育创新的发起、采纳和实施过程中，政治的影响无处不在。对于处于特定政治背景中的个人和组织，它们能够以何种方式提出何种创新都受到宏观和微观权力的影响。在通常情况下，学校教育中存在许多问题，但能够进入创新者和决策者视野的问题却相对有限。在效率导向的教育发展中，公平问题可能被束之高阁或置若罔闻，创新者和决策者在权力意识形态的支配下，会将教育差距的存在视为理所当然，只关心能够迅速有效地提高教学成绩的方法。再如，在强调应试教育的学校发展中，促进学生全面发展的创新举措就举步维艰。在教育创新的采纳阶段，更是鲜明地体现了政治维度。作为一个以追求合法性为核心的公共组织，教育部门的创新决策与经济部门有所不同，后者在很大程度是以技术理性为导向，而前者则体现了各种利益相关者之间的博弈。

　　总而言之，教育改革研究在教育决策、教育批判等方面为教育创新理论提供了有力的支撑，使创新研究者能够洞悉变革过程的政治动力和作用方式，并批判性地看待创新的发起、采纳和实施。

（二）教育变革理论

教育创新从根本上说是一种教育变革，因而最初的教育创新研究与教育变革研究具有直接的联系。根据埃尔斯沃斯（James B. Ellsworth）的观点，教育变革研究可以追溯到 20 世纪 40 年代的创新扩散理论和 20 世纪 50 年代的一般系统理论，前者总结了人类学、社会学和传播学的创新扩散研究，而后者则引领了此后的学校系统变革研究。教育变革（包括学校变革）研究主要从变革的模式、条件、过程和阻力，以及外部环境和变革促进者等方面为教育创新研究提供了理论依据。埃尔斯沃斯总结到，教育变革的主要理论观点包括[①]：（1）罗杰斯的创新扩散理论，其重心是创新的属性；（2）伊利（Donald P. Ely）的变革条件理论，其重点是社会系统对变革的接受性，他指出变革的 8 个条件，即对现状不满、知识技能齐备、资源到位、时间充裕、激励有效、参与广泛、情绪高涨、领导有力；[②]（3）富兰和斯泰格鲍尔在《教育变革的新意义》中的观点，侧重于变革促进者；（4）哈维洛克和兹罗托洛（Steve Zlotolow）在《变革促进者指南》中的观点，侧重于变革过程；（5）霍尔等人的基于关注的采纳模式（CBAM），侧重于采纳者，他们将采纳者的关注阶段和对创新的使用程度结合起来；[③]（6）萨尔特曼和邓肯在《有计划变革的策略》中的观点，侧重于变革的阻力；（7）雷杰卢斯（Charls Reigeluth）和加芬克尔（Robert Garfinkel）在《教育的系统变革》中的观点，侧重于系统。

综上所述，教育变革理论在变革的过程、模式、策略、动力、阻力、外部环境等方面为教育创新研究提供了重要的理论基础。作为教育变革的

---

① ELLSWORTH J B. Surviving change：a survey of educational change models［M］. Syracuse, NY：ERIC Clearinghouse on Information and Technology，2000：46-47.

② ELY D P. Conditions that facilitate the implementation of educational technology innovations［J］. Journal of Research on Computing in Education，1990，23（2）：298-305.

③ 霍尔，霍德. 实施变革：模式、原则与困境［M］. 吴晓玲，译. 杭州：浙江教育出版社，2004.

一种形式，教育创新内在地体现了教育变革的一般特征，但它更强调有计划的变革和变革的新颖性。

（三）学校发展理论

学校发展理论源于组织发展理论（organization development），后者主要是组织行为学、组织心理学的研究对象。组织发展是组织自我更新的一种变革策略，它源于商业组织的研究，从 20 世纪 60 年代开始应用于学校发展中。富兰等人对组织发展理论进行了综述，并指出"组织发展是组织为了更好地完成任务和提高个人生活质量，有计划地进行的长期变革，它重视人际互动和技术结构的影响。组织发展通常是在变革促进者或推动者的帮助下，应用行为科学的有关技术，促使组织进行自我反思和自我分析，从而实现发展"①。最初的学校变革研究便源于组织行为学，研究者通过训练团体实验室创设情景，使培训者能够诊断自己学校中存在的问题，并得出有效的解决办法。在随后的研究中，组织诊断、组织干预、组织学习、组织创新等理论也被广泛地应用于学校变革之中。

学校发展研究主要是应用组织行为学的理论，探讨个人和组织解决问题、获得发展的有效途径。它更多的是强调对组织问题的诊断和组织文化的营造，以一种人本主义心理学的视角来看待组织中个人的发展以及组织的改进。学校发展研究在变革的内部动力和激发过程上为教育创新理论提供了重要支持。

（四）学校改进理论

与学校发展理论不同，学校改进研究更为强调目标、质量和效率，它源于 20 世纪 60 年代关于学校效能的研究，在 20 世纪 80 年代以后逐渐兴盛，成为当前西方国家学校变革的一种重要形式。学校改进的两个主要来源是有效学校运动和重建学校运动。有效学校运动为学校改进奠定了基础，它

---

① FULLAN M，MILES M B，TAYLOR G. Organization development in schools：the state of the art［J］. Review of Educational Research，1980，50（1）：121-183.

认为所有学生都具有学习潜力，并将重心放在学习结果、学校绩效、学生中心的教学以及整个环境上。重建学校运动则以有效学校运动为基础，体现了教育改进的最新进展。

学校效能（school effectiveness）研究源于 20 世纪六七十年代经济学中关于学校投入和产出关系的研究，即追求单位成本的最大收益。同时，随着行为科学的发展，研究者普遍接受心理学家布卢姆（Benjamin Bloom）的掌握学习理论，即认为只要为学习者提供充足的资源和时间，他们就能够掌握规定的教学内容。因此，研究者和实践者普遍相信，只要方法得当，所有学生都能够取得进步，从而在 20 世纪 70 年代掀起了为了所有学生成功（Success for All）的运动，以使贫苦地区质量较差的学校也能够提高效率。20 世纪 80 年代以来，有效学校运动开始关注学校整体改革（whole school reform），并尝试用市场化的力量改造公立学校。在此过程中，出现了特许学校、教育券计划、家庭学校等学校重建模式。同时，由美国著名教育改革家赛泽创办的基础学校联合体（Coalition of Essential Schools）也蓬勃发展，他们强调少而精的原则，推崇尊重学生个性和自由的杜威主义哲学，引领成员校进行整体变革。① 在市场化力量的作用下，美国也出现了新美国学校（New American Schools）等大胆的学校重建计划 ②，以期实现学校的整体变革。

学校改进在理论、政策和实践上为教育创新研究提供了重要依据，教育创新的目的在于促进学校不断改进，以更好地培养学生。学校改进涉及不同的方面，包括教学模式、择校、校本管理、教师专业发展和校长领导等，它们实际上是教育创新在不同层面的体现，其目的是在传统的行为主义教学模式、等级制教育组织模式和科层制管理模式之外另辟蹊径，实现学校教育的创新。

---

① 玛茜.学校和课堂中的改革与抗拒：基础学校联合体的一项人种志考察［M］.白芸，等译.上海：华东师范大学出版社，2005.

② 新美国学校（NAS）是一个私立非营利性公司，创办于 1991 年。它为开发中小学整体转型的设计方案提供资助，并寻求全国最优秀的教育家、经理人和研究者参与其中，从而创设、验证突破性的学校整体设计方案，并促进其实施。

综上所述，当前的教育创新理论在很大程度上源于上述各领域的研究。教育创新的研究应该避免政治化、口号化、庸俗化的流弊，转向对教育创新根本问题的研究。这就需要研究者进行跨学科的研究，特别是吸纳管理学、组织行为学、组织社会学的相关理论，深刻剖析教育创新的性质、过程、模式、条件和外部环境，认清变革促进者（校长和教师等关键人物）在创新的发起、采纳和实施过程的重要作用。唯有如此，才能真正推动教育创新理论的发展，形成稳定的教育创新知识结构。

三、教育创新研究的多种视角

20 世纪五六十年代以来，教育创新研究的主导理论视角随着社会环境的改变而发生了嬗变。此种转变反映了教育创新理论发展的内在逻辑，展现了研究者对创新各方面因素的认识。然而，此种理论视角的转变并非库恩所说的"范式革命"，而是曼海姆所说的对同一事物的多角度透视。就教育创新的技术、政治和人文视角来说，它们的演变并不是一个直线式的否定过程，而是一个立体式的循环过程。20 世纪五六十年代的技术视角在当代的教育创新研究中并没有消失，并且在某种程度上仍然是一种强大的认识工具。在现实的教育创新活动中，人们仍然以技术视角来认识创新的发起和实施。此外，政治视角和人文视角也并非直到 20 世纪七八十年代才出现，即便在技术视角兴盛的 20 世纪 60 年代，学校实践者也在某种程度上践行着政治和人文视角。

教育创新研究的视角转换，实际上是由于创新主体和关注阶段的变化所致。20 世纪五六十年代，教育创新活动主要是由科研机构或高等院校的研究者所发起，他们主要关注自己开发的新观念如何在学校中迅速推行，因而创新的扩散和采纳成为研究的重点。对于研究者来说，支配其行为的是一种技术理性，即借助一种经过实验验证的科学方法迅速有效地达成目标。因此，技术视角处于主导地位。在创新研发者看来，一旦个人或学校采纳了某种创新理念，自己的任务便宣告结束，而无须关心创新的实施问题。随着新的观念扩散到个人或组织，也就进入了创新的决策阶段。众所周知，决策是一个政治学概念，决策活动也更多地与权力和权威密切相关。在 20 世纪 70 年代特定的社会背景下，创新的决策成为研究的重点，因而政治视角也就成为主导思想。在政治视角下，研究者对创新的关注进一步推进到决策阶段，他们开始从决策者的视角出发，探究某些技术合理的创新为何得不到实施，即不仅关注创新的可行性，还关注创新的可接受性。20 世纪 80 年代以后，随着创新研究的进一步推进，创新决策之后的实施问题成为研究者关注的中心。研究者也更多地从创新实施者的角度出发，论述教育创新的过程。在此阶段，由于对学校变革的关注，各种促进学校教育创新的活动纷纷涌现，学校改进和学校发展便成为教育创新的主要理论基础和实践来源。20 世纪 90 年代以后，决策者和研究者认识到，仅仅关注学校变革的活动似乎没有取得多大的成效。通常，在不触动整个学校乃至学区和国家的相关体制时，变革和创新很难实现。因此，20 世纪 90 年代，西方主要国家又掀起了学校整体改革运动，试图融合教育创新的多种视角，推动教育创新的最终实现。

综上所述，教育创新研究的三种视角是一个立体型的透视模型，通过它可以折射出创新的不同层面和重心（见图 10）。在任何一项教育创新活动中，实践者都不可能回避这三个基本问题。教育创新研究应该走向综合的透视模式，形成以学校为主要分析单位的多种视角。具体而言，就是首先要感受和认识学校的组织文化氛围，运用人文视角考察学校的传统、惯例、仪式等文化因素，诊断组织的健康状况。尔后，在发现问题和提出解决办法的过程中，运用技术视角，寻求有效的方法和途径。在此过程中，科研人员可以为学校实践者提供创新理念，而学校实践者也可以在咨询人员的帮助下自主创新。不管何种途径，实践者和研究者都应该遵循科学的、理性的态度，寻求有效的解决办法。一旦提出一种或多种解决办法，个人或组织就面临着创新的决策。这就需要运用政治视角，考察创新方案的可接受性。同时，创新发起者需要通过说服、动员等手段获得决策者的支持，

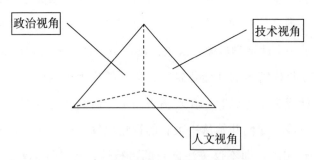

图 10　教育创新研究的多维视角

使创新方案最终获得通过。当组织通过一项创新方案后，又需要同时运用三种视角考察创新的实施过程，探究创新在不同环境中如何改变、调整和再发明。当然，创新的推进并不一定遵循此种过程，但是三种视角应该贯穿到创新研究和实践的全过程。

四、教育创新的内在要素

对于教育创新理论可以进行分解，从中梳理出研究者所关注的不同层面和要素。教育创新是一项社会实践活动，是行动者在特定环境中将某种新的观念、制度、方法引入原有结构的过程。按照马克思主义实践观，教育创新的三个核心要素是创新主体、创新客体（新事物和原有结构）和时空结构（见图 11）。

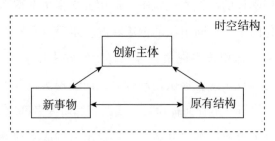

图 11　教育创新的核心要素

　　西方学者对创新主体的看法经历了从单一主体（主要是企业家）到多元主体再到组织网络形态主体的发展过程。在教育创新领域，研究者最初将科研人员和校长作为创新的主体，认为他们个人的创新精神和能力决定了创新的发起、采纳和实施。20世纪70年代以后，面对理性规划的失败，决策者和研究者开始认识到单凭科研人员和校长的创新能力尚不足以真正实现创新，创新的实施需要多方主体的参与，并且创新的发起也不一定来自科研人员和校长，在很多情况下，都是来自一线教师。教育创新主体的研究因而转向由科研人员、行政人员、校长和教师组成的多元主体。20世纪80年代以后，随着文化研究的兴起，研究者开始认识到学校作为一种组织文化的不可分割性，同时系统研究的兴盛也使得研究者开始转向作为组织网络的教育创新主体。教育创新的主体开始体现为以学校为核心的多元系统模式。教育创新主体的多元组织网络模式，有助于研究者和实践者认清学校作为创新主体的重要性，从而既不否认科研机构的作用，又不以此替代学校的创新活动。多元组织网络的主体模式展现了多种主体在教育创新的发起、采纳和实施过程中的作用，同时强调了学校作为一种组织文化在创新中的核心作用。

　　作为教育创新客体的新事物和组织结构具有不同的特征，这些特征在很大程度上决定了创新采纳的速度和实施的模式。关于创新自身（新事物）特征的研究是早期扩散研究的中心。在扩散研究中，最为著名的学者当属罗杰斯，他对农业、医学、社会学、人类学中的扩散研究进行了综述，指出了影响创新扩散的五个特征，即相对优势、相容性、复杂性、可观察性和可试验性。此后的扩散研究大都是在这一基础上发展起来的。对创新自身特征的研究，基本遵循了刺激—反应的模式，即认为创新自身的某种特征是激励个人或组织做出采纳的主要因素。在教育创新领域，研究者也将这些特征应用到创新的扩散中。然而，教育中新事物的特征与其他领域有所不同。在通常情况下，教育创新自身的相对优势不太明显，而学校采用某种创新也只是为了获得合法性，并不是创新在技术上的相对优势。同时，教育创新更加复杂，可观察性和可试验性都不高。这些因素决定了教育创新扩散的不同特征。影响创新的因素除新事物外，还有原有的组织结构。在此方面，起到领军作用的仍然是创新扩散的研究者。他们通过实证研究，考察了组织结构的特征（如正式化、集权化、科层化、专业化）对创新发起、采纳和实施的影响。20 世纪 80 年代以后，对原有结构的研究逐渐转向组织文化、组织学习等方面，探究它们对于创新的影响。在教育创新领域，研究者最初围绕学校组织的特征展开了争论，出现了科层体制和松散联合两种模式。随后，研究者开始关注学校文化（如规范、仪式、传奇）等因素对教育创新的影响。

教育创新活动发生在特定的时空结构中。此种时空结构的展开也鲜明地体现在早期的扩散研究中。罗杰斯提出了创新扩散在时间上的"S"形模式，并将创新的采纳者分为创新者、早期采纳者、中期采纳者、晚期采纳者和落后者。创新在时间上的扩散基本上遵循了先慢后快又慢的趋势。此种模式比较符合经济学中新事物的规律，即创新研发初期的成本相对较高，因而扩散较慢，一旦创新的效果被较多的人所了解，就进入了快速扩散期，随着越来越多的人采纳新事物，创新带来的边际收益开始降低，于是又出现了新的事物，从而开始了新一轮的创新。创新在空间上的扩散基本上呈现出同心圆扩展的模式。总之，创新扩散研究在关注时空结构时，基本上假定创新必将为更多的人所接受，并不考虑创新可能遭到的拒绝。然而，时空结构可以成为研究教育创新的有效分析框架。

五、教育创新的一般过程

总体而言，创新是一个发现问题、解决问题的过程。当然，也有一部分创新是基于对未来的战略性考虑，但从根本上说，也是针对（未来的）问题而采取的行动。考察创新的过程可以从个体和组织两个层面来进行。然而，此种划分只是展现了两种极端，现实的创新通常发生在二者之间。

从个人层面来说,创新的过程基本遵循了杜威的反思性思维五步法,即感知困难、确定问题、提出解决办法、预测可能的结果、进行验证。对于教育创新来说,创新通常源于某种困难引发的危机,从而使个人不得不寻求新的解决办法。在采取新的解决办法时,个人又要对创新进行初步评价,预测可能带来的结果。随着新观念的逐步采纳,其成效逐步显露,这时个体就会将其与预测的情形进行对比,从而做出进一步实施或者抛弃的决定。这是教育创新在个体层面展开的一般模式,基本上是一个线性的过程。然而,在现实生活中,创新过程会受到多种因素的影响。因此,个体层面的创新不一定会遵循这一线性模式。在某些情况下,创新并非从特定的问题开始,而是自己或他人在解决其他问题的过程中形成的,是一种"意外"结果。这种情况在商业创新中屡见不鲜。德鲁克在论述创新的来源时,就列举了纽约市布鲁明代尔(Bloomigdale)百货公司、IBM 公司等创新案例,说明了意外成功或意外失败对于创新的影响。①

从组织层面来说,创新的过程基本上遵循了组织决策的模式,即发现问题、提出备选方案、做出选择、推动实施、实现制度化。尽管政治决策模式对于解释组织创新过程具有重要意义,但这从根本上也是一种线性模式。教育创新在很大程度上是一个复杂应答系统(complex responsive system)。复杂应答过程是英国系统科学家斯达西(Ralph D. Stacey)提出的关于人类思想和交谈的复杂性理论,这在很大程度上类似于美国社会心理学家米德(George H. Mead)关于"主我"和"客我"的微观互动理论。复杂应答过程理论指出,"组织中个人之间的相互作用是迭代循环的。它通过某人发出一定的姿态,另一个人或一些人对这种姿态做出回应,回应又作为一种姿态,引起别人的回应"②。我国学者张华夏以改革开放以来的社会主义市场经济体制的建立为例进行了说明,指出中共十一届三中全会、家

---

① 德鲁克.创新与创业精神[M].张炜,译.上海:上海人民出版社,2002:46,53.

② 张华夏.两种系统思想,两种管理理念:兼评斯达西的复杂应答过程理论[J].哲学研究,2007,(11):90-93.

庭联产承包责任制等几个关键姿态，以及对于这些姿态的应答。因此，从根本上说，教育创新的过程也是不断对各种姿态做出应答的过程。通常，只有迈出了第一步才知道下一步该怎么走。此种多变性和随机性是教育创新过程的重要维度。诚如以色列学者英博所言，教育创新应该在规划和随机之间做出权衡，使二者能够相互补充。

后 记

进入 21 世纪，面对知识经济的挑战，中国只有转变经济增长方式、实施创新驱动发展战略，方能在国际竞争中取得胜利。经济社会高质量发展强烈呼唤创新人才，而创新人才的培养又必须依赖教育创新。回顾改革开放 40 多年来的中国教育发展，可以发现教育改革的推行愈发重视教育创新的"破冰""破题"与"破土"作用，微观层面的教育创新正日益涌入人们的视野。从关注教育改革到关注教育创新的转变，体现了人们对教育变革主体和变革方式的重新认识。由于中国教育发展的不均衡性，许多问题只能通过地方层面的教育创新来解决，因而话语方式的转变必将带来学校教育的深刻变革。

在教育创新研究中，同样存在黑格尔所言的"熟知并非真知"现象。改革开放以来，我国教育话语中的新名词层出不穷。现实的教育创新话语尚未完全摆脱口号化的窠臼，理论之于实践的意义在教育创新话语中尚未得到充分体现。出于一种强烈的现实关怀，由裴娣娜教授领衔的科研团队带领全国 50 余所中小学开始了一场教育变革的反思和探险。作为课题的参与者，我有幸在众多学术泰斗的提携与关爱中扬起了自己学术探究的风帆。

研究教育创新理论，必须首先确定自己的立足点和方法论。然而，一些学者对于教育改革和教育创新通常不加区分，并以改革的逻辑来要求创新。对二者关系做出系统论述的学者当属我的恩师项贤明教授，他高屋建瓴和精辟独到的观点为本研究提供了宝贵的学术滋养。作为博士生导师，恩师常常称我们为"学术同路人"，他始终自谦地鼓励和引导我探索自己的学术道路。恩师的学术指导和提携之情令我终生难忘。作为研究者，恩师敢于以其特有的理论洞察关注社会，批判现实，他对教育的关怀和对社会的沉思彰显了一名学者的高贵品质。也正因如此，我才坚信培根所言的"智慧和学术对人类造成的影响远比权力与统治持久"。

以教育创新为题，最初只是考虑自己对教育变革的兴趣和恩师的推荐，未曾考虑到在实际研究中可能遇到的问题。但当真正步入这一领域，才发现某些所谓的理论研究是那样的苍白和空洞。2007 年正当我对教育创新理论感到困惑之时，国家启动了建设高水平大学公派留学项目。在恩师的极力推荐下，我有幸到美国哥伦比亚大学师范学院师从曾满超（Mun C Tsang）教授接受为期一年的博士生联合培养。作为比较教育研究者，我们始终处于"主我"和"客我"的对话中，此种互动是我们学术成长的必然途径。本研究重要文献的获取以及研究视角的形成都得益于在师范学院的学习。曾满超教授作为我的第二位导师，在此期间详细指导了我的博士论文，并为我推荐了该领域的知名学者和重要文献。此外，他专门开设研讨课，对我的博士论文提出意见和建议。2024 年曾老师在与疾病斗争数年后仙逝，我的悲痛之情难以言表，在缅怀曾老师时更能深切体会他所说的"教育家不靠一纸命名，要终身实践"。

本研究是裴娣娜教授承担的教育部哲学社会科学重大课题攻关项目"我国学校教育创新研究"的子课题。在写作过程中，我曾多次参加裴教授组织的全国中小学校长论坛，聆听了专家学者的精辟见解，同时接触了大量的创新案例。本书的最终形成要感谢裴教授为我提供的学术平台以及对我论文的评阅和指导。此外，德高望重的顾明远先生不辞辛劳，认真审阅了我的博士论文，并担任答辩委员会主席。在论文即将出版之际，还欣然为我做序。顾先生虚怀若谷、平易近人的高尚情操，深入浅出、旁征博引的学术风格，始终令我高山仰止，景行行止。同时，还要感谢参加我博士论文答辩的王长纯教授、孟繁华教授和高益民教授，他们的批评和指导激励我在这一领域继续进行探究。

三年的博士经历使我更加真切地体会到梅贻琦先生所言的"大学非大楼之谓也，大师之谓也"。在北师大比较教育研究所，一批学术大师以严谨、朴实、求真的精神鼓励和提携刚刚步入学术殿堂的年轻人，给予我前进的方向和动力，由此形成的学术共同体使我们能够碰撞思想、激发灵感，为我们的学术道路奠定最坚实的基础。

著名教育家杜威曾言："民主不仅是一种政府形式，它首先是一种联合生活的方式，是一种共同交流经验的方式。"博士三年，有幸与众多学术同路人探究问题，共同进步。同时，在生活上，互相砥砺，化解纷扰，怡情悦性。此段共同生活的经历深刻影响着我的学术倾向和生活方式。

对于一本冠之以创新的著作，究竟有多少"创新"，自不敢断言，但作为研究者，我愿与学术同路人共勉："请君莫奏前朝曲，听唱新翻杨柳枝！"

孟照海

2024 年 6 月